区域协同融通

长江经济带的“四共”密码解读

秦尊文 李 浩
秦 岭 田 野 ◎著

江西人民出版社
Jiangxi People's Publishing House
全国百佳出版社

图书在版编目（CIP）数据

区域协同融通：长江经济带的“四共”密码解读 / 秦尊文等著 . -- 南昌：江西人民出版社，2024.4
ISBN 978-7-210-15453-2

Ⅰ . ①区… Ⅱ . ①秦… Ⅲ . ①长江经济带—区域经济发展—研究 Ⅳ . ① F127.5

中国国家版本馆 CIP 数据核字（2024）第 071968 号

区域协同融通：长江经济带的“四共”密码解读
QUYU XIETONG RONGTONG：CHANGJIANG JINGJIDAI DE “SIGONG” MIMA JIEDU

秦尊文等 著

出 版 人：梁 菁
策划编辑：张芝雄 陈炫宇
责任编辑：蒲 浩 陈炫宇 杨 玥
装帧设计：马范如

江西人民出版社 Jiangxi People's Publishing House 全国百佳出版社 出版发行

地 址：江西省南昌市三经路 47 号附 1 号（330006）
网 址：www.jxpph.com
电子信箱：jxpph@tom.com
编辑部电话：0791-86898965
发行部电话：0791-86898815
承 印 厂：南昌市红星印刷有限公司
经 销：各地新华书店

开 本：720 毫米 ×1000 毫米 1/16
印 张：17.5
字 数：218 千字
版 次：2024 年 4 月第 1 版
印 次：2024 年 4 月第 1 次印刷
书 号：ISBN 978-7-210-15453-2
定 价：68.00 元
赣版权登字 -01-2024-114

奋力谱写中国式现代化的长江华章

范恒山

推动长江经济带发展是新时代国家实施的一项区域重大战略，经过八年来的持续努力，发展质量稳步提升，发展态势日趋向好。当前，长江经济带发展正处于由量变到质变的关键时期。应当坚持系统思维，突出重点环节，加强区域协同融通，着力实现高质量发展，更好支撑和服务中国式现代化。

我国已开启全面建设社会主义现代化国家新征程，长江经济带发展关乎现代化建设全局，具有举足轻重的作用。长江经济带经济社会地位突出。这一区域覆盖 11 个省市，国土面积 205 万平方公里，为全国的 21%；人口约有 6 亿，占比超过全国的 40%。2023 年实现地区生产总值 58.43 万亿元，达到全国的 46.8%，拉动全国经济增长 2.6 个百分点。长江经济带是我国的经济重心所在、创新活力所在、发展潜力所在，其发展好坏快慢在很大程度上影响甚至决定着全国发展的质量与速度，也直接影响着国家现代化建设的进程。长江经济带区情复杂典型。长江经济带横跨我国地理三大阶梯，涉及东、中、西三个区域板块，自然环境复杂，经济社会问题多元，涉及生态环境保护和经济发展、城乡区域协调发展、区域流域一体联动、硬件联通和机制协同、产业链供应链创新链有机衔接、率先发展与共同富裕、自主发展与统筹兼顾等一系列问题，在全国具有很强的代表性。可以说，长江经济带就是整个中国的缩影。这些问题也是全面建设社会主义现代化国家所面临的难题，如果长江经济带在处理这些复杂经济社会矛盾方面取得成功，将不仅为全国树立良好的典范，也能为其他地区提供有益的借鉴。长江经济带具有独特的比较优势。除了特殊的经济地位，作为中华民族和华夏文明的重要发源地，长江流域人杰地灵、文化底蕴丰厚。尤其是长江流域以水为纽带，链接上下游、左右岸、干支流，形成了经济社会的大系统和市场循环的大通道。长江经济带横贯东西、承接南北、通江达海，有利于全面联通国内国际两个市场、用好两种资源，提升国内大循环内生动力和可靠性，增强对国际循环的吸引力和推动力，为构建国家新发展格局提供战略支撑，加快推进中国式现代化建设进程。

高质量发展是全面建设社会主义现代化国家的首要任务，长江经济带支撑和服务中国式现代化，最重要的使命和行动就是大力推动高质量发展，在高质量发展方面走在前面、提供经验。

高质量发展是体现新发展理念的发展，是经济质量、结构、规模、效益、速度、安全相统一的发展，推动高质量发展涉及发展方式转变和质量变革、效率变革、动力变革等诸多方面，是一项巨大而复杂的系统工程。从区域实际出发，推动长江高质量发展，要特别注重在如下方面下功夫。

一是强化高水平保护。从长远看，推动长江经济带高质量发展，根本上依赖长江流域高质量的生态环境。长江经济带发展的基础是生态，一旦遭到破坏，一切发展都无从谈起。要按照中央要求，继续把修复长江生态环境摆在压倒性位置，毫不动摇坚持“共抓大保护、不搞大开发”，在高水平保护上下更大功夫，让万里长江变为绿色画廊。最为重要的是正确把握生态环境保护和经济发展的关系，不把两者割裂开来和对立起来，在坚持生态优先的同时，走绿色发展的新路子，实现在发展中保护、在保护中发展。在保护方面应继续加强生态环境综合治理，持续强化重点领域污染治理，统筹水资源、水环境、水生态，从源头上降低污染排放总量。

二是着力构建现代化的绿色产业体系。产业是高质量发展的基础，而绿色发展的本质是产业的绿色发展或绿色化程度的提升，长江经济带要充分利用现有基础，发挥比较优势，建立面向未来的现代化绿色产业体系。应协同推进降碳、减污、扩绿、增长，把产业绿色转型升级作为重中之重，加快培育壮大绿色低碳产业，积极发展绿色技术、绿色产品，提高经济绿色化程度，增强发展的潜力和后劲。要率先对接前沿性科技革命成果，发挥上海、武汉、重庆、南京、杭州、成都、长沙、合肥、南昌、昆明、贵阳、苏州等中心城市的支撑作用，推动战略性新兴产业融合发展、集群发展，构建新一代信息技术、人工智能、生物技术、新能源、新材料、高端装备等一批新的增长引擎，打造具有国际竞争力的数字产业集群，在推动建立先进制造业体系、新型基础设施等方面走在全国前列。

三是不断提升科技自立自强能力。建设现代化的绿色产业体系有赖于高水平的科学技术支撑。长江经济带要坚持创新引领发展，促进创新链与产业链供应链的深度融合。长江经济带拥有上海、武汉、成渝三大国家级科创中心及南京、杭州、长沙、合肥、苏州等一大批科创强市，拥有雄厚的科技教育资源，普通高等院校数量和学生均占全国 40% 以上，全国近一半两院院士和科技人员在这里工作。要发挥科教优势，围绕产业基础高级化和产业链现代化，积极布局新领域新赛道的引领性技术攻关，切实提升科技前沿领域原始创新能力，加快突破带有“卡脖子”性质的关键核心技术，形成强有力的自主创新能力，将长江经济带打造成引领全国经济社会发展全面绿色转型的创新驱动带。

四是建立高标准的市场经济体制。市场是资源要素配置的决定性力量，是经济循环的基本通道，因而是促进高质量发展的主体动力和基本保障。长江经济带要以公平、开放、统一、信用等为主要导向，着力完善市场基础制度。坚持两个“毫不动摇”，公正维护国有经济和民营经济的发展权利，公平地、无差别地为所有市场经济主体提供政策支持和公共服务；依托基础设施联通促进体制机制对接，破除各种形式的地方保护、市场壁垒和行政垄断，推动资源要素高效流动、自主配置；以政府守信践诺为引领，促进政务诚信、商业诚信、社会诚信和司法公信一体建设，打造诚信交易、扎实履约的社会信用体系。

五是强化精神文明赋能。精神的力量是无穷的。推动高质量发展不仅要全面有效地调动和运用好物质资源能量，更要强化精神文明建设，形成良好的思想境界、价值观念、道德素养和工作作风。长江经济带要发挥特有的人文优势，积极打造精神文明建设高地，推动物质文明和精神文明协调发展。特别要大力弘扬创新精神和工匠精神，不断革故鼎新、开拓进取；不断求精求实、追求卓越。通过努力，使长江经济带成为物质富足、精神富有的发展高地。

区域联动是长江经济带高质量发展的有效途径。一个地区的发展动能来自于两个方面，一是内生动能即充分调动地区内部资源要素的能动性和创造性，另一是外聚动能即大力促进地区间的合作。在实践中，各个地区往往着力于第一个方面而忽视另外一个方面。其实，推进地区间的合作不仅有利于强化和提升内生动能，而且会形成仅仅依靠内生动能难以获得的许多益处，包括实现互济互补，拓展发展空间；促进合理分工，做强比较优势；抑制不良竞争，克服瓶颈限制；实现资源整合，增强创新能力；提升优质服务，促进福利共享；等等。对于长江经济带来说，无论是强化环境保护，还是推动绿色发展，都需要沿线各地区积极主动地工作，最大限度地发挥内生动能。但同时也要清醒地认识到，长江经济带发展中的深层问题，很难通过独善其身加以解决。照顾现实发展基础，进一步强化地区比较优势；化解产业同质化、区域发展不平衡等突出矛盾，推动重要经济社会领域的协调发展；实现做优做强城市特色、强化城市间的联动和城市对农村的带动；发挥战略叠加优势，推进区域重大战略的衔接融通；如此等等，都需要加强合作。可以说，长江经济带高质量发展的速度与水平，在很大程度上取决于区域合作联动的广度与深度。我们看到，长江经济带发展战略实施八年来所取得的成效，是沿江省市自主努力、奋发进取的结果，更是它们间紧密合作、协力开拓的产物。巩固已有成果，进一步推动长江经济带高质量发展，必须遵循“共抓大保护、不搞大开发”的总体原则，瞄准建设生态更优美、交通更顺畅、经济更协调、市场更统一、机制更科学的黄金经济带的目标，进一步深化区域联动，包括推动上下游联动、干支流联动、左右岸联动等，并把这种联动切实落实到水、路、港、岸、产、城和生物、湿地、环境等具体事物和项目上。

长江经济带的发展受到党和国家的高度重视，习近平总书记四次主持召开座谈会，总结部署长江经济带战略的实施工作。2023 年 10 月，在南昌主持召开的进一步推动长江经济带高质量发展座谈会上，习近平总书记对强化区域协同融通作了重要论述。他指出，长江经济带发展战略实施以来，区域融合实现了重大提升，区域协同联动不断加强。他强调要坚持把强化区域协同融通作为着力点，并要求沿江省市坚持省际共商、生态共治、全域共建、发展共享，增强区域交通互联性、政策统一性、规则一致性、执行协同性，稳步推进生态共同体和利益共同体建设，促进区域协调发展。① 这些论述为长江经济带战略深入实施特别是区域协同融通深化指明了方向和路径。下一步，应紧扣“四共”要求全面推进地区间的合作联动。在“省际共商”方面，要脱“虚”向“实”，切实运用好长江经济带“1+3”省际协商合作机制，充分发挥国家相关部门牵头开展全流域省际协商和长三角、长江中游、长江上游三个区域省际协商的功效，坚持问题导向，在化解突出矛盾和主要瓶颈、解决实际问题上下功夫。在“生态共治”方面，要继续推进联防联控联治，强化山水林田湖草等各种生态要素的协同治理，扎实推进大气和土壤污染防治，更加注重前端控污，从源头上系统开展生态环境修复和保护。

① 《进一步推动长江经济带高质量发展　更好支撑和服务中国式现代化》，《人民日报》，2023 年 10 月 13 日，第 1 版。

同时，充分发挥有效市场和有为政府两个轮子的驱动作用，因情制宜、分类施策，把各类生态产品价值全面激发与拓展出来。在“全域共建”方面，要一体推进新老基础设施建设，打造有机衔接、智能便捷的综合立体交通走廊，完善信息通信网络，协同构建大数据中心体系和公共数字服务平台;要深化“放管服”改革，协同完善市场经济基础制度，推动营商环境由普惠服务延展到精准管护、由政策优惠深入到规制创新；要统筹谋划产业布局，以比较优势为基础，协同推进区域间产业转移与承接,一体打造有机衔接、相互支撑的产业链供应链体系。在“发展共享”方面,要把做大蛋糕和切好蛋糕有机结合起来,采取有力措施,缩小城乡区域差距，推进公共服务均等化，提升低收入群体收入水平，推动共同富裕持续取得实质性进展，使发展成果全面惠及长江经济带的人民群众。

习近平总书记所提出的以“四共”为主要内容的区域协同融通重要论述立意高远、内涵丰富，我们需要认真学习、深入领会。受江西人民出版社委托,秦尊文同志组织相关科研人员撰著了《区域协同融通:长江经济带的“四共”密码解读》一书，在这方面先行了一步。秦尊文同志是国内资深的区域问题研究专家，对区域经济特别是流域经济研究颇具造诣。据我所知，他参加过许多国家级、省级流域经济带和城市群课题与规划的研制工作，对推动长江经济带发展也提出过不少创新性的意见和建议。他政治敏锐度高、社会责任心强，南昌座谈会召开不久，他就在有关报刊上发表了《以长江经济带高质量发展支撑和服务中国式现代化》《强化长江经济带区域协同融通》等文章。本书以习近平新时代中国特色社会主义思想为指导，深入分析了区域协同融通的理论内涵，逐一探讨了长江经济带省际共商、生态共治、全域共建、发展共享的历史成就、宏观背景和操作思路，进一步阐释了推动长江经济带高质量发展的重大意义和发展前景。其研究体现了思想性、资料性和操作性的有机统一，为研究区域协同融通提供了新的视角与思路，值得从事长江经济带发展的理论、政策和实际操作的人们关注与阅读。处于关键时期的长江经济带发展仍然面临着不少困难和问题，既需要加大行动力度，也需要深化理论探索，衷心希望秦尊文同志及其团队再接再厉，奉献出更多更好的研究成果，助力长江经济带高质量发展，为谱写中国式现代化的长江华章积极贡献力量。

2024 年 2 月于北京

（范恒山：著名经济学家，经济学博士，博士生导师，国家发展和改革委员会原副秘书长，中国区域科学协会名誉会长，中国区域经济学会顾问）

目录

导　言

长江，世界第三大河，滋养了源远流长的中华文明，哺育着勤劳勇敢的中华儿女。长江经济带，像一条彩带，串连起云南、贵州、四川、重庆、湖北、湖南、江西、安徽、江苏、浙江、上海。以习近平新时代中国特色社会主义思想为指导，加强 11 个省市的协同融通，既是长江经济带高质量发展的着力点，也是长江经济带实现中国式现代化的重要路径。

“长江是中华民族的母亲河，也是中华民族发展的重要支撑。”[①] 习近平总书记有着深厚的长江情怀，很早就关注长江，一直关心、关爱长江。推动长江经济带发展是习近平总书记亲自谋划、亲自部署、亲自推动的关系国家发展全局的重大战略。2013 年 7 月 21 日，习近平总书记视察湖北，在武汉新港阳逻集装箱港区指出：“长江流域要加强合作，发挥内河航运作用，努力把全流域打造成黄金水道。”[②] 随后，国

① 中共中央文献研究室：《习近平关于社会主义经济建设论述摘编》，中央文献出版社 2017 年版，第 263 页。

② 杨让晨、张家振：《长江数字经济带”引领高质量发展未来路径》，《中国经营报》，2023 年 7 月 29 日。

家发展和改革委员会、交通运输部迅速着手起草长江经济带发展有关文件。2014 年 9 月 12 日，国务院印发《关于依托黄金水道推动长江经济带发展的指导意见》，要求提升长江黄金水道功能、建设综合立体交通走廊、创新驱动促进产业转型升级、全面推进新型城镇化、培育全方位对外开放新优势、建设绿色生态廊道。2016 年 3 月 25 日，中共中央政治局召开会议，审议通过《长江经济带发展规划纲要》，要求大力保护长江生态环境、加快构建综合立体交通走廊、创新驱动产业转型升级、积极推进新型城镇化、努力构建全方位开放新格局、创新区域协调发展体制机制。

10 年来，习近平总书记走遍了长江经济带 11 省市，多次召开推动长江经济带发展座谈会。2016 年 1 月 5 日，习近平总书记在重庆召开推动长江经济带发展座谈会（简称重庆座谈会），提出“五个把”的工作部署：把改善长江流域生态环境作为最紧迫而重大的任务，大力构建绿色生态廊道；把长江黄金水道作为重要依托，高起点高水平建设综合立体交通走廊；把引导产业优化布局作为协调协同发展重点，坚持创新发展，着力建设现代产业走廊；把推动新型城镇化作为重要抓手，为区域经济协调发展提供重要支撑；把改革开放作为根本依靠，加强与“一带一路”衔接互动。2018 年 4 月 26 日，习近平总书记在武汉主持召开深入推动长江经济带发展座谈会（简称武汉座谈会），指出“实施长江经济带发展战略要加大力度”，要正确把握“五个关系”，即“正确把握整体推进和重点突破、生态环境保护和经济发展、总体谋划和久久为功、破除旧动能和培育新动能、自身发展和协同发展等关系”[①]，为更深入地推动长江经济带绿色发展、有序发展、科学发展把脉定向。2020 年 11 月 14 日，习近平总书记在江苏省南京市主持召开全面推动长江经济带发展座谈会（简称南京座谈会），作出“五个要”的工作部署，即要加强生态环境系统保护修复，要推进畅通国内大循环，要构筑高水平对外开放新高地，要加快产业基础高级化、产业链现代化，要保护传承弘扬长江文化。[②]

2023 年 10 月 12 日，习近平总书记在江西省南昌市主持召开进一步推动长江经济带高质量发展座谈会（简称南昌座谈会）。会议名称从前三次的“推动”“深入推动”“全面推动”变成了“进一步推动”，“长江经济带发展”变成了“长江经济带高质量发展”。习近平总书记强调：要完整、准确、全面贯彻新发展理念，坚持共抓大保护、不搞大开发，坚持生态优先、绿色发展，以科技创新为引领，统筹推进生态环境保护和经济社会发展，加强政策协同和工作协同，谋长远之势、行长久之策、建久安之基，进一步推动长江经济带高质量发展，更好支撑和服务中国式现代化。[③]在南昌座谈会上，习近平总书记讲的是“新五要”：一要毫不动摇坚持共抓大保护、不搞大开发，在高水平保护上下更大功夫；二要坚持创新引领发展，把长江经济带的科研优势、人才优势转化为发展优势，积极开辟发展新领域新赛道，塑造发展新动能新优势；三要更好发挥长江经济带横贯东西、承接南北、通江达海的独特优势，

① 习近平：《论坚持人与自然和谐共生》，中央文献出版社 2022 年版，第 207 页。

② 《贯彻落实党的十九届五中全会精神 推动长江经济带高质量发展》，《人民日报》，2020 年 11 月 16 日，第 1 版。

③ 《进一步推动长江经济带高质量发展 更好支撑和服务中国式现代化》，《人民日报》，2023 年 10 月 13 日，第 1 版。

为构建新发展格局提供战略支撑；四要坚持把强化区域协同融通作为着力点，稳步推进生态共同体和利益共同体建设；五要统筹好发展和安全，在维护国家粮食安全、能源安全、重要产业链供应链安全、水安全等方面发挥更大作用。[①]

从“推动”“深入推动”“全面推动”到“进一步推动”，从“发展”到“高质量发展”，四次座谈会的主题在不断深化和升华；从“五个把”到“五个关系”，从“五个要”到“新五要”，内容更加丰富、工作全面推进，不断引领长江经济带高质量发展。特别是南昌座谈会首次完整提出“区域协同融通”，要求沿江省市坚持“省际共商、生态共治、全域共建、发展共享”（简称“四共”），为长江经济带高质量发展提供了理论支撑和实现路径。

党的二十大明确将推进长江经济带发展作为加快构建新发展格局、着力推动高质量发展的重点任务。我们要深入贯彻党的二十大精神，认真学习党的十八大以来习近平总书记关于长江经济带发展的重要论述，以“四共”为抓手，着力推动长江经济带高质量发展，唱响新时代“长江之歌”！

① 《进一步推动长江经济带高质量发展 更好支撑和服务中国式现代化》，《人民日报》，2023 年 10 月 13 日，第 1 版。

第一章

长江经济带发展的着力点：区域协同融通

区域协同融通，从实践层面讲是长江经济带发展的着力点，从理论层面讲属于区域协调发展的范畴。只有在正确的理论指导下，长江经济带的区域协同融通才能顺利实现。

第一节
区域协调发展的理论形成与实践探索

为什么要推进区域协同融通？是因为要实现区域协调发展。以“共抓大保护、不搞大开发”为导向推动长江经济带区域协调发展是贯彻落实区域协调发展战略的重要内容，也是践行新发展理念的重要途径，其丰富内涵也依托着深厚的理论基础。

一、区域协调发展的主要理论

区域协调发展理论经历了区域均衡增长理论、区域非均衡增长理论两个阶段，引导我国的区域经济从均衡发展、不均衡发展到协调发展不断演变，区域协调发展成为区域分工合作进一步深化和发展的必然要求。

（一）区域均衡增长理论

经济学的系统性发展源自亚当·斯密，中经李嘉图、西斯蒙第、穆勒、萨伊等，逐渐形成了一个经典的经济学理论体系，这就是古典经济学。20 世纪以后，经济学历经了张伯伦革命、凯恩斯革命和理性预期革命等三次革命性变革，形成了微观经济学和宏观经济学的基本理论框架，这个框架被称为新古典经济学，以区别于先前的古典经济学。

美国经济学家罗伯特·索洛提出新古典经济增长模型，新古典增长理论由此发端。该理论认为存在“区域趋同”，即随着时间的推移，所有的地区将收敛于相同的人均收入水平，从而使经济发展达到长期均衡的稳定状态。该理论在假设技术进步为外生因素的条件下，研究经济增长与资本、劳动两种生产要素之间的关系，认为无论经济的初始状态如何，经济总是向一个均衡增长（或稳态）路径收敛。同时，由于人均资本更高的地区，资本的报酬率更低，因此在地区边界开放的情况下，资本将从人均资本高的富裕地区向人均资本低的贫困地区流动，从而进一步推动区域趋同。

在新古典经济学理论基础之上，大推进理论、贫困恶性循环理论、低水平均衡陷阱理论等各种区域均衡增长理论不断产生。

大推进理论是英国经济学家罗森斯坦·罗丹于 1943 年提出来的，是关于发展中国家各工业部门必须同时平衡发展的一种理论。该理论的核心内容是：发展中国家摆脱贫困、实现经济发展的途径是工业化，因此必须对各个工业部门进行全面的、大规模的投资，形成规模经济效益、产生外部经济效应，从而通过这些工业部门的平均增长促进整个国民经济的快速增长和全面发展。

贫困恶性循环理论是美籍爱沙尼亚经济学家纳克斯于 1953 年提出来的，该理论从供给和需求两个方面分析资本与经济发展之间的相互关系，解释发展中国家长期处于贫困的原因，即发展中国家的人均收入水平低，使得储蓄和消费都不足，从而限制了资本形成，导致低产出，最终又使其经济发展陷入低收入的恶性循环中。该理论认为，资本匮乏是影响欠发达国家经济增长的关键因素，要打破这种恶性循环，就必须进行全面的、大规模的投资，形成各行业间的相互需求，使恶性循环转化为良性循环。

低水平均衡陷阱理论是美国经济学家纳尔逊于1956年提出来的。该理论主要通过研究人均资本、人口增长和人均收入增长之间的关系，得出使欠发达国家的经济发展陷入低水平均衡陷阱的主要原因是人口增长率超过人均收入的增长率，以及人均收入的边际投资倾向低、缺乏未开垦的可耕地、生产方法效率低等。因此，要使欠发达国家摆脱低水平均衡陷阱，就要进行大规模的资本投资，使投资和产出的增长率超过人口的增长率，从而实现人均收入的大幅度提高，推动经济持续增长。

临界最小努力理论是美国经济学家莱宾斯坦于1957年提出来的，是解释发展中国家经济发展过程和发展机制的理论。该理论以纳克斯的贫困恶性循环理论和纳尔逊的低收入均衡陷阱理论为前提，探究发展中国家为摆脱“贫困陷阱”、促进长期经济发展所必需作出的最小努力临界值。该理论认为，在低人均收入水平下，居民的储蓄与投资不足，使得国民收入的增长率较低；但是当人均收入水平提高到储蓄为零的一定最低水平以上时，总收入中将逐渐存在增加的部分用于储蓄和投资，从而使收入增长率提高。

这些理论被统称为区域均衡增长理论，认为在市场竞争机制下，资本、劳动和技术等生产要素为实现其最高边际报酬率而自由流动，会导致各要素收益平均化，从而促使各地区经济实现平衡增长；强调产业部门间和区域空间的平衡发展、同步发展，为欠发达国家和地区实现工业化和经济发展提供了理论依据。

（二）区域非均衡增长理论

与区域均衡增长理论相反，区域非均衡增长理论认为各地区的经济基础和经济增长速度差距较大，导致区域之间的发展水平存在差异，因此不平衡增长是区域经济发展的一般规律，从而主张合理配置资源，实施区域不平衡增长战略。该理论主要包括增长极理论、循环累积因果理论、不平衡增长理论、倒 U 形理论等，为各国和地区实施差异化的发展战略提供了理论依据。

增长极理论是法国经济学家佩鲁于 1950 年以“不平等动力学”和“支配说”为基础提出的一种不平衡增长理论。该理论的核心是，经济增长并非同时出现在所有地区，而通常是首先在一个或数个“增长极”优先增长，然后通过不同渠道向外扩散，带动周围区域共同发展，从而推动整个经济发展。其中，“增长极”是经济空间中在一定时期起支配和推动作用的经济单元，主要包括主导部门或者具有创新能力的企业（行业）。“增长极”的吸引和扩散作用主要表现为技术的创新与扩散、产生规模经济效益、引进集中资本或者进行资本输出以及形成聚集经济效果等。该理论对于制定区域发展规划和经济发展政策具有较好的指导作用。

循环累积因果理论由瑞典经济学家缪尔达尔于 1957 年首先提出，并经过英国经济学家卡尔多和狄克逊等人不断发展完善。缪尔达尔从动态系统论的角度提出，事物的发展由多方面因素相互影响、互为因果而决定，因此其发展是一个“循环累积”、不断演进的过程，依次经过“初始变化”“次级强化”和产生“上升或下降”的结果三个环节，最后影响“初始变化”，即一个因素发生初始变化后，会引起另一因素发生相应的变化，从而反过来会强化先前因素的影响，使经济沿着初始因素变化的方向发展，最终形成累积性的循环发展趋势。

不平衡增长理论是德国经济学家赫希曼于 1958 年提出来的，其主张发展是一种从主导部门通向其他部门的不平衡连锁演变过程，在投资资源有限的情况下，发展中国家促进经济发展的最佳途径是实施优先发展的不平衡增长方式，即发展中国家应该有选择性地将有限的资源集中投入某些关键部门，优先促进这些关键部门发展，然后再通过产业联系效应带动其他部门乃至整个国民经济发展。①

倒U形理论是美国经济学家威廉姆森于1965年根据代表性国家在不同发展阶段区域经济不平衡增长的变化趋势提出的。该理论认为，国家发展水平与区域不平衡之间存在着有机联系，即在国家经济发展的初期阶段，因少数区域凭借优势资源或优势区位等有利条件获得优先发展，使得区域间经济增长的差异逐渐扩大，导致区域之间出现不平衡增长；此后，随着各区域经济增长，区域间经济增长差距的扩大速度减缓，使得区域间不平衡程度趋于稳定；当国民经济发展进入成熟阶段之后，基于发达区域出现聚集规模不经济、欠发达区域投资机会增多等因素，区域间经济增长差距进一步缩小，使得区域间趋向平衡增长。因此，区域间经济增长差异的演变轨迹形成倒“U”形分布。

（三）区域分工理论

英国政治经济学家亚当·斯密曾指出：“劳动生产力上最大的增进，以及运用劳动时所表现的更大的熟练、技巧和判断力，似乎都是分工的结果。”② 区域分工是社会分工的空间表现形式。社会分工表现为部门分工和地域分工：部门分工是不同部门形成和分离的过程；地域分工则是分离出来的部门在一定地域上的组合。或者说，区域分工是相互关联的社会生产体系在地理空间上的分布。从个别区域角度看，区域分工是区域生产专业化；从相互联系的区域体系看，区域分工表现为全社会的生产专业化体系。区域分工是国民经济区域结构的主线。

① 郑路：《不平衡增长理论的文献综述》，《知识经济》，2012年第11期，第10页。

② ［英］亚当·斯密：《国民财富的性质和原因的研究》（上），郭大力、王亚南译，商务印书馆2009年版，第3页。

区域分工有其自然基础，但不是自然而然形成的，而是社会生产力发展到一定阶段的产物，分工的产生与发展具有内在的客观性。区域分工的必要前提是产品的生产地和消费地的分离。区域分工的规模是随商品贸易的扩大而不断扩大的，从国内局部性地域分工到全国统一市场条件下的各区域间的全国性分工，从国内地域分工到国际地域分工，是地域分工由低级形态向高级形态演进的一般过程。区域分工的变化往往是通过产业部门的区位指向机制来实现。

区域分工必须保持最基本的协调，即保持各区域利益的基本平衡，如果长期失衡，那么原有的区域分工就难以为继，必然走向解体。

（四）区域合作理论

作为区域合作论的代表性理论，新制度经济学认为制度具有节约交易成本的效用，在经济发展中发挥了至关重要的作用，并强调政府对市场经济的制度供给。针对区域合作现象、区域一体化过程中的政府行为等，学者们提出了以政府为主导的“制度性区域一体化”概念，主要强调政府对区域合作的制度供给，并将制度建设视为区域合作、区域一体化的核心。

比较优势理论认为，只要存在生产成本的相对差异，各地区在不同产品的生产上就具有相对比较优势，就能通过产业分工与协作建立起区域合作关系。相互依赖理论认为，相互依赖关系是动态变化的，它的范围会随着区域分工的细化而不断扩大，因而各地区可以通过开展良好、务实有效的合作来实现共同发展。而新经济地理学理论认为，各地区可以在尊重经济技术联系和相互作用的客观规律下，通过建立互利互惠的合作关系来谋求本区域利益的最大化。

在我国，区域合作的主体是政府或区域合作由政府发动，这就涉及政府间关系。在管理学中，有专门研究这种关系的理论——府际关系理论。府际关系是指不同层级政府之间的关系网络，它不仅包括中央与地方关系，而且包括地方政府间的纵向和横向关系，以及政府内部各部门间的权力分工关系。府际关系概念的提出，最早缘起于美国联邦制下的府际运作实践，它注重动态性地研究联邦政府与州政府、地方政府的互动运作关系。中国学者的府际关系研究，大多以“中央与地方关系”作为分析范式。中央与地方关系分析框架倾向于强调中央主导和层级节制，而府际关系分析框架更强调彼此互动合作。中国的府际关系研究的目的在于促进国家整合化，保障国家统一和稳定；完善国家治理体系，提高政府善治水平，调动多方积极性，促进社会全面发展。

（五）地域空间系统理论

一些学者将不同区域纳入一个更大的整体范围来研究，如“中心—外围”理论、梯度转移理论、地域生产综合体理论等，我们将其归结为地域空间系统理论。

古典的“中心—外围”理论是美国经济学家弗里德曼在普雷维什用以解释发达国家和不发达国家间不平等关系理论的基础上提出的。该理论认为，任何国家的区域空间系统都由中心区和外围区组成。其中，中心区是社会经济活动的聚集区，一般指城市或城市聚集区，这类区域工业发达，技术水平较高，资本集中，人口密集，是创新变革的发源地，经济增长速度快；而外围区是围绕中心区分布并受中心区影响的区域。中心区和外围区相互作用，一方面，中心区从外围区吸引聚集生产要素产生出大量的创新；另一方面，随着空间系统内部和相互之间信息交流的增加，这一创新又源源不断地从中心区向外扩散，引导外围区的经济活动、社会文化结构和聚落类型的转换，使得外围区力量逐渐增强，导致新的核心区在外围区出现。随着外围区的发展壮大，中心区和外围区之间的界限将逐渐消失，整个空间系统不断发展，在全国范围内实现经济一体化，使得最初的区域不平衡逐步形成功能各异的城市集群系统。①

在此基础上，美国经济学家克鲁格曼构建了新的“中心—外围”模型，形成了新经济地理学派的“中心—外围”理论。该理论主要分析农业部门和工业部门企业在中心区域和外围区域的均衡分布，揭示分工的形成条件和影响因素。模型假设存在农业产品和制造品两类产品，分别由不变报酬的农业部门生产和递增报酬的工业部门生产。当本区域需求关联和成本关联所产生的向心力大于竞争效应所产生的离心力时，经济活动趋向于在本区域集聚；当本区域需求关联和成本关联所产生的向心力小于竞争效应所产生的离心力时，经济活动趋向于往本区域外扩散。随着贸易成本下降，离心力和向心力均会减弱，并且离心力减弱得更快，当向心力超过离心力时，所有制造厂商被吸引到本地形成集聚，最终两个区域会形成以工业化区域为中心、农业化区域为外围的“中心—外围”构架。

梯度转移理论源于弗农提出的工业生产的产品生命周期理论。产品生命周期理论认为，工业各部门及各种工业产品都要经历生命周期的不同发展阶段，即经历创新、发展、成熟、衰退等四个阶段。此后威尔斯和赫希哲等对该理论进行了验证，并作了充实和发展。区域经济学家克鲁默、海特等人于 1975 年将这一理论引入区域经济学之中，便产生了区域经济发展梯度转移理论。梯度转移理论主张发达地区应首先加快发展，然后通过产业和要素向较发达地区和欠发达地区转移，以带动整个经济的发展。梯度转移理论也有一定的局限性，主要是难

① 秦尊文等：《长江经济带区域协调发展研究》，武汉大学出版社 2019 年版，第 21–24 页。

以科学划分梯度，实践中容易扩大地区间的发展差距。该理论忽视了高梯度地区有落后地区，落后地区也有相对发达地区的事实，人为限定按梯度转移，这样做就有可能把不同梯度地区发展的位置凝固化，从而将差距进一步扩大，使发达的地方更发达，落后的地方更落后。国内认同梯度转移理论的学者认为，区域经济发展是不平衡的，区域之间存在着经济技术的梯度，经济布局的重点选择应该根据区域之间的经济梯度来决定，即首先要重点发展高梯度区域，在高梯度区域实行对外开放政策，国家给予重点扶持，通过引进先进的技术，消化、吸收,然后依次向低梯度的区域推移。随着高梯度区域的经济发展加速，推移的速度将加快，从而带动低梯度区域的经济发展，逐步达到区域之间的相对均衡。

地域生产综合体理论产生于计划经济为主、高度中央集权的社会主义国家苏联，是适应当时苏联生产力“向东运动”、大规模开发东部落后地区，以实现生产力的平衡布局、满足全国各地国民经济协调全面发展的现实需要而提出的。该理论也属于区域非均衡增长理论之一，其核心在于按照全国劳动地域分工的要求，依据各地自然资源的禀赋状况和生产要素布局的区域差异来确定各地区专业化方向，从而因地制宜地在全国建立不同类型、不同规模的地域生产综合体，以实现生产的均衡布局，构建完整的、有一定规模专业化部门的区域经济体系。

（六）系统论和协同学

1945年，贝塔朗菲发表题为《关于普通系统论》的学术论文，标志着系统论的提出。贝塔朗菲的理论被视为传统系统论。现代系统论的研究对象则转为系统内部整体与部分的关系问题，视系统为整体和部分的统一，强调系统论并不是孤立地考察系统的整体性，而是在整体与部分层次、结构、功能、环境的相互关系中来考察其整体性，整体与部分的关系问题成为现代系统论的核心问题。系统是相互联系要素的复杂集合，具有整体性、组织化的复杂性、相互依存、互感相关、动态性等特征。系统性是指构成系统整体的要素之间具有相互联系、相互作用的互动关联性，这些相互联系和相互作用是系统稳定存在的基础，各要素之间的协同配合是系统结构的体现。

1977 年，德国物理学家赫尔曼·哈肯创立“协同学”。协同学的研究对象是自然界和社会中的系统，认为所有的系统都可以分为若干个子系统，协同学研究一个由大量子系统以复杂方式相互作用所构成的复合系统，且在社会科学领域已有广泛应用。在区域管理协同中，多元主体协同过程可以划分为三个大阶段，并具有如下关键点：第一阶段，权威主体的战略输入（能量输入）使各个系统某一或某些要素出现涨落，各个子系统迅速偏离原先的稳定态。当各个系统涨落偏离稳定态后，各个系统自身通过外显或内生的方式发出协同需求。在这个阶段，权威主体打破子系统封闭性、促成子系统从隔离状态走向开放状态是关键。第二阶段，权威主体开展顶层设计，由战略引导形成序参量变化。在这个阶段，权威主体战略引导的先进性是关键。第三阶段，多主体参与和沟通来构建协同机制，促进子系统对协同的伺服作用的实现，系统协同减少系统各要素、各子系统间的摩擦和内耗，耦合产生整体功能放大效应，最终实现大系统的有序新状态。

二、新时代区域协调发展理论成果

在习近平经济思想中，“新发展理念”和“坚持问题导向部署实施国家重大发展战略”[①] 是其中很重要的内容。发展理念是发展行动的先

① 中共中央宣传部、国家发展和改革委员会：《习近平经济思想学习纲要》，人民出版社 2022 年版，第 3 页。

导，是管全局、管根本、管方向、管长远的东西，是发展思路、发展方向、发展着力点的集中体现。2015 年 10 月，习近平总书记在党的十八届五中全会第二次全体会议上的讲话中鲜明提出了创新、协调、绿色、开放、共享的发展理念。协调发展注重的是解决发展不平衡问题。我国发展不协调是一个长期存在的问题，突出表现在区域和城乡、经济和社会、物质文明和精神文明、经济建设和国防建设等关系上。区域协调发展，是坚持新发展理念的必然要求。新时代区域协调发展的主要理论成果有：

（一）提出区域协调发展的指导思想

进入新时代，我党以习近平新时代中国特色社会主义思想为指导，坚持新发展理念，紧扣我国社会主要矛盾变化，按照高质量发展要求，明确要求立足发挥各地区比较优势和缩小区域发展差距，围绕努力实现基本公共服务均等化、基础设施通达程度比较均衡、人民基本生活保障水平大体相当的目标，深化改革开放，坚决破除地区之间利益藩篱和政策壁垒，加快形成统筹有力、竞争有序、绿色协调、共享共赢的区域协调发展新机制，促进区域协调发展。

（二）提出“四大板块”+“五大战略”

为促进区域协调发展，在划分西部、东北、中部、东部“四大板块”的基础上，深入实施西部大开发、东北振兴、中部崛起、东部率先发展等区域协调发展战略，同时实施五大国家重大区域战略：京津冀协同发展、长江经济带发展、粤港澳大湾区建设、长三角一体化发展、黄河流域生态保护和高质量发展。以这些国家重大战略为引领，促进区域间相互融通补充。尤其是实施长江经济带发展战略，要充分发挥横跨东中西三大板块的区位优势，以共抓大保护、不搞大开发为导向，以生态优先、绿色发展为引领，依托长江黄金水道，推动长江上中下游地区协调发展和沿江地区高质量发展。

（三）提出“区域发展新模式”

中央提出“建立以中心城市引领城市群发展、城市群带动区域发展新模式”并就如何引领和带动作了部署：以北京、天津为中心引领京津冀城市群发展，带动环渤海地区协同发展；以上海为中心引领长三角城市群发展，带动长江经济带发展；以香港、澳门、广州、深圳为中心引领粤港澳大湾区建设，带动珠江—西江经济带创新绿色发展；以重庆和成都、武汉、郑州、西安等为中心，引领成渝、长江中游、中原、关中平原等城市群发展，带动相关板块融合发展。①

（四）构建深化区域合作机制

一是推动区域合作互动，重点是深化京津冀地区、长江经济带、粤港澳大湾区等合作，提升合作层次和水平。二是促进流域上下游合作发展。加快推进长江经济带、珠江—西江经济带、淮河生态经济带、汉江生态经济带等重点流域经济带上下游间合作发展。建立健全上下游毗邻省市规划对接机制，协调解决地区间合作发展重大问题。完善流域内相关省市政府协商合作机制，构建流域基础设施体系，严格流域环境准入标准，加强流域生态环境共建共治，推进流域产业有序转移和优化升级，推动上下游地区协调发展。三是加强省际交界地区合作。要加强省际交界地区城市间交流合作，建立健全跨省城市政府间联席会议制度，完善省际会商机制。四是积极开展国际区域合作。以“一带一路”建设为重点，实行更加积极主动的开放战略，推动构建互利共赢的国际区域合作新机制。

① 中共中央党史和文献研究院：《十九大以来重要文献选编》（上），中央文献出版社 2019 年版，第 693 页。

三、坚持问题导向部署实施国家重大发展战略

进入新发展阶段，完整、准确、全面贯彻新发展理念，必须更加注重经济社会发展阶段过程中的各种问题，尤其是共同富裕问题。党的十九届五中全会向着更远的目标谋划共同富裕，提出了“全体人民共同富裕取得更为明显的实质性进展”的目标。党的二十大提出建设中国式现代化，而共同富裕本身就是中国式现代化的一个重要目标。习近平总书记指出：“我们不能等实现了现代化再来解决共同富裕问题，而是要始终把满足人民对美好生活的新期待作为发展的出发点和落脚点，在实现现代化过程中不断地、逐步地解决好这个问题。要自觉主动解决地区差距、城乡差距、收入差距等问题，坚持在发展中保障和改善民生，统筹做好就业、收入分配、教育、社保、医疗、住房、养老、扶幼等各方面工作，更加注重向农村、基层、欠发达地区倾斜，向困难群众倾斜，促进社会公平正义，让发展成果更多更公平惠及全体人民。促进全体人民共同富裕是一项长期任务，也是一项现实任务，急不得也等不得，必须摆在更加重要的位置，脚踏实地，久久为功，向着这个目标作出更加积极有为的努力。”①

坚持问题导向部署实施国家重大发展战略是我国经济发展的战略举措，要全面实施区域重大战略、区域协调发展战略，深入实施主体功能区战略、以人为核心的新型城镇化战略。长江经济带发展是区域重大战略，由于其地跨西部、中部、东部三大地区，本身也涉及区域协调发展战略中的西部大开发、中部崛起、东部率先发展等战略。此外，主体功能区战略统筹“优化开发区域”“重点开发区域”“限制开发区

① 习近平：《习近平著作选读》第二卷，人民出版社2023年版，第140页。

域”“禁止开发区域”四类区域的发展，其目的就是促进区域协调发展；深入实施以人为核心的新型城镇化战略，其目的就是促进城乡协调发展。而城、乡实质上也是两种特殊区域，从这个意义上讲，乡村振兴战略实施的对象是乡村这种特殊区域。因此，区域重大战略、区域协调发展战略、主体功能区战略、新型城镇化战略、乡村振兴战略，可以视为新时代区域协调发展的理论成果，这也是习近平经济思想的重要组成部分。

四、长江经济带区域协调发展的实践探索

中国特色社会主义进入新时代，区域协调发展更注重新理念、高质量。长江经济带横跨我国东中西三大区域，应准确把握新时代区域协调发展战略新内涵，以“共抓大保护、不搞大开发”为导向，探索区域协调发展战略落地的有效机制。

一是探索以创新驱动“不搞大开发”的有效机制。创新是引领发展的第一动力，必须通过创新持续提升长江经济带发展质量，从过去的空间外延式拓展向内涵式优化与提升转化，为长江经济带“不搞大开发”落地提供坚实基础。落实创新驱动区域协调发展的新方略，首先是要有战略眼光，在关注“市场需求什么”“企业要什么”的同时，更要去思考“下一轮创新型经济需要什么”。美国经济学家马里亚纳·马祖卡托以苹果公司为研究案例，揭穿硅谷神话，认为“长期而富有耐心的政府资助是突破性创新的绝对先决条件”“创新的真正引擎是政府”；德国“工业 4.0”战略的整体推动者是政府，并且政府确定了“工业 4.0”优先开展的八个关键领域。长江经济带应聚焦世界级产业集群，紧盯国家“科技创新 2030—重大项目”，依托上海张江、苏南、武汉东湖、长株潭、合芜蚌、成都等国家自主创新示范区，探索 11 省市联合开展

重大科技项目的统一论证和统筹实施、中央和地方财政共同投入的方式推进重大科学装备与全球科技创新中心的建设，着力在前瞻性基础研究、引领性原创成果供给和成果转化上实现新突破。

二是探索以主体功能区推进“共抓大保护”的有效机制。按照党中央确定的我国现代化“两步走”的阶段性安排，依据国家主体功能区规划的要求，着手健全完善面向2035年的城市群发展规划，描绘2050年的战略愿景，加快推进人口和产业进一步向长三角、长江中游、成渝、黔中、滇中等城市群集聚，大力推进秦巴山区、武陵山区、乌蒙山区、滇桂黔石漠化区、滇西边境山区、大别山区、罗霄山区、川滇藏区等地区的生态移民，通过重构生产、生活、生态发展格局，从而“为可持续发展预留空间，为子孙后代留下天蓝、地绿、水清的美好家园”[①]。加大对限制开发区域、禁止开发区域的财政转移支付力度，深入推进上中下游的生态补偿机制，保障各地共同且有差异地承担起解放和发展长江经济带社会生产力的责任。深入实施乡村振兴战略，提升区域协调发展活力。乡村振兴应以特色小镇建设为战略支撑杠杆，全面提升县城、小城镇、农民新村建设三个支点的活力，率先加快推进城乡融合发展，打破一切阻碍城乡融合发展的体制机制和政策障碍，突破性推进城乡融合发展。

三是探索以流域管理提升“黄金水道”功能的有效机制。长江经济带发展战略实施以来，“黄金水道”的“黄金”功能正在显现。2023年长江干线货物通过量达38.8亿吨，同比增长8.1%，连续19年蝉联世界内河榜首。长江航运应从高速增长阶段转向高质量发展阶段，重点围绕“深水深用、浅水浅用”优化提升港口布局，大力建立健全港

① 中共中央文献研究室：《习近平关于全面建成小康社会论述摘编》，中央文献出版社2016年版，第68页。

口水铁公联运体系，使“黄金水道”与构建现代产业体系相吻合。与此同时，“黄金水道”功能的提升，更在于水资源的可持续利用和生态安全保障，必须以习近平法治思想为指导，加快建立健全民主、协调、权威、高效、与区域管理相结合的流域综合管理体系，重点创新法治化管理模式。认真实施《中华人民共和国长江保护法》，为流域可持续发展提供法规制度上的保障。建立完善长江流域以水为核心的生态环境实时监测体系，为“共抓大保护、不搞大开发”纳入法治监督轨道提供信息保障。探索建立环境侵权惩罚性赔偿制度，加大对排污不达标或偷排行为的惩治力度，让违规者付出沉重代价。严格落实生态文明建设责任制，对造成资源环境生态严重破坏的，实行终身追责。

第二节
“区域协同融通”的提出及其理论内涵

我国区域协调发展涉及范围非常广，长江经济带是其中一部分；涉及的内容非常多，长江经济带可以先行先试，积极进行理论与实践探索。

一、南昌座谈会提出“区域协同融通”的渊源

“区域协同融通”的提出并不是一蹴而就，而是源远流长、水到渠成。在前三次座谈会上，习近平总书记分别提到了“协同发展”“区域协同”“区域协调”“联动发展”，这为南昌座谈会提出“区域协同融通”奠定了良好的基础。

（一）重庆座谈会提出建设“协调发展带”

2016年1月5日，习近平总书记在重庆召开推动长江经济带发展座谈会上的讲话中强调：“长江经济带作为流域经济，涉及水、路、港、岸、产、城和生物、湿地、环境等多个方面，是一个整体，必须全面把握、统筹谋划。要增强系统思维，统筹各地改革发展、各项区际政策、各领域建设、各种资源要素，使沿江各省市协同作用更明显，促进长江经济带实现上中下游协同发展、东中西部互动合

作，把长江经济带建设成为我国生态文明建设的先行示范带、创新驱动带、协调发展带。……要优化长江经济带城市群布局，坚持大中小结合、东中西联动，依托长三角、长江中游、成渝这三大城市群带动长江经济带发展。”[①]他还强调："沿江省市和国家相关部门要在思想认识上形成一条心，在实际行动中形成一盘棋，共同努力把长江经济带建成生态更优美、交通更顺畅、经济更协调、市场更统一、机制更科学的黄金经济带。”[②]

（二）武汉座谈会提出要“正确把握自身发展和协同发展的关系”

2018 年 4 月 26 日，习近平总书记在武汉主持召开深入推动长江经济带发展座谈会上的讲话中提出要“正确把握自身发展和协同发展的关系，努力将长江经济带打造成为有机融合的高效经济体”[③]。他强调："长江经济带的各个地区、每个城市都应该也必须有推动自身发展的意愿，这无可厚非，但在各自发展过程中一定要从整体出发，树立‘一盘棋’思想，把自身发展放到协同发展的大局之中，实现错位发展、协调发展、有机融合，形成整体合力。目前看，长江经济带发展无序低效竞争、产业同构等问题仍然非常突出，一些地方在实际工作中出现圈地盘、抢资源、条块分割、无序竞争的情况，还存在抢占发展资源、缺乏协作精神、破坏产业链条的连接和延伸等问题。”[④]

---

① 中共中央文献研究室：《习近平关于社会主义经济建设论述摘编》，中央文献出版社 2017 年版，第 265 页。

② 中共中央文献研究室：《习近平关于社会主义经济建设论述摘编》，中央文献出版社 2017 年版，第 266 页。

③ 习近平：《习近平著作选读》第二卷，人民出版社 2023 年版，第 158 页。

④ 习近平：《习近平著作选读》第二卷，人民出版社 2023 年版，第 158 页。

（三）南京座谈会强调“协同联动发展”

2020 年 11 月 14 日，习近平总书记在江苏省南京市主持召开全面推动长江经济带发展座谈会的讲话中指出：“要加强协同联动，强化山水林田湖草等各种生态要素的协同治理，推动上中下游地区的互动协作，增强各项举措的关联性和耦合性。要注重整体推进，在重点突破的同时，加强综合治理系统性和整体性，防止畸重畸轻、单兵突进、顾此失彼。”[①] 座谈会着重强调“要推进畅通国内大循环”，在“五个要”的工作部署中作为单独的一“要”专门列出，并从产业发展和新型城镇化的角度作了论述：“推进上中下游协同联动发展，强化生态环境、基础设施、公共服务共建共享，引导下游地区资金、技术、劳动密集型产业向中上游地区有序转移，留住产业链关键环节。要推进以人为核心的新型城镇化，处理好中心城市和区域发展的关系，推进以县城为重要载体的城镇化建设，促进城乡融合发展。”[②]

（四）南昌座谈会提出“区域协同融通”

2023 年 10 月 13 日，习近平总书记在江西省南昌市主持召开进一步推动长江经济带高质量发展座谈会，正式提出“区域协同融通”，并对“区域协同融通”作了较为详细的论述：要坚持把强化区域协同融通作为着力点，沿江省市要坚持省际共商、生态共治、全域共建、发展共享，增强区域交通互联性、政策统一性、规则一致性、执行协同性，稳步推进生态共同体和利益共同体建设，促进区域协调发展。要从整体上谋划和建设区域交通基础设施，加快建设综合立体交通走廊，加强交通网络的相互联通和“公水铁”等运输方式的相互衔接，提升区域交通一

① 习近平：《习近平谈治国理政》第四卷，外文出版社 2022 年版，第 358 页。

② 习近平：《论把握新发展阶段、贯彻新发展理念、构建新发展格局》，中央文献出版社 2021 年版，第 441 页。

体化水平。深化要素市场化改革，完善产权保护、市场准入、公平竞争、社会信用等基础制度，完善跨区域、跨部门、跨层级的数据信息共享和流程互联互通，深化政务服务合作，优化营商环境。①

协调发展是新发展理念的五大发展理念之一，前三次座谈会都提到要坚持协调发展理念。重庆座谈会提出了“上中下游协同发展、东中西部互动合作”，强调沿江省市和国家相关部门要齐心协力，共同把长江经济带建成“协调发展带”；武汉座谈会再次强调长江经济带作为流域经济涉及水、路、港、岸、产、城等多个方面，要运用系统论的方法，并强调正确把握自身发展和协同发展的关系；南京座谈会强调“上中下游协同联动发展”“区域协调联动发展”，并提出了相应的举措；南昌座谈会继续坚持协调发展理念，提出“区域协同融通”并作了比较全面的论述，明确提出了“省际共商、生态共治、全域共建、发展共享”，为长江经济带高质量发展指明了方向。

二、区域协同融通的丰富理论内涵

从“区域协同融通”的字面意义来看，“区域”是指长江经济带及其各省市；“协同”是指协调两个或者两个以上的不同资源或者个体，相互配合、协同一致地完成某一目标的过程。“融通”则有三层含义：一是使流通，如融通资金；二是融会贯通，如融通古今；三是使融洽，相互沟通，如融通感情。“融通”用在长江经济带上，三层含义都有。其含义则比“协同”更进一步，“协同”是不同的主体在外部开展配合，而“融通”是不同的主体相互向内部渗透，形成“你中有我、我中有你”和“你离不开我、我离不开你”的局面。南昌座谈会提出的“区域协

① 《进一步推动长江经济带高质量发展　更好支撑和服务中国式现代化》，《人民日报》，2023年10月13日，第1版。

同融通”，具有丰富的理论内涵。

（一）区域协同融通是长江经济带高质量发展的关键抓手

习近平总书记先后四次主持召开推动长江经济带发展的座谈会，始终强调“共抓大保护、不搞大开发”。[①]“共”字当头，为长江经济带各省市赋予了责任担当；一个“共”字，必须由11省市联手书写。同饮长江水，共担新使命，11省市深入践行“绿水青山就是金山银山”的理念，探索协同推进生态优先和绿色发展新路子，共守一江碧水。长江经济带区域生态环境发生显著变化，流域国控断面优良水质比例从2015的81.8%增至2022年的98.1%，长江干流水质连续三年保持Ⅱ类，水生生物资源和多样性恢复向好，江豚数量从2017年的1012头增长到2022年的1249头，实现历史性回升，生动体现了可持续发展的历史性变化。

习近平总书记关于区域协同发展的深刻思考和重要论述，为沿江省市全面融入长江经济带高质量发展指明了方向和路径。近年来，长江经济带区域协同联动不断加强，致力于打破行政分割和市场壁垒，从成渝地区双城经济圈，到长江中游城市群，再到长三角，11省市强化协作，区域融合实现重大提升，促进要素跨区域自由流动，长江经济带正成为引领经济高质量发展的主力军。

同时也要看到，长江流域生态环境保护和高质量发展正处于由量变到质变的关键时期，取得的成效还不稳固，客观上也还存在不少困难和问题，市场化多元化的利益补偿机制尚未完全建立，生态保护地和受益地之间补偿机制不健全，产业转移、园区共建等跨区域合作缺乏利益分享机制。因此，要进一步推动长江经济带高质量发展，更好

① 习近平：《习近平著作选读》第二卷，人民出版社2023年版，第153页。

支撑和服务中国式现代化。[①]谋长远之势、行长久之策、建久安之基，着力点是强化区域协同融通，进一步发挥政府与市场的协同效应，通过协同治理、高效融通，全面提升长江生态系统的稳定性和质量，守住流域安全底线，进一步破除妨碍各种生产要素市场化配置和商品服务流通的体制机制障碍，充分发挥长江黄金水道作用，进一步释放规模经济效应。加快推进长江经济带从“相加”阶段迈向“相融”阶段，深化区域交通“硬联通”、长江文化“软联通”，促进要素市场互联互通，以高水平协同联动形成高质量发展整体合力，共享高质量发展成果，努力将长江经济带打造成为有机融合的高效经济体，加快实现长江流域生态环境保护和高质量发展由量变到质变的跃升。

（二）市场一体化发展是区域协同融通的底层逻辑

改革开放 40 多年来，经济体制改革的基本方向是市场化改革。习近平总书记要求，推动长江经济带发展，要使市场在资源配置中起决定性作用，更好发挥政府作用。沿江省市要加快政府职能转变，提高公共服务水平，创造良好市场环境。[②]区域协同融通的实质，就是在政府的引导下，促进区域间要素自由流动，形成一体化的区域市场，这是长江经济带区域协同融通的底层逻辑。

改革开放以来的中国经济高速增长被誉为一个“世界奇迹”，地方政府在其中扮演了非常重要的角色。财税分权体制和以 GDP 增长为核心的官员绩效考核体系，极大地调动了地方政府及官员发展地方经济的积极性和创造性，继而推动中国经济的高速增长，但同时也引发了

① 《进一步推动长江经济带高质量发展　更好支撑和服务中国式现代化》，《人民日报》，2023 年 10 月 13 日，第 1 版。

② 中共中央文献研究室：《习近平关于社会主义经济建设论述摘编》，中央文献出版社 2017 年版，第 266 页。

地方政府间围绕税收、GDP 增长等展开竞争，催生了地方保护主义，继而导致行政区域间的市场分割。这使得国内超大规模市场优势和内需潜力没有得到充分挖掘。近年来，全球贸易保护主义抬头以及地缘政治剧烈变化带来的巨大不确定性，甚至影响了整个中国经济的发展进程。面对“内忧”“外患”,2020 年 4 月 10 日,习近平总书记首次指出，要加快构建以国内大循环为主体、国内国际双循环相互促进的新发展格局。[①] 在此背景下，加强区域合作、消除地方保护和打破区域市场分割成为畅通国内大循环的前提和基础。

生产要素是区域协同融通的血液。根据习近平总书记提出的区域协调发展的辩证法，深化要素市场化改革，“要在发展中促进相对平衡”。[②] 要顺应经济发展规律，协同发挥政府和市场“两只手”的作用，畅通要素市场化流动通道，促进区域间、城乡间要素双向自由流动；实施全国统一的市场准入负面清单制度，消除歧视性、隐蔽性的区域市场准入限制；深入实施公平竞争审查制度，消除区域市场壁垒，打破行政性垄断，清理和废除妨碍统一市场和公平竞争的各种规定和做法，完善跨区域、跨部门、跨层级的数据信息共享和流程互联互通，深化政务服务合作，优化营商环境，激发市场活力，更好服务长江经济带等国家战略的需要；全面放宽城市落户条件，完善配套政策，打破阻碍劳动力在城乡、区域间流动的不合理壁垒，促进人力资源优化配置;加快深化农村土地制度改革，推动建立城乡统一的建设用地市场，进一步完善承包地所有权、承包权、经营权三权分置制度，探索宅基地所有权、资格权、使用权三权分置改革；引导科技资源按照市场需

① 习近平：《国家中长期经济社会发展战略若干重大问题》,《求是》,2020 年第 21 期。

② 习近平：《论把握新发展阶段、贯彻新发展理念、构建新发展格局》，中央文献出版社 2021 年版，第 325 页。

求优化空间配置，促进创新要素充分流动；按照建设统一、开放、竞争、有序的市场体系要求，推动长江经济带区域市场建设，加快探索建立规划制度统一、生产要素自由流动、区域市场联动的区域市场一体化发展新机制，促进形成全国统一大市场。

（三）发挥社会主义制度优越性是区域协同融通的鲜明特色

中国特色社会主义是实现中华民族伟大复兴的必由之路，是区域协同融通的前提条件；发挥社会主义制度优越性，坚持全国“一盘棋”，开展对口援助和对口合作，是我国区域协同融通的鲜明特色。

坚持全国“一盘棋”布局和发展。交通融通是区域协同融通的基础所在。我国拥有世界上规模最大、技术最先进的高铁网络，建设规划从“四纵四横”到“八纵八横”再扩大优化为“六纵六横六斜”，覆盖面越来越大，受益人口越来越多，但已建成运营线路尤其是中西部线路的经济效益并不显著，有些线路还是亏损的。尽管如此，为服务更多老百姓，为促进全国东、中、西部地区协调发展，国家仍然按计划推进建设。除高铁外，航运等其他交通运输方式也在全面推进。从长江经济带来看，随着长江航道建设的持续实施，多式联运、江海直达等运输方式在长江干线加速发展，使长江变成了沿江省份承接产业梯度转移的黄金水道。有序推进长江黄金水道功能向支流拓展，畅通干支相连“微循环”。同时，以主体功能区战略引导经济合理布局，统筹抓好沿江产业布局和转移，优化重大生产力布局，鼓励区域间共建产业园区，引导资金、技术、劳动密集型产业从东部向中西部、从中心城市向腹地有序转移，推动优势产业延链、新兴产业建链。继续深化上游地区同中下游地区的能源合作，推进西电东送接续水电项目建设，在长江经济带加快实施“东数西算”工程，加强数据、算力和能源之间的协同联动。

坚持党的领导，走共同富裕道路，先进地区带动落后地区，开展对口援助和对口合作，是我党一贯的工作方法和优良传统。新中国成立之初，为巩固新生政权，党的第一代中央领导集体作出开展大规模对口支援运动的决定，此后在全国“一盘棋”的基础上产生了丰富的对口支援实践。如近几十年中央组织的对口援助新疆和西藏工作、三峡库区对口合作和南水北调对口合作等。从现实的角度来看，中国特色社会主义进入新时代，人民日益增长的美好生活需要和不平衡不充分的发展之间的矛盾已成为我国社会的主要矛盾。国内外形势错综复杂，改革进入深水区，区域发展不平衡等问题依然突出。2021 年 4 月，习近平总书记对深化东西部协作和定点帮扶工作作出重要指示，强调开展东西部协作和定点帮扶，是党中央着眼推动区域协调发展、促进共同富裕作出的重大决策。对口援助不限于先进地区援助落后地区，有时也用于应对重大突发公共事件。湖北省新冠疫情暴发后，自 2020 年 1 月 24 日（除夕）至 3 月 8 日，全国共调集 346 支国家医疗队、4.26 万名医务人员、900 多名公共卫生人员驰援湖北。19 个省份以对口支援、以省包市的方式支援除武汉市（已有军队第一时间支援）以外 16 个市（州、林区）。对口支援在这次抗击新冠疫情过程中启动迅速、运转有序且效果显著，充分体现了社会主义制度的优越性，也把“区域协同融通”表现到了极致。要完善东西部结对帮扶关系，拓展帮扶领域，健全帮扶机制，优化帮扶方式，加强产业合作、资源互补、劳务对接、人才交流，动员全社会参与，形成区域协调发展、协同发展、共同发展的良好局面。中央定点帮扶单位要落实帮扶责任，发挥自身优势，创新帮扶举措，加强工作指导，督促政策落实，提高帮扶实效。[①]

---

① 《适应形势任务变化 弘扬脱贫攻坚精神 加快推进农业农村现代化 全面推进乡村振兴》，《人民日报》，2021 年 4 月 9 日，第 1 版。

第三节
“四共”是区域协同融通的核心要义

长江经济带怎样形成“区域协同融通”局面？南昌座谈会就此提出了省际共商、生态共治、全域共建、发展共享（简称“四共”）。这“四共”构成了“区域协同融通”的核心要义。

一、省际共商是区域协同融通的原则

长江经济带11个省市是平等的主体，每一个省市都是单独的行政主体，具有“排他性”“独立性”；而长江经济带是一个有机整体，各省市相互作用、相互影响，具有“系统性”“外部性”。如何开展区域协同融通？只能进行省际共商，这是一条基本原则。实际上，在武汉座谈会上，习近平总书记就讲了：“要完善省际协商合作机制，协调解决跨区域基础设施互联互通、流域管理统筹协调的重大问题，如各种交通运输方式怎样统筹协调发展、降低运输成本、提高综合运输效益，如何优化已有岸线使用效率、破解沿江工业和港口岸线无序发展问题，等等。……要探索一些财税体制创新安排，引入政府间协商议价机制，处理好本

地利益和区域利益的关系。”①

长江经济带并不完全是流域区划，而是以流域为特色的经济区划。推动区域协同融通，其实质是要处理好行政区划与经济区划的关系，做到“排他性”与“外部性”之间的平衡。一方面，行政管理权力的地域性特征决定了其在实践中的“排他性”。地方行政区划限制，决定了地方政府的行政权力只能在所辖行政区域内行使；超出管辖区，地方政府的权力就会失去法律效力。同理，除了接受上级政府的领导和管理，其他无直属或领导关系的地方政府也无权干涉辖区内政府对本辖区的政治、经济、社会、文化、环境等公共事务的管理。另一方面，随着各种具有“外部性”的公共问题与公共事务日益增加，各地方政府需要具备更宽广的视野和更宽松的行政空间。在信息社会和知识经济蓬勃发展，经济全球化、市场一体化、社会无边界化的当今时代，随市场开放、环境治理、社会治安等问题而来的跨区域性公共事务日益增多。它们的共同特点在于都具有高渗透性和不可避免的“外溢性”，从而都需要通过跨域合作来解决，而传统的行政区隔非常不利于这种跨区域合作。②

地方政府之间的沟通合作是社会发展的必然趋势。长江经济带省际合作的前提就是通过省际共商达成共识，并逐步建立完善的制度、机制。健康的社会经济生活需要制度、机制，稳定的政府间行为最起码需要共识。共识、制度、机制有利于增进组织秩序、减少合作成本、有效协调人际交往、提供相互信任。就长江经济带而言，要完成国家赋予的“东中西互动合作的协调发展带”和“创新驱动发展带”使命，

① 习近平：《在深入推动长江经济带发展座谈会上的讲话》，人民出版社2018年版，第21页。
② 杨丞娟：《府际合作的“长三角样本”：历史与启示——基于制度性集体行动理论视角的分析》，《长江论坛》，2022年第3期。

必须开展省际共商，这是“刚需”。

长江经济带省际共商有利于打造“东中西互动合作的协调发展带”。长江经济带的上海、江苏、浙江属于沿海东部地区，安徽、江西、湖北、湖南属于中部地区，重庆、四川、云南、贵州属于西部地区，三大地带发展差异很大。解决长江经济带发展中产生的区域经济差距，需要在区域经济一体化中加强地方政府间的联合与协作，要在实现地区经济增长的同时支援欠发达地区的开发，同时培养欠发达地区的内在发育资本，进一步统筹协调地区、城乡经济发展。东部与中西部的合作是双向的，并非所谓的“输血”“施舍”。东部发达地区需从欠发达地区获取丰富的资源能源，同时通过产业转移、对口支援等途径服务、辐射于欠发达地区；中西部欠发达地区则通过承接发达地区的产业及经济要素的转移，不断向发达地区学习、取经、靠拢，奋起直追。长江经济带立足长江上中下游地区的比较优势，统筹人口分布、经济布局与资源环境承载能力，通过开展政府间合作带动东中西区域全方面合作，充分发挥长三角地区的辐射引领作用，促进中上游地区有序承接产业转移，提高要素配置效率，激发内生发展活力，使长江经济带成为推动我国区域协调发展的示范带。①

长江经济带省际共商有利于打造“创新驱动发展带”。一方面，通过制度创新驱动发展。从政府层面上看，伴随着地区之间横向联系的广泛深入，政府作为地区合作的先导者和合作环境的营造者，政府间合作的深度与广度不断得以加强，方式和手段也不断得以创新。长江经济带政府合作机制就是区域内各地方政府基于共同的发展目标以及协商一致的行动，围绕合作的内容范畴、主体构成、组织形式、方式

① 秦尊文、张楠：《长江经济带政府间合作机制研究》，武汉大学出版社2019年版，第4–5页。

手段和保障规则等内容进行省际共商，而形成的一系列制度安排。当然，以政府合作来推动区域经济一体化，并不是强调政府的力量去替代市场，而是试图通过区域内地方政府的共同行动，一起尝试并进行以市场化为导向的制度创新，为区域内社会经济资源的优化配置提供一体化的制度平台。另一方面，通过科技创新驱动发展。长江经济带各地政府通过省际共商合作，共同打造创新示范高地，整合集聚人才优势，夯实创新基础平台，强化企业技术创新能力，合力营造良好创新创业生态，携手推进产业转型升级，引领全国转型发展。

二、生态共治是区域协同融通的基础

长江经济带生态共治已经取得明显成效。在南昌座谈会上，习近平总书记指出：总的看，长江经济带发展成就有目共睹，发展质量稳步提升，发展态势日趋向好。同时也要看到，长江流域生态环境保护和高质量发展正处于由量变到质变的关键时期，取得的成效还不稳固，客观上也还存在不少困难和问题，要继续努力加以解决。习近平总书记强调，从长远来看，推动长江经济带高质量发展，根本上依赖于长江流域高质量的生态环境。① 因此，生态共治是长江流域高质量发展的依托，也是长江经济带区域协同融通的基础。

长江经济带的上游地区承担着涵养水源、治理水污染等生态屏障职能，在一定程度上限制了经济发展。下游地区是良好生态环境的受益者，从而长江流域生态保护呈现“上游地区负担，下游地区受益”的不合理局面。由于节能降耗和主要污染物减排压力大，上游企业受

① 《进一步推动长江经济带高质量发展　更好支撑和服务中国式现代化》，《人民日报》，2023 年 10 月 13 日，第 1 版。

到治理成本、治理技术等因素制约，环保设施与排污强度不配套，不能做到持续稳定达标排放，上游地区环境保护积极性不高。于是，在地方保护和追求地方 GDP 的大前提下，“你污染我，我污染他”成为灰色的环保潜规则，牺牲其他地区的环保利益换取自己的经济利益，形成“以邻为壑”的破坏式发展思维和模式。长江省界断面上出现上游污染中游、中游污染下游、下游污染河口、河口污染海洋，转嫁污染导致的摩擦和争执时有发生。

尽管“区域协同融通”和“生态共治”是南昌座谈会首次提出的，但长江经济带区域协同融通很大程度上是从生态环境联防联治开始的，如安徽与浙江很早就进行新安江生态补偿试点——这实际上就是“生态共治”。第一次座谈会就提出长江经济带“共抓大保护、不搞大开发”，后三次座谈会也反复强调“共抓大保护、不搞大开发”，其重点就在一个“共”字，核心也是“共”字。在生态共治中，加快完善区域交易平台和制度。建立健全用水权、排污权、碳排放权、用能权初始分配与交易制度，培育发展各类产权交易平台；进一步完善自然资源资产有偿使用制度，构建统一的自然资源资产交易平台；加快以上海、武汉为核心的碳排放权、排污权等交易市场建设，全面推进长江流域水权、电力市场化交易，进一步完善交易机制；建立健全用能预算管理制度；促进资本跨区域有序自由流动，完善区域性股权市场；协同推进降碳、减污、扩绿、增长，把产业绿色转型升级作为重中之重，加快培育壮大绿色低碳产业，积极发展绿色技术、绿色产品，提高经济绿色化程度，增强发展的潜力和后劲；支持生态优势地区做好生态利用文章，把生态财富转化为经济财富；加快建立生态产品价值实现机制，激发全流域参与生态保护的积极性。

三、全域共建是区域协同融通的重点

长江经济带范围涵盖11个省市全部行政区划，总面积205万平方公里。在南昌座谈会上，习近平总书记强调：“要从整体上谋划和建设区域交通基础设施，加快建设综合立体交通走廊，加强交通网络的相互联通和‘公水铁’等运输方式的相互衔接，提升区域交通一体化水平。深化要素市场化改革，完善产权保护、市场准入、公平竞争、社会信用等基础制度，完善跨区域、跨部门、跨层级的数据信息共享和流程互联互通，深化政务服务合作，优化营商环境。深入发掘长江文化的时代价值，推出更多体现新时代长江文化的文艺精品。积极推进文化和旅游深度融合发展，建设一批具有自然山水特色和历史人文内涵的滨江城市、小城镇和美丽乡村，打造长江国际黄金旅游带。”① 这段话提到的交通基础设施、要素市场、政务服务、文化和旅游，都是“全域共建”的内容。

“全域共建”还有一个重点，就是全域产业共建。要坚持创新引领产业发展，把长江经济带的科研优势、人才优势转化为发展优势，积极开辟发展新领域新赛道，塑造发展新动能新优势。要顺应全球新一轮科技革命和产业变革趋势，加强科教资源的优化组合和科技创新协同配合，围绕产业基础高级化和产业链现代化，积极布局新领域新赛道的引领性技术攻关，吸引集聚高层次科技创新人才，提升科技前沿领域原始创新能力，加快突破一批关键核心技术。大力推动产业链供应链现代化，接续实施增强制造业核心竞争力行动，培育壮大先进制

---

① 《进一步推动长江经济带高质量发展　更好支撑和服务中国式现代化》，《人民日报》，2023年10月13日，第1版。

造业，加快发展战略性新兴产业和未来产业，促进数字经济和实体经济深度融合。加强产业链协同合作，推动优势产业延链、新兴产业建链。[①]

四、发展共享是区域协同融通的目标

地方政府是调控区域经济的主体，地区经济运行的好坏取决于地方政府区域规划的能力。地方政府代表人民群众的根本利益，是推动地区经济发展的组织者和实施者。各级政府应该从自己地区经济发展的愿望出发，对本地区老百姓负责，有义务使人民的生活水平不断提高。[②]东部发达地区、中西部省会及较发达城市，要坚持走共同富裕道路，“先富带后富”，充分发挥社会主义制度的优越性，使全流域人民群众共享长江经济带高质量发展新成果。

在南京座谈会上，习近平总书记多次提到“共享”。他要求“强化生态环境、基础设施、公共服务共建共享”，“要提升人民生活品质，巩固提升脱贫攻坚成果，加强同乡村振兴有效衔接。要提高人民收入水平，加大就业、教育、社保、医疗投入力度，促进便利共享，扎实推动共同富裕”。[③]

良好的生态环境是最普惠的民生福祉。坚持生态惠民、生态利民、生态为民，把优美的生态环境作为一项基本公共服务，把解决突出生态环境问题作为民生优先领域。生态环境没有替代品，用之不觉，失

① 《进一步推动长江经济带高质量发展　更好支撑和服务中国式现代化》，《人民日报》，2023 年 10 月 13 日，第 1 版。

② 孙久文：《区域经济规划》，商务印书馆 2005 年版，第 47 页。

③ 习近平：《论把握新发展阶段、贯彻新发展理念、构建新发展格局》，中央文献出版社 2021 年版，第 441 页。

之难存。[①]随着经济社会发展和人民生活水平不断提高，生态环境在群众生活幸福指数中的地位不断凸显，环境问题日益成为重要的民生问题。从提出“良好生态环境是最公平的公共产品，是最普惠的民生福祉”[②]，到指出“发展经济是为了民生，保护生态环境同样也是为了民生”[③]，再到强调“环境就是民生，青山就是美丽，蓝天也是幸福”[④]，习近平生态文明思想聚焦人民群众感受最直接、要求最迫切的突出环境问题，深刻阐明了一系列新思想新理念新观点。要让长江流域天更蓝、水更清、地更绿，竭力满足人民群众日益增长的优美生态环境需要，扩大“共享”外延，提升“共享”品质。

① 中共中央文献研究室：《习近平关于社会主义生态文明建设论述摘编》，中央文献出版社2017年版，第13页。

② 中共中央文献研究室：《习近平关于社会主义生态文明建设论述摘编》，中央文献出版社2017年版，第4页。

③ 习近平：《论坚持人与自然和谐共生》，中央文献出版社2022年版，第11页。

④ 习近平：《论坚持人与自然和谐共生》，中央文献出版社2022年版，第11页。

第四节
“四共”相互关系及区域协同融通愿景

要坚持把强化区域协同融通作为着力点，沿江省市要坚持省际共商、生态共治、全域共建、发展共享（“四共”），这为11省市进一步推动长江经济带高质量发展指明了新的实践路径。在新的起点上，必须更加注重系统性、整体性、协同性，坚持中央统筹、省负总责、市县抓落实的工作机制，从人与自然和谐共生的生命共同体出发，积极推进生态共同体和利益共同体建设。

一、“四共”间的相互关系

“四共”构成区域协同融通的主要内容，是区域协同融通的核心要义，这是“四共”的共性。同时，“四共”各自又有“个性”，在区域协同融通体系中担当不同的角色，发挥不同的作用：省际共商是区域协同融通的原则，生态共治是区域协同融通的基础，全域共建是区域协同融通的重点，发展共享是区域协同融通的目标。总体来说，“四共”具有相互依存、相互作用、相互促进的关系，都是长江经济带发展的着力点。

（一）省际共商是生态共治、全域共建、发展共享的前提和保障

长江经济带地区发展条件差异大，各个地区、每个城市都有推动自身发展的意愿。但是，以行政区划为单元推动长江经济带保护和发展，不但难以获得以流域为单元的整体收益，而且还会因资源环境要素的高强度利用而造成新的区际利益冲突，并产生区域间的内耗。根据美国经济学家、诺贝尔经济学奖得主埃莉诺·奥斯特罗姆的公共治理理论，要打破区域间的“囚徒困境”，并实现向“合作博弈”转变，开展信息交换、达成合作承诺、创造互信氛围是基础性的驱动要素。因此，只有通过省际共商，坚持“一盘棋”思维，才能实现区域间的信息对称、协调区际发展利益、达成区际合作协议、构建区际合作机制，进而为生态共治和全域共建提供政治前提和制度保障，并为实现发展共享打下坚实基础。

（二）生态共治、全域共建、发展共享是省际共商的重要内容

省际共商，商定的内容是什么？无非是生态共治、全域共建、发展共享。其中，生态共治、全域共建就是构建责任分担机制，发展共享就是构建利益分享机制。生态共治、全域共建也是实现区域发展共享的主要措施。

生态共治和全域共建的关键在于达成区域间行动议程的一致性。因此，在生态共治和全域共建合作的初级阶段的首要议程就是要推进信息共享。信息共享是确保单个区域经济发展和资源开发利用不对其他区域产生重大影响，是深入开展区域合作的基础。与此同时，信息共享还可以为生态共治和全域共建提供共有知识体系，并实现区域间行动议程的相互协调。生态共治和全域共建合作的第二阶段就是要推动跨区域生态环境保护和社会经济发展重大工程与社会经济发展重大项目的共建。通过在跨区域工程和项目等方面达成行动议程的一致，

可以实现流域性整体效益从 0 到 1 的突破，同时推动合作向其他领域不断扩展，提高区域间关联网络的密度和强度。生态共治和全域共建合作的第三阶段就是要以流域单元统一制定跨区域的行动议程，实现区域生态环境保护和社会经济发展议程的高度一致，充分实现流域性整体效益，实现全流域的高质量发展。

（三）生态共治是全域共建、发展共享的依赖和保障

习近平总书记指出，从长远来看，推动长江经济带高质量发展，根本上依赖于长江流域高质量的生态环境。[①]健康稳定的生态环境是人类社会可持续发展的基础性保障，坚持生态共治，就是为了建成适宜人类发展的环境，生态环境好了，共商共建共享也就有了良好的外部支撑。

只有实现全流域的生态环境高水平共同治理，才能为流域性交通体系建设和产业体系布局提供必要的环境容量和资源要素。生态共治过程中形成的政策法规体系、制度机制体系和道德标准体系还为全域共建提供了必要的约束与规范，以保证社会经济发展不损害生态环境的可持续性，确保我国走在从工业文明向生态文明转型的康庄大道上。

（四）全域共建是生态共治、发展共享的物质基础

全域共建是建设是发展，而“发展是硬道理”，是奠定高质量发展物质基础的关键。交通基础设施互联互通、统一大市场建设以及安全链产业链等的共建，恰恰是开展生态共治、实现发展共享的重要抓手。在全域共建过程中，区域间经济增长差异就逐步形成倒“U”形分布，一步一步走向共同富裕。

生态共治需要大量的投入，发展共享需要相当的财富。投入和财

① 《进一步推进长江经济带高质量发展　更好支撑和服务中国式现代化》，《人民日报》，2023 年 10 月 13 日，第 1 版。

富不会从天上掉下来，只能从全域共建中获得。全域共建为生态共治提供了物质支持，为发展共享提供了财富保障。在全域共建中，通过加大转移支付力度，通过发展生态产业，将生态优势变成经济优势，让绿水青山不断“产出”金山银山，而金山银山又不断支撑生态共治、打造绿水青山，让绿水青山真的变成金山银山。这样，全域共建形成的金山银山、生态共治形成的绿水青山，都为人民群众所共享，真正实现“发展为了人民，发展依靠人民，发展成果由人民共享”。

（五）发展共享是省际共商、生态共治、全域共建的目标和落脚点

根据机制设计理论中的激励相容原理，区际协调与合作整体效益提升必须要与合作参与者个体效益提升方向一致，否则合作参与方就会有背叛合作的动机，并导致建立的省际共商、生态共治、全域共建合作机制难以为继。发展共享的关键是要达成生态共治和全域共建各参与各方的合理利益分配方式。而其合理性就是要满足“参与约束条件”，即生态共治和全域共建各方实施者获得的收益要大于其付出同等努力的机会成本，否则参与方就会退出区域协调合作机制。

共享是新发展理念的重要内容，集中体现了逐步实现共同富裕的要求。发展共享就是让全体人民分享发展果实，是提升区域之间、城乡之间、阶层之间公平性和协调性的关键举措。发展共享是建立在省际共商、生态共治、全域共建的基础之上，是目标和落脚点。省际共商、生态共治、全域共建是原则是手段，本质上都是为了给人民群众提供更加丰富的精神物质和生态产品，都是为了人民群众共享发展成果。

二、高质量共建利益共同体

长江经济带区域协同融通，就是要在省际共商上提站位，在生态共治上出新招，在全域共建上聚合力，在发展共享上见实效，其愿景

就是高质量打造利益共同体。

（一）建设利益共同体的理论依据

人的思想与行为总是离不开利益的驱动。马克思指出："人们奋斗所争取的一切，都同他们的利益有关。"[①] 马克思恩格斯在《神圣家族》中亦指出，"'思想'一旦离开'利益'，就一定会使自己出丑"[②]，强调利益是思想的基础，利益决定道德。在马克思恩格斯的视域中，利益决定思想也决定行为。利益有多种：基于时间的维度，可以分为短期利益、中期利益、长期利益；基于存在属性的维度，可以分为物质利益、精神利益；基于主体的维度，可以分为自我利益、他人利益、集团利益、社会利益；基于空间的维度，可以分为区域内利益、跨区域利益。在长江经济带区域协同融通中，"四共"都是围绕利益展开的：省际共商的实质是利益分割，生态共治的背后也是利益（经济利益、生态效益），全域共建的动力是为了利益，发展共享的对象是利益。在我国，各个城市区域行政归属不同，发展阶段与发展水平不同、利益固化明显，因此，只有打造利益共同体，让各参与个体共赢，才能提高参与各方的积极性，打破行政制度藩篱，促进协同发展，真正起到"1+1 > 2"的效果，并建立起有效且合理的利益分享机制和利益补偿机制。

（二）通过城市群、都市圈获取空间聚集效益

城市群、都市圈就是区域利益共同体的表现形式，长江经济带的"四共"实践绝大部分都是依托城市群、都市圈展开的。

目前，在长三角城市群内，已有上海大都市圈、南京都市圈、杭

① 中共中央马克思恩格斯列宁斯大林著作编译局：《马克思恩格斯全集》第一卷，人民出版社 1956 年版，第 82 页。

② 中共中央马克思恩格斯列宁斯大林著作编译局：《马克思恩格斯文集》第一卷，人民出版社 2009 年版，第 286 页。

州都市圈，正在形成合肥都市圈；在长江中游城市群，已有武汉都市圈、长株潭都市圈，正在形成南昌都市圈；在长江上游地区，已有成都都市圈、重庆都市圈，正在形成昆明都市圈、贵阳都市圈。城市群、都市圈是实现“四共”愿景的最好载体，是推动区域协调发展的重要抓手。国家在“十四五”时期一个重要举措是“以城市群、都市圈为依托促进大中小城市和小城镇协调联动、特色化发展”。在长江经济带已形成城市群的地方，要继续让城市群发挥带动和辐射作用，加强城市群内各城市的分工协作和优势互补，增强城市群的整体竞争力；具备城市群发展条件的区域，要加强统筹规划，以特大城市和大城市为龙头，发挥中心城市作用，形成若干用地少、就业多、要素集聚能力强、人口分布合理的新城市群。

城市群、都市圈都是以超大城市、特大城市和具有很强实力的大城市为龙头的，要特别注重处理好龙头城市与其他城市的利益关系，龙头城市注意不要利用自己的优势地位“赢者通吃”，而要通过合作有意识地为其他城市留下一定的利益。城市群、都市圈要从关键环节推进利益共同体建设。每个城市群的情况不同，关键环节也不同。比如长三角一体化协同，突破口就是区域性产业发展布局一体化、城乡统筹与城乡建设一体化、区域性市场建设一体化、基础设施建设一体化、环境保护与生态建设一体化、社会发展与社会保障体系建设一体化。有的城市群需要更加注重市场一体化建设，有的需要更加注重区域重大平台建设，等等。

实践表明，产业和人口向优势区域集中，形成以城市群、都市圈为主要形态的增长动力源，会产生巨大的空间集聚效应，使得原有利益格局深刻调整，合作共赢的利益共同体在发展过程中加速形成。共同利益意味着共同责任，这在长江经济带上、中、下游地区都有明显的体现：川渝两地探索跨省市生态环境管理体制机制改革创新，建立起成渝地区双城经济圈“无废城市”协同共建、资源共享、政策共商的新体制；湘鄂赣三省推动长江中游城市群从“合作行动”到“协同发展”，湘赣边区域合作示范区、洞庭湖生态经济区等正向更高层次发展；长三角地区紧扣“一体化”和“高质量”两个关键词，区域创新策源能力不断提升、创新合力不断增强。要加强政策协同和工作协同，创新利益分享模式，研究建立区域合作利益分享机制，推进跨区域共建共享，进一步统筹抓好城市群、都市圈一体化建设，持续把共同利益的“蛋糕”做大做好，提升国内大循环内生动力和可靠性。

（三）通过产业集群获取产业集聚效益

打造利益共同体，说白了，就是有钱大家一起赚，产业发展就成为重中之重。要以沿江国家级、省级开发区为载体，以大型企业为骨干，发挥中心城市和园区的产业优势和辐射带动作用，重点打造具有全球竞争力的产业集群。

一是全域共建世界级高端装备产业集群。推动上海、四川、江西、贵州、重庆、安徽、湖北、湖南合作发展航空专用装备和航天专用装备；推动浙江、安徽、湖南、重庆、湖北、四川、云南合作发展智能制造装备；推动上海、浙江、江苏、湖北、四川、重庆、湖南合作发展海洋工程装备；推动湖南、安徽、四川、贵州、湖北、重庆、浙江、江苏合作发展轨道交通装备；推动上海、湖南、江苏、浙江、重庆、安徽、四川合作发展工程机械产业。

二是全域共建世界级新一代信息技术产业集群。在上海、杭州、无锡等云计算示范城市，推动云计算、物联网融合应用示范；在安徽、湖北、重庆、四川，发展新型平板显示产业；依托上海、南京、武汉、成都、长沙、杭州、重庆等国家软件产业基地和中国软件名城，支持具有自主知识产权的软件产品产业化，重点发展高端软件，推动信息技术融合应用示范。

三是全域共建世界级节能环保产业集群。推动各省市重点发展高效节能、资源循环利用、先进环保装备。

四是全域共建世界级现代生物产业集群。依托上海、杭州、武汉、长沙、成都、昆明、重庆、南昌等国家生物产业基地合作发展生物医药产业，推动浙江、江西、湖南、湖北、四川、贵州、重庆、安徽、云南合作发展生物农业产业，推动贵州、四川、云南、江西、重庆、安徽、湖北合作发展食品工业精深加工和生物制造产业，发挥浙江、江西、四川、云南、贵州、安徽、湖北、湖南、重庆中药材资源丰富的优势，发展现代中药产业。

五是全域共建世界级新材料产业集群。推动上海、浙江、湖北、四川、云南、湖南、江西、重庆合作发展以信息材料、储能材料、生物医用和环保材料为主的新型功能材料；推动浙江、江西、湖南、湖北、云南、贵州、安徽、四川、重庆发展先进结构材料。

六是全域共建世界级新能源产业集群。依托沿江绿色能源产业带，重点发展核能、风电、智能电网、页岩气、太阳能光伏、生物质能源。

七是全域共建世界级新能源汽车产业集群。以上海、武汉、重庆、安徽、长株潭区域、成都、浙江、南昌为核心，重点发展插电式混合动力汽车、纯电动汽车。

八是以沿江电子商务示范城市为核心，利用移动互联网新模式新业态，全域共建世界级电子商务产业集群。

第二章

区域协同融通的原则：省际共商

长江经济带要形成一个有机的整体，必须把强化区域协同融通作为着力点。各省市尽管人口有多有少、地盘和经济体量有大有小，但都是平等的主体，只能以互利互惠为目的开展平等协商。也只有坚持“省际共商”的原则，才能真正形成利益共同体，推动全流域高质量发展。

第一节
长江经济带省际共商的时代背景

千百年来，长江流域以水为纽带，连接上中下游、左右岸、干支流，形成经济社会大系统。长江经济带地域横跨我国东中西三大板块，人口规模和经济总量占据全国“半壁江山”，生态地位突出，发展潜力巨大。在践行新发展理念、构建新发展格局、推动高质量发展的大背景下，通过省际共商、协同融通，能够发挥更大作用。

一、深入实施国家区域重大战略

2014 年，国务院首次将“长江经济带发展”列为国家战略，并与“‘一带一路’建设”“京津冀协同发展”并称“三大战略”。2021 年，国家发布《中华人民共和国国民经济和社会发展第十四个五年规划和 2035 年远景目标纲要》，其第三十一章“深入实施区域重大战略”共纳入“五大战略”：一是京津冀协同发展，二是长江经济带发展，三是粤港澳大湾区建设，四是长三角一体化发展，五是黄河流域生态保护和高质量发展。推动长江经济带发展是党中央作出的重大决策，是关系国家发展全局的重大战略。长江经济带

11 省市必须加强协商，不折不扣贯彻落实党和国家的重大战略部署。

生态环境系统保护修复在长江经济带发展战略中被摆在压倒性位置。要从生态系统整体性和流域系统性出发，追根溯源、系统治疗，防止头痛医头、脚痛医脚。要找出问题根源，从源头上系统开展生态环境修复和保护，这就需要加强省际共商、协同联动，强化山水林田湖草等各种生态要素的协同治理，推动上中下游地区的互动协作，增强各项举措的关联性和耦合性。要注重整体推进，在重点突破的同时，加强综合治理系统性和整体性，防止畸重畸轻、单兵突进、顾此失彼。要在严格保护生态环境的前提下，全面提高资源利用效率，加快推动绿色低碳发展，努力建设人与自然和谐共生的绿色发展示范带。

在长江经济带建设中，要构建综合治理新体系，推进长江上中下游、左右岸、干支流协同治理，改善长江生态环境和水域生态功能，提升生态系统质量和稳定性。这也需要加强省际共商、协同联动。从长江干流的上中下游来看，云南、四川、重庆属上游地区，湖北、湖南、江西属中游地区，安徽、江苏、上海属下游地区，并且每一地区内部又有上下游之分，如下游地区的安徽在江苏上游、江苏又在上海上游；从长江干流的左右岸来看，湖北大部分在左岸、一部分在右岸，湖南、江西全部在右岸；从干支流关系来看，贵州、浙江完全在支流，其他 9 省市则有干流经过。因此，全流域的协同治理，必须进行省际共商，不能各自为政、各行其是。

二、共同对接和融入新发展格局

构建以国内大循环为主体、国内国际双循环相互促进的新发展格局，是习近平经济思想的重要内容。习近平总书记在 2020 年 4 月中央财经委员会第七次会议上首次提出构建新发展格局，在党的十九届五中全会第二次全体会议上全面阐释了构建新发展格局的重大意义、深刻内涵和工作着力点，在2021年初的省部级主要领导干部学习贯彻党的十九届五中全会精神专题研讨班上进一步对加快构建新发展格局作出系统论述。这些重要论述高屋建瓴、统揽全局，内涵丰富、博大精深，开拓了中国特色社会主义政治经济学新境界。

为什么要提出新发展格局？为什么要强调以国内大循环为主体？这是以习近平同志为核心的党中央根据我国发展阶段、环境、条件变化作出的重大决策，是把握发展主动权的先手棋，是适应我国发展新阶段新形势、塑造国际合作和竞争新优势的必然要求。国际金融危机以来，世界经济发展动能和国际大循环动能均明显减弱，我国依托消费升级、产业升级等蕴含的巨大内需潜力，实施扩大内需战略，有效应对外部市场收缩，经济发展向内需主导转变，对外贸易依存度从2006年的67%下降到2019年的31.8%。从大国经济发展规律看，基本是以内需为主导，主要发达国家都拥有强大内需市场，如美国和日本2020年对外贸易依存度分别为18.3%和25.2%，明显低于42.1%的世界平均水平。近年来，美国政府对中国发动贸易战、科技战等混合战，加上国际地缘政治剧烈动荡，外需的不确定性显著增加。我国只有更好践行新发展理念，使创新、协调、绿色、开放、共享发展相互协同，促进生产、分配、流通、消费更多依托国内市场，才能形成国民经济良性循环。

南昌座谈会强调，长江经济带要坚持全国“一盘棋”思想，在全国发展大局中明确自我发展定位，探索有利于推进畅通国内大循环的有效途径。要把需求牵引和供给创造有机结合起来，推进上中下游协同联动发展，强化生态环境、基础设施、公共服务共建共享，引导下游地区资金、技术、劳动密集型产业向中上游地区有序转移，留住产业链关键环节。要构建统一开放有序的运输市场，优化调整运输结构，创新运输组织模式。长江经济带 11 省市只有开展省际共商，才能完成上述目标和任务，更好地畅通国内大循环。

南昌座谈会还强调以国内大循环为主体，并不是要闭关锁国而是“要构筑高水平对外开放新高地”：要统筹沿海沿江沿边和内陆开放，加快培育更多内陆开放高地，提升沿边开放水平，实现高质量引进来和高水平走出去，推动贸易创新发展，更高质量利用外资；要加快推进规则标准等制度型开放，完善自由贸易试验区布局，建设更高水平开放型经济新体制;要把握好开放和安全的关系，织密织牢开放安全网。沿江省市要开展省际共商、搞好分工协作，在高水平对外开放的新格局中找准各自定位，主动向全球开放市场。要推动长江经济带发展和共建“一带一路”的融合，加快长江经济带上的“一带一路”战略支点建设，扩大投资和贸易，促进人文交流和民心相通。

因此，长江经济带必须开展省际共商，共同对接和融入全国构建以国内大循环为主体、国内国际双循环相互促进的新发展格局。

三、推进国家治理体系和治理能力现代化

当今世界百年未有之大变局加速演进，我国正处于实现中华民族伟大复兴关键时期。顺应时代潮流，适应我国社会主要矛盾变化，统揽伟大斗争、伟大工程、伟大事业、伟大梦想，不断满足人民对美好生活新期待，战胜前进道路上的各种风险挑战，必须在坚持和完善中国特色社会主义制度、推进国家治理体系和治理能力现代化上下更大功夫。要完善国家行政体制，以推进国家机构职能优化协同高效为着力点，优化行政决策、行政执行、行政组织、行政监督体制。

使各省市形成强大合力、推动长江经济带高质量发展，是对国家

治理体系和治理能力现代化的考验。必须加强省际共商、协调配合，努力消除“政出多门、政策效应相互抵消”的弊端。为此，要在推进长江经济带区域协同融通中，始终坚持党的全面领导，坚持依法治国，通过省际共商，最大限度整合资源，集中力量办大事，聚焦最大公约数，形成最大同心圆，充分发挥社会主义制度的优越性；创新行政管理和服务方式，加快推进全国一体化政务服务平台建设，健全强有力的行政执行系统，提高政府执行力和公信力；进一步整合行政执法队伍，继续探索实行跨领域跨部门综合执法，推动执法重心下移，提高行政执法能力水平；落实行政执法责任制和责任追究制度。通过这些措施，推进国家治理体系和治理能力现代化，将长江经济带打造成为中国经济高质量发展的引擎。

四、开展流域治理府际合作是国际潮流

公元前3000年左右，人类文明最早诞生于尼罗河、底格里斯河—幼发拉底河水系、黄河和印度河4条大河流域。从那时起，流域开发利用与人类进步、社会经济发展之间就有了密切的关系。从18世纪欧洲加速河流利用改造开始，人类对河流的开发利用进程一直在加快，到20世纪50年代以后流域发展已由单目标、小地域进入综合性、多目标开发时期。流域经济特别是大流域经济，作为世界各国、各地区经济发展的重要支柱，其地位和作用更加突出了。[①] 以流域为单元、以水资源的综合开发利用为核心合理地组织、布局生产力，建立工业区、城市群和产业带，促进流域内经济持续健康发展，已成为一种趋势。在治理与开发中不仅注重自然条件的改善，而且注重生态环境的保护

① 秦尊文：《长江经济带研究与规划》，湖北人民出版社2015年版，第52页。

和资源、环境、人口的协调发展。同时更加注重通过制订长期性的战略规划实现对资源的综合开发和利用，已成为当今各国和各流域地区采取的主要方式之一。

由于大河流域通常跨省（州），有些甚至跨国，因此在流域综合治理中必须开展政府间合作。较为成功的是北美五大湖流域的开发与保护，既有美国与加拿大之间中央政府开展的国际合作，也有五大湖流域地方政府之间开展的州际合作。五大湖按大小分别为苏必利尔湖、休伦湖、密歇根湖、伊利湖和安大略湖，位于美国和加拿大交界处。五大湖总面积约 245660 平方公里，是世界上最大的淡水湖群，五大湖平均深度近 100 米，超过北海和波罗的海，最深达 406 米。总蓄水量达 24458 立方千米，占全世界淡水总量的 20%，约相当于北美洲最大河流密西西比河的年径流量的 40 倍。五大湖流域约为 766100 平方公里，南北延伸近 1110 公里，从苏必利尔湖西端至安大略湖东端长约 1400 公里。湖水大致从西向东流，注入大西洋。除密歇根湖和休伦湖水平面相等外，各湖水面高度依次下降。而且除密歇根湖外，其他各湖均为美加两国共有。因此，五大湖的开发与管理的合作分为国际和国内两个层次。

国际方面，开展美加两国合作。1909 年，美国和加拿大签订了《边界水域条约》，并成立了国际联合委员会，以解决两国边境河流和湖泊的水资源、环境及其他问题。在 20 世纪 50—60 年代，由于寄生海鳗的入侵，大量其他鱼类遭到吞食，造成严重问题。1955 年，美加成立双边大湖渔业委员会，负责控制海鳗。到 70 年代末，海鳗数量减少了 90%。1970 年，国际联合委员会关于五大湖水污染报告促成了五大湖水质问题的谈判。1972 年，美加两国签署了《大湖区水质协议》，规定两国首先应完成以下三项工作：一是控制水污染和健全水法律；二是开展有关五大湖水环境问题的学术研究；三是加强湖区环境监测。1978年，两国对这个协议进行了修订，强调两国将修复并维持五大湖流域生态系统水体中化学、物理和生物组成的完整性并共同致力于减少污染。1987年，美加两国对协议进行第三次修订，着重强调对非点源污染、大气中粉尘污染和地下水污染的治理，并首次提出实行污染排放总量控制的管理措施。2009年6月13日，在加拿大安大略省尼亚加拉瀑布城举行的美加两国《边界水域条约》签订100周年仪式上，时任美国国务卿希拉里·克林顿和时任加拿大外长加农宣布对《大湖区水质协议》进行修订，以便保护五大湖地区免受外来物种、气候变化以及其他现有或潜在问题的威胁。

国内方面，开展美国州际合作。在五大湖沿岸美国有八个州。为协调湖区各州之间的利益关系，1983年，五大湖州长委员会成立，最初成员包括美国的伊利诺伊州、印第安纳州、密歇根州、明尼苏达州、俄亥俄州以及威斯康星州，1989年美国纽约州和宾夕法尼亚州加入。此外，加拿大的安大略省和魁北克省以准会员身份加入该委员会。这个合作机制的形成促进了旅游业的发展，使五大湖成了世界著名的旅游胜地之一。2002年，在由美国联邦政府、湖区州政府和当地部落高级代表参加的会议上通过了《五大湖地区发展战略》。该战略提出，对当时最为关注的水环境问题优先制定一套共同行动纲领，并规定五大湖区的生态环境保护和自然资源管理工作由联邦政府、湖区州政府和当地部落共同承担，其合作方式与《大湖区水质协议》相一致。2004年，由联邦政府内阁成员、资深人士、国会议员、流域管理者、部落代表以及地方政府相关代表组成的代表团在芝加哥签署了《五大湖宣言》，致力于保护、恢复和改善五大湖生态系统，以迎接不断出现的新挑战，确保后代人能够拥有健康的生态环境。由于保护措施比较到位，五大湖水系中的多氯联苯、汞、二噁英以及其他污染物含量不断下降，北美秃鹰以及其他一些物种已经重返五大湖流域栖息。美国在沿湖地区辟有许多国家公园和避暑营地，吸引无数的国内外游客来此游览度假。[①]

① 秦尊文：《长江经济带研究与规划》，湖北人民出版社 2015 年版，第 54–56 页。

第二节
长江经济带省际共商机制的形成

2023 年 10 月，在南昌座谈会上，习近平总书记提出长江经济带要坚持“省际共商”；而在 20 年前的 2003 年，他在浙江省委书记任上就身体力行，率先倡导和实践长三角地区的“省际共商”，于 2005 年开始形成一年一度的长三角地区主要领导定期会晤机制。在长三角的示范下，长江中游地区、上游地区先后跟进，长江经济带省际共商取得了有目共睹的成效。

一、长三角率先建立省际协商合作机制

20 世纪 80 年代以来，长三角地区在中央政府推动下开展了以经济联合为重点的区域合作。1992 年，上海、南京、杭州等城市政府的协作部门发起成立了长三角协作办（委）主任联席会议，涵盖上海、南京、杭州、无锡、苏州、扬州（当时泰州尚未从扬州分出）、南通、常州、镇江、宁波、舟山、绍兴、湖州、嘉兴等 14 个城市。可以说，长江经济带省际共商机制，在 20 世纪 90 年代就从长三角地区萌芽了。

（一）建立沪苏浙三省市党政主要领导定期会晤机制

2003年时任浙江省委书记的习近平率领浙江省党政代表团到江苏、上海学习考察，与两地分别签署进一步推进经济合作、技术交流的协议，习近平提议建立党政主要领导定期会晤机制的设想，得到两地赞同，三方达成共识。习近平在考察行前接受《浙江日报》专访时表示："要从政府、企业、民间等多方着手，健全合作机制，建议建立沪苏浙三省市党政主要领导定期会晤机制，坚持和完善沪苏浙经济合作与发展座谈会制度，进一步探索建立有组织、可操作的专项议事制度，积极推动各类经贸活动的开展。"[①] 习近平的沪苏之行也拉开三省市高层频繁互访的序幕，长三角区域合作随之升温，2003年也因此被视为"长三角元年"。

2005年12月，沪苏浙首次举行三省市主要领导座谈会，标志着合作机制首次进入"省际共商"层次。2006年12月1日，第二次长三角三省市领导座谈会在江苏扬州举行。

（二）形成沪苏浙皖四省市共商机制

2007年11月30日，第三次长三角主要领导座谈会在上海举行，安徽省首次参会。此后，每年举行一次四省市主要领导座谈会，上海、江苏、浙江、安徽四地党政主要领导参会。

2008年12月15日至16日，长三角地区四省市领导座谈会在宁波举行。会议商定，坚持政府引导、多方参与，以市场为基础、以企业为主体，实行决策层、协调层和执行层"三级运作"的区域合作机制。确立了"主要领导座谈会明确任务方向、联席会议协调推进、联席会议办公室和重点专题组具体落实"的机制框架。长三角区域合作采取

① 《主动接轨，真诚合作，共同推进长江三角洲地区经济社会发展》，《浙江日报》，2003年2月18日。

轮值制度，每年由一个省（市）作为轮值方。具体而言，决策层即“长三角地区主要领导座谈会”，沪苏浙皖三省一市省（市）委书记、省（市）长出席，三省一市常务副省（市）长、党委和政府秘书长、党委和政府研究室主任、发展改革委主任和副主任列席。协调层即由沪苏浙皖三省一市常务副省（市）长参加的“长三角地区合作与发展联席会议”。执行层包括“联席会议办公室”和“重点合作专题组”。

（三）省际共商促进长三角一体化发展

2018 年 11 月 5 日，习近平总书记在上海宣布长三角一体化发展上升为国家战略。2019 年 5 月 22 日，长三角地区主要领导座谈会在安徽芜湖召开。会议全面分析了长三角一体化发展上升为国家战略的新内涵和新要求，部署了落实《长江三角洲区域一体化发展规划纲要》等重大事项。会议认为，要多方动员、形成合力，上海发挥好龙头带动作用，苏浙皖各扬所长，在国家有关部门大力支持下，携手带动华东地区和整个长江经济带发展，打造高质量发展的区域集群。

2023 年 6 月 5 日至 6 日，2023 年度长三角地区主要领导座谈会在安徽合肥举行。会议指出，要紧扣“一体化”和“高质量”两个关键，聚焦“一极三区一高地”[①]战略定位，上海龙头带动坚强有力，苏浙皖优势得以充分发挥，凝心聚力打造全国发展强劲活跃增长极。深化省际毗邻区域协同发展，促进跨区域园区合作，加快皖北承接产业转移集聚区、苏皖合作示范区、连云港国家东中西区域合作示范区、湖州接轨上海创新合作区建设，共建“一地六县”产业合作区。

① “一极”即全国发展强劲活跃增长极；“三区”即全国高质量发展样板区、率先基本实现现代化引领区、区域一体化发展示范区；“一高地”即新时代改革开放新高地。

二、长江中游地区形成省际协商合作机制

与长三角省际共商由三省市扩展到四省市、长江上游省际共商近几年由四省市转向以成渝为重点不同，长江中游省际共商一开始就在湖北、湖南、江西三省省级层面进行，一直比较稳定。

（一）三省共商长江中游城市群建设

2012 年 2 月，湖北、湖南、江西三省政府领导齐聚武汉，商定共同建设长江中游城市群。长江中游城市群由武汉城市圈、环长株潭城市群、环鄱阳湖城市群融合而成，因其三个核心城市武汉、长沙、南昌几乎呈等边三角形分布，又称“中三角”。2015 年 3 月，国务院批复《长江中游城市群发展规划》。这是《国家新型城镇化规划（2014—2020）》出台之后第一个由国家批复的城市群规划。2016 年 5 月，中共中央、国务院出台《长江经济带发展规划纲要》，将长三角城市群、长江中游城市群、成渝城市群定为“三极”，并提出“湖北、湖南、江西三省按照要求，扎实推进长江中游城市群一体化发展”。

城市群一体化发展，产业和市场是关键。为推动产业和市场一体化发展，三省政府间积极开展共商共建。2012 年 2 月 24 日，湖北省、湖南省、江西省商务部门召开长江中游城市群商务发展第一次联席会议，商定开展多方面商务合作。2015 年 5 月 19 日，借第九届中博会在武汉成功举办之际，又召开了长江中游城市群商务合作座谈会，签署了共建“中三角”、打造“第四极”商务合作协定。2015 年 4 月中旬，三省达成以石化、汽车为突破口加强产业合作的共识。2017 年 11 月 1 日，商务部有关领导同志在湖北省社会科学院召开座谈会，首次全文发布《长江中游区域市场发展规划（2017—2020 年）》，这份全国首个区域市场规划文件明确提出将长江中游区域打造成为全国重要的商贸

物流枢纽。

长江中游城市群还在文化教育、社会管理、对外开放等方面进行合作。建立了长江中游城市群高校联盟，举办省会城市教研协作体年会，推动毕业生就业创业信息网络共享，共同举办“中三角”区域协同发展网络招聘会。三省省会城市共同建立科技服务资源共享平台，实行公积金异地互认互贷和转移接续政策，124 项政务服务事项实现省会城市跨市通办。2021 年 6 月 3 日，三省高级人民法院负责人在武汉签署《关于构建长江中游城市群审判工作协作机制的框架协议》，构建全方位协作体系、促进法律适用标准统一、建立资源共享和工作联动机制。还探索建立应急联动合作机制，扎实落实跨区域知识产权行政保护协作协议，共同签署外事合作备忘录，共享国际友城、友好组织等对外资源。

（二）中游三省协同推动高质量发展

2016 年 12 月 1 日，湖北、江西、湖南三省政府有关负责同志在北京签署《关于建立长江中游地区省际协商合作机制的协议》，共同发布《长江中游湖泊保护与生态修复联合宣言》。2021 年 9 月 10 日，三省省委书记、省长、常务副省长会聚武汉，召开长江中游三省协同推动高质量发展座谈会，审议通过了相关文件。2022 年 12 月 23 日和 2023 年 11 月 29 日，分别由湖南省、江西省牵头以视频形式召开年度长江中游三省协同推动高质量发展座谈会，共同谋划三省充分发挥区位优势和各自比较优势、打造全国高质量发展的重要增长极，先后签署了《长江中游三省区域协同立法合作框架协议》《长江中游三省知识产权行政保护协作协议书》《长江中游三省推进能源重点项目建设及供应互济合作协议》《长江中游三省省会城市重点合作事项》《长江中游三省畅通商品流通合作协议》《长江中游三省商务协同发展合作协议》《长江中游三省反不正当竞争协调联动机制合作协议》《长江中游三省防震减灾合作协议》等20多项合作协议。

国家有关部门高度重视长江中游三省高质量发展。2023年长江中游三省协同推动高质量发展座谈会以视频形式在国家发展改革委和南昌、武汉、长沙同步举行，国家发展改革委领导参加了会议。会议贯彻落实习近平总书记南昌座谈会重要讲话精神，认为要推进国家战略优势叠加、同频共振，不断提升协同发展的位势和能级；发挥比较优势，加强产业分工协作，强化创新资源协同配合，深化平台合作，在承接国家重大生产力布局和产业转移、推进绿色低碳转型中深化合作；进一步提升基础设施互联互通水平，合力建设综合立体交通走廊，携手打造中部交通枢纽；促进区域协同联动发展，持续加强数据和能源领域开放合作，提升区域对内对外开放水平；深化保护治理，加快绿色低碳发展，共同做好生态利用文章，携手推进流域综合治理，合力构筑长江生态安全重要屏障;提升公共服务，加强教育就业、社会保障、文化旅游等方面共建共享，不断提高人民生活品质。

三、长江上游地区形成省际协商合作机制

长江上游地区由云南、贵州、四川和重庆三省一市构成。其中，四川与重庆之间省际协商合作推进得比较扎实，省际共商机制建立较早；三省一市以前也有零散的两两合作，而整体的省际协商合作机制则形成较晚。

（一）川渝率先建立省际协商合作机制

1996年8月，中共中央、国务院决定将重庆从四川省分离出来，设立为直辖市，此后川渝两地一直保持密切的经济社会合作关系。两地的发展，也一直受到中央的高度重视。2011年5月，国务院正式批

复《成渝经济区区域规划》；2014 年 9 月，国务院印发《关于依托黄金水道推动长江经济带发展的指导意见》，提出促进成渝城市群一体化发展。成渝城市群横跨四川、重庆两省市，以成都、重庆两个超大城市为双核，是我国西部地区最大的城市群。成渝地区地处“一带一路”和长江经济带的交会处，加快成渝经济区和城市群建设既是实现国家区域发展战略的必然要求，也是推进川渝地区经济社会发展的迫切需要。2015 年 5 月，重庆市政府与四川省政府共同签署《关于加强两省市合作共筑成渝城市群工作备忘录》，进一步细化了成渝两地的合作内容，提出两地要在都市消费品、石化天然气、特色资源等方面形成多维产业走廊，将成渝经济区建设为国际知名城市圈和经济高地。①

2020 年 1 月 3 日，中央财经委员会第六次会议提出，要推动成渝地区双城经济圈建设，在西部地区形成高质量发展的重要增长极。此后，川渝两省市的合作共建成为长江上游地区省际协商合作的重中之重。2023 年 12 月 28 日，推动成渝地区双城经济圈建设重庆四川党政联席会议第八次会议在四川省绵阳市召开。4 年 8 次会议 100 多份政策文件，川渝两地省际共商日趋频繁，协作共建日趋紧密，在交通、产业、科技、平台、生态、公共服务等方面的合作全方位推进。成渝地区双城经济圈建设从国家战略到起步落地、纵深推进，成效卓著。

（二）省际协商合作机制扩大到四省市

2016 年 12 月 1 日，推动长江经济带发展领导小组办公室会议暨省际协商合作机制第一次会议在北京召开。会上，重庆、四川、云南、贵州四省市签署了《关于建立长江上游地区省际协商合作机制的协议》，明确建立长江上游地区省际协商合作联席会机制，同意共同建立长江

① 郝秋江：《地方政府间合作机制研究——以成渝地区为例》，《北方经贸》，2016 年第 6 期，第 20–21 页。

上游地区政府间的协商合作协调议事机构——长江上游地区省际协商合作联席会。联席会成员为重庆市、四川省、云南省、贵州省四省市政府。四省市轮流作为联席会议轮值主席方，轮值主席方政府有关负责人担任召集人。联席会按照轮流承办的方式，每年选定四省市中的一个省会城市举行，由轮值主席方政府有关负责人主持召开，四省市政府有关负责人参加。联席会主要任务是加强上游地区统筹协调，健全多层次、多领域的协商平台，协同破解发展难题，推进生态环境联防联控、加强基础设施互联互通、推动产业创新协同发展、深化市场一体化体系建设、强化公共服务共建共享，推动长江上游地区一体化发展，合力打造长江经济带重要经济增长极。

2017 年 6 月，在重庆召开的首届长江上游地区省际协商联席会议上，重庆、四川、云南、贵州四省市审议通过《长江上游地区省际协商合作机制实施细则》，商定省际协商合作联席会议每年召开一次，共同解决区域合作重大问题。通过“横向联动、纵向衔接、定期会商、高效运转”的方式，推进生态环境联防联控，在水污染防治、流域生态环境保护、大气污染治理、危险废物监管、环境执法合作、环境应急联合处置机制等方面均已取得明显成效。一是建立赤水河跨省生态补偿机制。川渝滇黔共同出资 2 亿元设立赤水河流域横向生态补偿基金，建立长江经济带生态保护修复中首个跨省域的横向生态保护补偿机制，获国家 2019 年长江经济带生态保护修复奖励资金 19.91 亿元。赤水河流域贵州段获“中国好水”优质水源称号，赤水市被命名为“绿水青山就是金山银山”实践创新基地。二是建立跨区域生态环境保护检察协作机制。川渝滇黔建立了乌江、赤水河流域生态环境保护日常工作联络、信息资源共享、案件办理、生态修复、业务交流以及新闻宣传等 6 项司法协作机制，明确了 18 个方面的重点任务。三是建立环境保护突发事件应急处置联动机制。实施流域环境保护统一规划、统一标准、统一环评、统一监测、统一执法“五统一”，在联合交叉执法、联席会商、信息共享、信息通报、监测预警、应急联动等方面充分合作，提高了突发事件的防范和处置效率。四是联合开展专项整治行动。贵州与四川共同推进清水铺、鲢鱼溪、草莲溪、习水河长沙、桐梓河两河口、古蔺河太平渡、大同河两汇水等补偿断面选点工作；联合开展区域危险废物排查整治；与重庆签订突出环境事件合作框架，开展跨区域联合执法检查，对赤水河流域内 80 件环境违法行为进行立案查处。此外，四省市还就基础设施互联互通、公共服务共建共享、旅游合作共赢发展、对外开放大平台共建等方面开展省际协商合作。

2023 年 6 月，川滇黔渝四省市生态环境部门齐聚宜宾三江口，成立川滇黔渝联盟并签订框架协议。按照协议，联盟将围绕搭建区域合作平台、深化区域联动执法、联动处理应急事件、联动绿色低碳发展、建立联动会商机制 5 个方面，站在人与自然和谐共生的高度谋划发展，共筑长江上游生态屏障。四省市将坚持区域协调发展和可持续发展，携手建立完善长江保护合作机制，建立互利共赢合作关系。

四、长江经济带形成多层次省际协商合作机制

前面已按长三角、长江中游、长江上游三大地区介绍各自形成常态化的省际协商合作机制，但这并不是全部。实际上，长江经济带已经形成多层次的省际协商合作机制。

（一）国家层面主导形成“1+3”省际协商合作机制

2016 年 12 月 1 日，推动长江经济带发展领导小组办公室会议暨省际协商合作机制第一次会议在北京召开。会议认真学习贯彻习近平总书记关于推动长江经济带发展的重要讲话和重要指示精神。国家发

展改革委、交通运输部有关领导出席会议。会上，长江上游重庆、四川、云南、贵州四省市签署《关于建立长江上游地区省际协商合作机制的协议》，中游湖北、江西、湖南三省签署《关于建立长江中游地区省际协商合作机制的协议》。加上前期已经形成的长三角地区四省市领导座谈会机制，标志着长江经济带省际协商合作机制全面建立。

在推动长江经济带发展领导小组办公室（现整合为中央区域协调发展领导小组办公室）的牵头组织下，长江经济带“1+3”省际协商合作机制全面建立并有效运行。“1”是由领导小组办公室牵头、11 省市参加的长江经济带省际协商合作机制；“3”是长三角地区省际协商合作机制（三省一市主要领导座谈会）、长江中游地区省际协商合作机制、长江上游地区省际协商合作机制。

（二）国家层面推动形成跨地区省际协商合作机制

除了上、中、下游三大地区内部省市进行省际协商外，在长江经济带还有国家指定开展的下游对中上游的对口合作，并建立了长期的合作机制。

自 1996 年中央确定上海与云南开展对口帮扶合作以来，上海市“真金白银、真抓实干、真心实意”推进沪滇对口帮扶。上海财政累计在滇投入帮扶资金数十亿元，带动企业和社会投资上千亿元，实施帮扶项目上万个，覆盖滇西边境片区、乌蒙山片区、石漠化地区和迪庆藏区 30 多个县，近 160 万群众直接受益。此外，上海 14 个区县对口帮扶云南 26 个重点县，实施了一大批对口帮扶项目。光明食品、金茂股份、上实发展等一批大企业纷纷赴滇投资。2016 年 4 月 19 日，上海市党政代表团到访云南，双方签订《关于加强沪滇对口帮扶与重点领域合作框架协议》，进一步完善交流机制，加强在教育卫生、经济交流、现代农业、文化旅游、金融科技、人力资源开发等方面的合作，携手融入长江经济带战略。2021 年 6 月 8 日，云南省党政代表团赴上海学习考察，与上海市共同举行上海云南对口协作第二十四次联席会议，贯彻落实习近平总书记关于深化东西部协作重要指示精神，学习上海改革开放和经济社会发展经验，对接交流沪滇协作工作。2023 年 12 月 3 日，沪滇临港昆明科技城开园。开园当日，沪滇临港昆明科技城产业发展有限公司与欧姆龙自动化（中国）有限公司、上海壁仞科技股份有限公司、中国检验认证（集团）有限公司等 14 家入园企业签约。

1992 年，在当时的国务院三峡办的统一组织和部署下，各省市采取结对方式对口支援三峡库区。上海市对口支援宜昌市夷陵区，江苏省对口支援宜昌市秭归县和重庆市云阳县，上海市、南京市、宁波市对口支援重庆市万州区，浙江省对口支援重庆市涪陵区，安徽省对口支援重庆市渝北区。30 多年来，对口支援工作成效显著。江苏省率先在三峡库区秭归县兴办工业园区，森达集团、AB 集团、恒丰纸业等知名企业先后落户，援建经济合作项目 21 个。145 家单位与秭归县建立了对口支援关系。江苏省与云阳县协商共建“江苏云阳产业园”，承接江苏省产业转移项目，采取“飞地”经济模式，实现共建共享。经过多年努力，逐步形成以涪陵娃哈哈为代表的优势互补型、以华峰集团为代表的资金输入型、以云海药业为代表的产品输出型等多种合作类型，有效推动了库区产业升级换代。对口支援工作也由最初的“输血”向帮助“造血”、开展经济协作转型，带动移民致富和库区自我发展能力不断提升。

（三）地方层面自主形成跨地区省际协商合作机制

地方层面也进行了一些跨三大地区省级、市级的省际协商合作。全球第一大港上海港、亚洲最大内河港南京港、长江中游航运中心武汉港、长江上游航运中心重庆港，长江经济带四大国家级航运中心相继与宜宾港签约建立扣手式深度合作。

上海市成立了长江经济带园区合作联盟、产业合作交流平台、长江经济带大数据库研究中心等，做好与长江经济带中、上游地区产业对接。湖北省和重庆市牵头，研究建立长江中游和上游区域协商合作机制，商议制定合作方案。在国家旅游主管部门的支持下，重庆与湖北方面连续多年轮流举办三峡国际旅游节。湖南和贵州签订《关于建设湘黔高铁经济带合作框架协议》，创建湘黔中西部区域合作示范区。浙江、四川两省签订了《深化浙川东西部协作和交流合作框架协议》，推进一批重大合作事项和项目落地。湘鄂渝黔四省市形成《石柱共识》，进一步加强区域协同，有效发挥自身优势，整合各方资源，积极担当作为，努力推动康养产业成为武陵山片区经济发展的重要支柱。皖赣召开两省交流座谈会，共商全面加强战略协同、携手推进创新发展，加快推进昌景黄高铁等基础设施建设，进一步提升互联互通水平；密切加强产业协作，探索共建产业链供应链，着力推动传统产业升级换代、新兴产业发展壮大；大力开展产学研用协同创新，加强科技资源共建共享，合力打造创新共同体；深化教育文化旅游等交流合作，持续拓展多领域多层次务实合作，携手谱写新时代新征程赣皖高质量发展的新篇章。

在进行省级层面省际共商的同时，市级、县级层面的省际共商也在持续展开，从最初的社会治安、森林防火等单项事务的齐抓共管向全方位合作拓展。2021 年 7 月 28 日，来自重庆、四川、贵州、云南等长江上游地区 14 个市（州）和相关县（区）立法、执法、司法、普法领域的职能部门负责人、专家学者齐聚万里长江第一城——四川省宜宾市，召开川渝政法合作联席会议并成立长江上游成渝地区生态保护法治联盟。2021 年 11 月，长江上游重庆、宜宾、泸州、三峡、宜昌等五个海事局高质量党建联盟在渝正式成立。2023 年 12 月，浙皖赣三省七县（市）省际合作发展交流研讨会在浙江衢州开化召开，开化县、玉山县、德兴市、婺源县、常山县、淳安县、休宁县三省七县（市）党政负责人齐聚一堂，以“践行‘绿水青山就是金山银山’理念、实现‘人人有事做，家家有收入’目标”为主题，共商省际交界合作事宜，共议区域合作发展愿景，助推省际交界区域协调发展。2023 年 11 月，地处鄂南湘北的湖北省石首市、监利市与湖南省安乡县、华容县、南县签署《鄂南湘北跨省协作示范区建设框架协议》，商定以地理区位、产业发展、交通物流等现实条件为基础，共同打造鄂南湘北跨省合作区，携手推进公路、铁路、水运无缝衔接与合作共享，积极推动高铁项目共建共享，加密“石—监—华—南—安”干线路网联通，高标准推进多式联运，加快形成“半小时通勤圈”“一小时交通网”，构建多层次区域综合交通网络体系。与此同时，湖北省来凤县、湖南省龙山县深入推动共建宜居宜业的“龙凤城”。根据《共同推进龙山来凤经济协作示范区建设协议》，双方将同建城乡新格局、同联交通新基础、同育绿色新产业、同筑环境新生态、同享优质均衡新服务、同创协调发展新机制。

第三节
长江经济带省际共商的重大举措

长江经济带建立省际共商机制之后，主动落实共商成果，采取积极措施，全面推进一体化发展。

一、设立日常工作机构

如果没有日常工作机构，省际共商就只是表面热闹，走形式，无人负责、无人落实。设立日常工作机构，是开展和落实省际共商的有效形式。长三角、成渝、长江中游三个地区，先后设立了日常办公机构。

首先是长三角设立了省际合作日常工作机构。2017 年成立“长三角区域合作办公室”，办公地点设在上海市发展和改革委员会培训中心内。上海、浙江、江苏、安徽三省一市共 16 位工作人员全部到位。他们有的来自各省市发展改革部门，长期负责长三角区域合作事宜；有的来自交通部门；有的是机构专家学者。长三角区域合作办公室的主要职责：负责研究拟订长三角协同发展的战略规划，以及体制机制和重大政策建议；在综合协调和督促落实等方面发挥积极作用，积极引导企业和社会各方面参与合作；协调推进区域合作中的重要事项和重大项目；统筹管理合作基金、长三角网站和有关宣传工作。

其次是成渝地区设立了省际合作日常工作机构。2020年1月21日，四川省发展改革委主要领导赴重庆与重庆市发展改革委主要领导对接，讨论了深化川渝合作推动成渝地区双城经济圈建设工作方案等文件，决定设立两省市联合办公室。同年5月，推动成渝地区双城经济圈建设联合办公室在成都、重庆两地实体运行，重庆派驻四川联合办公室的4名工作人员于5月6日到位，四川派驻重庆联合办公室的4名工作人员于5月8日到位。同时，两地实行干部互派挂职。9月16日，川渝两地第一批101名优秀年轻干部互派挂职，其中四川派往重庆挂职（顶岗）干部51人，重庆派往四川挂职（顶岗）干部50人。第一批挂职干部在川渝两省市党委、政府领导下，认真落实基础设施互联互通、构建现代产业体系、提升协同创新能力等七大战略任务，有效促进了川渝国土空间、现代农业、文化旅游等一批重点规划顺利编制，一批标志性项目取得重大进展，高竹新区、遂潼一体化发展等一批合作平台取得明显实效。

再次是长江中游地区设立了省际合作日常工作机构。2021年9月10日，长江中游三省协同发展联合办公室揭牌成立。长江中游三省协同发展联合办公室的工作人员从三省发展改革委干部抽调已经到位，现已在武汉市集中办公，重点围绕三省领导签订的协议、发布文件的实施，履行综合协调和督促落实等职责。武汉、长沙、南昌等中心城市制定人才流动合作协议，推进技术人才资格互认，互派优秀干部和高层次人才挂职锻炼。同时，按照政府引导、市场为主、多方参与的原则，创新方式方法，运用多元化政策手段和工具，积极引导企业和社会各方面参与合作建设，促进三省协同发展向纵深推进。

二、构建政务服务平台

无论是长三角，还是成渝地区、长江中游地区，在省际共商中都将打通政务服务平台作为一个重要突破口。

（一）数字赋能长三角政务服务

长三角一体化发展上升为国家战略以来，沪苏浙皖探索“打破行政隶属、打破行政区划”的一体化政务服务新路，持续联手推进数据流动和模式创新。目前，长三角已率先建成跨省政务数据的共享底座。打通三省一市大数据资源平台数据共享节点，搭建政务数据共享高速通道，建设数据实时调度中心，叠加场景授权管理，让各类数据“人畅其行、货畅其流”，实现实时、高效、有序流动。

通过长三角数字赋能，三省一市建成了财政电子票据共享机制，实现了票据电子化、报销无纸化、监管智能化、监督一体化，帮助沪苏浙皖居民在长三角区域内异地医保报销享受“同城”服务。目前，三省一市共归集整合电子票据类数据资源 20 个，累计共享数据量 87.6 万次。目前，长三角数据共享平台已汇聚三省一市数据目录近 600 项，累计数据共享交换超过 8 亿次（条），有效支撑长三角学生资助“免申即享”、跨省就医财政票据、公积金跨省提取、长三角“出生一件事”等跨省通办业务。[①]

在税收征管一体化方面，一体化电子税务局建设也得到了广泛应用。在苏锡常都市圈、宁波都市圈、合肥都市圈，杭绍甬一体化区域、皖北承接产业转移集聚区、皖江城市带、合芜蚌自主创新示范区、环

① 吴頔：《长三角将推更多政务服务跨省通办事项》，《解放日报》，2023 年 12 月 12 日，第 2 版。

巢湖地区等地，逐一在原有省（市）电子税务局系统架构上，建成界面、业务、功能标准统一的一体化电子税务局办税专栏，定期发布区域税收一体化工作的进展、政策解读、办税服务的制度，已经得到了大范围的推广。

（二）成渝地区双城经济圈出现“N 个第一次”

2020 年初，中央作出推动成渝地区双城经济圈建设的重大战略决策。四川、重庆两省市迅速落实决策，很快出现了“N 个第一次”。5 月 27 日，川渝两地人力资源部门打破地域限制，联合开通线上求职招聘信息系统，第一次实现了川渝求职招聘数据实时共享，有力地推动了两地公共就业服务共建共享。6 月 5 日，重庆两江新区在政务大厅设立“两江天府合作示范窗口”，按照“窗口收件、两地互通、限时办结”模式，为两江新区和成都天府新区两地群众和企业提供咨询、受理服务，成为第一个异地互认的办事窗口。6 月 10 日，成渝两地高新区市场监管部门联合颁发首张异地营业执照。川渝两地市场监管部门就市场准入异地同标、知识产权保护协同、监管执法协同等多领域开展交流合作。6 月 15 日，重庆市永川区公安局联合四川省泸州市合江县公安局，在永川区朱沱镇九层岩村、合江县白沙镇忠孝村成立川渝两地首个治安联调室、交通武装检查站。7 月 3 日，重庆市住房公积金管理中心和成都住房公积金管理中心在两地互认互贷基础上，依托信息共享，进一步简化了异地贷款办理手续，异地贷款缴存证明实现无纸化，职工在两地间申请公积金异地贷款第一次由原来“两地跑”变为“一地办”。①

（三）“中三角”推动更多三省通办

2021 年以来，湖北、湖南、江西紧扣“协同”和“高质量”，加

① 重庆市发展和改革委员会：《推动成渝地区双城经济圈建设的 N 个第一次》，人民网，2020 年 7 月 10 日。

速推动更多设施互联、更多产业互融、更多服务互通，让“跨域无感”再添新体验。更多“软环境”上的互通让三个“好邻居”手牵手、心连心。长江中游城市群建设合作重点事项清单中，政务服务优化被列为重点。长江中游城市群省会城市共建“长江链”公共资源交易区块链服务平台，促进数字证书跨省域互认，公共资源交易各类数据跨省域共享，推进公共资源交易一体化合作。推进“一网通办”平台建设，加快跨区域政务服务网互联互通、电子证照信息共享，探索营商环境重点领域、民生领域等“一地受理、一次办理”。推动三省毕业生就业创业信息网络共享，共同举办中三角区域协同发展网络招聘会。

2021 年 12 月举行的“红色传承，绿色发展”湘鄂赣 22 市县区跨省通办线上签约仪式，标志着湘鄂赣革命老区跨省通办合作正式拉开帷幕。2023 年三省共同推进“鄂汇办”“湘易办”“赣服通”政务服务跨省 APP 联盟建设，公积金异地转移接续、机动车违法处理等高频事项实现三省通办；三省相邻高速卡口通行车辆数据实现实时共享，省会城市市场监管执法标准和处罚制度实现统一，三省多家医院建立急危重症病人转诊绿色通道。[①] 目前，公积金异地互认互贷和转移接续政策参与城市扩展至 20 个，机动车违法处理等 19 项交管业务和户口迁移等 6 类户籍业务，以及孤儿、事实无人抚养儿童和残疾人两项补贴资格认定申请实现三省通办，124 项政务服务事项实现省会城市跨市通办。

三、发挥中心城市引领作用

在落实省际共商成果、推动长江经济带发展中，中心城市发挥着

① 肖丽琼、胡铮、夏颖：《道路互联　产业互融　服务互通　鄂赣湘“跨域无感”再添新体验》，《湖北日报》，2023 年 11 月 30 日，第 3 版。

重要的引领作用。党中央、国务院印发的《长江经济带发展规划纲要》，明确要求“发挥上海、武汉、重庆等超大城市和南京、杭州、成都等特大城市引领作用，发挥合肥、南昌、长沙、贵阳、昆明等大城市对地区发展的核心带动作用”。

长江经济带是一条引领全国高质量发展的巨龙，而龙身的摆动方向最初是由龙头来决定。上海作为长江经济带这条发展巨龙的龙头，肩负的责任非常重大。《长江经济带发展规划纲要》专门提出要“充分发挥上海国际大都市龙头作用……在科技进步、制度创新、产业升级、绿色发展等方面发挥引领作用”。当前，上海已经形成了高水平的对外开放体系，海港、空港、口岸具备世界级枢纽和贸易保障能力，聚集了一大批跨国公司总部，跨境投融资等资源配置功能持续提升。上海依托全国首个自贸试验区，对标国际最高标准、最高水平，逐步建立了与国际投资和贸易通行规则相衔接的制度体系，在投资管理、贸易便利化、金融开放和政府监管制度创新方面进展突出，比如，建立以负面清单为核心的外商投资管理制度，推动贸易便利化，口岸货物和船舶申报 100% 通过“单一窗口”办理等，为构建开放型经济新体制探索了新途径。在国土空间发展方面，上海新一轮总体规划提出了规划建设用地总规模负增长，严格控制城市规模，守住人口规模、建设用地、生态环境、城市安全四条底线，在“缩量”的情况下实现高质量发展，这一探索将对长江经济带的城市群合理结构、城市高效发展提供借鉴。在产业发展方面，上海大力实施结构调整，上海服务和上海制造的效益不断提升，不断向长三角其他地区和长江中上游地区转移产业、带动长江经济带产业升级和经济高质量发展。

长江经济带是一条巨龙，长江中游是龙腰。从 2013 年开始，武汉、长沙、南昌实行省会城市年度会商机制，根据当年达成的《武汉共识》，

“集体协商合作中亟待处理的重大问题，形成决议纪要，统一部署落实”。2015 年 6 月 16 日，长江中游城市群省会城市合作协调会正式在武汉建立。协调会由城市群内的省会城市政府分管副市长、分管副秘书长组成，会长由当届承办城市分管市领导担任，采取轮席制，原则上每年举行两次会议，分别在第二、第四季度召开。协调会下设秘书处，职能由长江中游城市群省会城市合作秘书处承担，秘书处设在武汉市，其他城市派员参加，开展日常工作。协调会同时要协调推进长江中游城市群省会城市重大合作规划的组织编制及实施，重大政策的制定以及重大工程的推进，研究并向省会城市会商会提交合作进展的报告，提请审议重大问题等职能，重点推动市场一体化、产业合作、科技创新协同等工作。

长江上游地区是长江经济带巨龙的龙尾。龙尾有力的摆动，是巨龙腾飞的重要动力。当前的重点，是高质量建设成渝地区双城经济圈。首先是增强创新能力，培育形式多样的科研成果协同转化基地、产业转化园地等，吸纳不同体制不同功能的单位优势互补合力攻关，在成渝地区形成研发、中试、应用的完整创新产业链。着力推动成渝城市群科技服务业发展，扩大科技中介市场发展规模，提高其专业化程度，强化产学研联盟中间环节，更加重视科技服务中的技术转移服务，完善产学研链条，让区域科研成果提高走向市场的成功率和收益率。努力开展川渝汽车、电子、轨道交通、新材料等产业协同创新，通过产业分工与协作，提升区域产业竞争力。其次是共同打造国际旅游目的地。以成都、重庆国际旅游都市为引领，彰显巴蜀文化特色，整合大足石刻、长江三峡、都江堰—青城山、乐山大佛—峨眉山、大熊猫栖息地等自然与文化遗产资源，共同打造精品旅游线路，构建国际精品旅游区，建设充满文化魅力的国际休闲消费中心。再次是发挥重庆、成都在西部地区对外开放的龙头作用。进一步畅通物流大通道，建成以国家级综合交通枢纽为支撑的物流通道网络，形成国家“五横五纵”路网西部地区重要交会点及“一带一路”和长江经济带在内陆地区的重要联接点，形成内陆地区与东部沿海地区以及长江经济带与欧洲、南亚等地区的物流主通道。加快重庆两江、成都天府等国家级新区发展，加快推进自由贸易区建设。与长江中游城市群携手，深化与俄罗斯伏尔加河沿岸联邦区经贸合作机制，鼓励优势企业转移部分产能，支持企业在俄建立海外仓。

四、打造省际毗邻示范区

一个跨行政区域的经济带、城市群，是否形成有机整体，一个重要标志就看其毗邻区域的融合程度。在长江经济带，目前融合程度最高的是长三角地区，其他区域也在积极跟进。

（一）长三角生态绿色一体化发展示范区建设

2019 年 10 月 26 日，经国务院批复，国家发展改革委出台《长三角生态绿色一体化发展示范区总体方案》。方案指出，建设长三角生态绿色一体化发展示范区是实施长三角一体化发展战略的先手棋和突破口。示范区范围包括上海市青浦区、江苏省苏州市吴江区、浙江省嘉兴市嘉善县，面积约 2300 平方公里（含水域面积约 350 平方公里）。2019 年 11 月 1 日，长三角生态绿色一体化发展示范区正式揭牌成立。在同一天，长三角生态绿色一体化发展示范区开发者联盟也在上海正式成立。

2020 年 7 月 1 日，经一体化示范区理事会讨论、两省一市政府审议，《关于支持长三角生态绿色一体化发展示范区高质量发展的若干政策措施》正式出台。该文件聚焦规划管理、生态保护、土地管理、项目管理、要素流动、财税分享、公共服务和公共信用等重点领域，通过赋能赋权，鼓励大胆试、大胆闯、自主改，加快推进一体化制度创新和重大改革集成，实现共商、共建、共管、共享、共赢，打造服务引领长三角更高质量一体化发展的重要引擎。

2022 年 8 月 24 日，由嘉善谋划建设的示范区政务服务地图在“浙里办”“智慧吴江”和“随申办”同步上线，属全国首创。示范区政务服务地图整合了青浦、吴江、嘉善三地 57 个线下办事大厅、215 个综合自助终端和 49 个政银合作网点，实现“一图尽览、一键预约”，一次性解决示范区群众跨省办事“找不到网点”“不清楚流程”“没有带证照”等一系列问题。示范区个人电子证照包借助区块链技术，调取区块链平台上的营业执照、婚姻登记证明、出生医学证明等 8 类高频电子证照，解决了跨省电子证照互信互认难的痛点。随着示范区“一网通办”“一窗通办”“跨省通办”的持续推进，一系列数字应用场景不断涌现。

2023 年 5 月 24 日，示范区举行水乡客厅·方厅水院项目开工仪式。这一全国首个“打破行政边界”的示范项目能够顺利开工，背后也有着机制上的融合。在以前办理这样一个跨省域项目，需要跑三个地方、准备三套不同的资料、盖三个不一样的章，但现在只需要跑一个地方就可以完成所有的流程，至少省掉了三分之二的时间和工作量。构建统一立项、一体化审批、联合监管的全流程新模式，这种项目跨区域一体化管理服务机制，不仅有助于加快项目进展，更被认为是服务企业、服务基层的有效措施。这样的制度设计和具体做法，也迅速被长三角其他省际毗邻区域和全国其他符合条件的省级毗邻区域学习。

（二）长江中游省际毗邻合作多点开花

2022 年 2 月，国务院批复《长江中游城市群发展“十四五”实施方案》，专门部署“促进省际毗邻城市组团发展”，不仅涉及湖北、湖南、江西毗邻地区，也涉及长江中游城市群与安徽省若干基础条件好、联系比较紧密的省际毗邻城市。

一是咸宁—岳阳—九江。三市位于鄂湘赣三省交界处的幕阜山地区，立足区位优势和合作基础，重点推进跨界流域治理、省界市场建设、路网联通和产业合作。早在2012年，三市就开始共建“小三角”。2015年湖北通城、湖南平江和江西修水携手建设长江中游城市群次区域合作示范区。2021年9月10日，在长江中游三省协同推动高质量发展座谈会上，三省共同签署《长江中游三省“通平修”绿色发展先行区建设框架协议》。目前，三县正在交通基础设施、生态环境保护、绿色农产品、旅游服务业以及社会公共资源等方面深化跨省合作，建设三省毗邻地区绿色生态高质量发展先行试验区。

二是荆州—岳阳—常德—益阳。洞庭湖生态经济区2012年由湖南省发起，通过省际协商，荆州8个县市区整体加入。2014年4月14日，国务院批复《洞庭湖生态经济区规划》。十年来，四市携手在保障生态安全、水安全、粮食安全，着力构建和谐人水新关系、现代产业新格局、统筹城乡新福地、合作发展新平台，加快解决血吸虫病、城乡饮水安全等突出民生问题取得明显成效。2023年1月26日，国务院批复《新时代洞庭湖生态经济区规划》，进一步推动建设更加秀美富饶的大湖经济区。

三是九江—黄冈—黄石。三市以长江黄金水道和京九高铁、福银高铁为依托，完善省际交通网络，拓展对外开放通道，强化能源信息支撑，进一步提升基础设施互联互通水平。2012年12月，九江市与黄冈市签订《跨江跨区合作框架协议》，支持黄梅小池融入九江市。随后，湖北省政府批复《湖北小池滨江新区总体规划》，明确小池新区为九江市的江北新型功能区，同时江西方面也将小池纳入大九江城镇体系规划。2023年11月，江西省九江经济技术开发区、湖北省黄梅县签署《合作共建小池江北工业园框架协议》，以“共建”促“共赢”：支持小池江北工业园加挂“九江经济技术开发区小池江北工业园”牌子，积极探索“九江经济技术开发区品牌+小池园区”“产业龙头+配套企业”的合作发展模式，共同将园区建设成为长江中游城市群协同发展示范园区。根据九江、黄石、黄冈等市2021年9月10日签署的《关于深化跨江合作推进区域融合发展的框架协议》，设立推进跨江合作领导小组，对口部门轮流举行合作交流，建立信息互通和情况通报制度，深化交通基础设施建设、城镇规划建设和产业规划布局等方面合作，助推区域共同市场和长江中游城市群高质量发展。

四是长沙、株洲、湘潭—新余、宜春、萍乡。早在2008年，江西萍乡就主动融入长株潭全国“两型”社会建设综合配套改革试验区建设。2015年4月15日，湖南省人民政府与江西省人民政府在南昌市签署《共建湘赣开放合作试验区战略合作框架协议》，试验区规划范围包括湖南省长沙市、株洲市、湘潭市，江西省萍乡市、宜春市、新余市，总面积53756平方公里。湘赣两省探索在湖南长株潭地区和江西赣西地区共建开放合作试验区，打造跨省区域合作示范区、开放型经济体制机制创新区、区域发展重要增长极。2021年10月16日，国家发展改革委印发《湘赣边区域合作示范区建设总体方案》，统筹规划跨省市铁路和高速公路、省际连接线等重大基础设施建设，推动城际客运公交化建设，加强产业分工协作，打造湘赣边界红色旅游带和跨省产业合作示范区。

五是黄冈—安庆—六安。2015年7月下旬至8月上旬，黄冈市分别与安徽省安庆市、六安市签订了《关于推进大别山革命老区振兴发展的战略合作协议》和《大别山革命老区交通运输发展合作协议》，商定加强重大项目和基础设施对接，协调推进京九客运专线阜阳至九江段、武汉至杭州快速铁路、黄冈至安庆段等交通基础设施建设；共同推进大别山革命老区建设，统筹开发利用红色旅游与生态旅游资源，协同提升特色产业发展水平，探索建立大别山旅游和特色产业协作区。近年来，六安市金寨县和黄冈市罗田县共同开发建设“天堂寨风景旅游区”。金寨县景区以瀑布见长，罗田县景区以山岳奇观著称。虽然分为金寨天堂寨和罗田天堂寨两个景区，但是在山顶最高峰，游客可以凭门票任意进入另一个省的景区，实现“一票游两省”。2023 年 6 月，黄冈、安庆签订重大林业有害生物疫情联防联控合作协议，进一步推动边界联防联治工作制度化、规范化和常态化。

六是九江—安庆—池州—景德镇。江西九江、景德镇与安徽安庆、池州四市地缘相近、人缘相亲、文缘相通，近年来加快过江通道等交通基础设施建设，发挥产业基础、旅游资源等优势，合力承接长三角等沿海地区产业转移，共同打造承接产业转移集中区和全国知名旅游目的地。九江与安庆两地文旅部门签订战略合作协议，携手开展文旅合作，发展“周末经济”，助推建设“一小时旅游经济圈”。2022 年 4 月 27 日，安庆市档案馆与九江市档案馆签署《民生档案跨馆异地利用服务工作协议书》，确立两地档案馆合作开展民生档案跨馆服务的工作机制，这是安庆市民生档案跨省利用服务首次延伸至长三角之外。池州、景德镇两市都是旅游资源大市，近年来依托安景高速、铜九铁路等形成旅游快速通道，为两市旅游合作和发展提供了更加广阔的空间。两地签订“跨省通办”合作协议，建立政务服务合作机制，实现优势互补、资源共享。根据协议，两地同时开设线下“跨省通办”专窗和线上“跨省通办”专栏，通过数据共享、代收代办、多地联办等方式，实行“收受分离、两地互认、异地收件”，为两地企业、群众提供公司设立登记、住房公积金异地转移、驾驶证遗失补领等一系列优质高效的政务服务。2023 年 8 月，九江、安庆、池州、景德镇等市联合签署《市场监管政务服务“跨域通办”暨知识产权跨区域保护合作协议》，进一步畅通经营主体登记注册和行政许可“跨域通办”渠道，建立“异地受理、属地审批、就近取证、材料互认”的全新服务模式。

（三）川渝合作示范区加快打造

首个示范区是万达开川渝统筹发展示范区，涉及范围是四川省达州市和重庆市万州区、开州区。2020 年 7 月 1 日，万达开川渝统筹发展示范区规划建设启动会在重庆召开。7 月 10 日，四川省委十一届七次全会提出，协同加快万达开川渝统筹发展示范区建设，加强规划引领、政策支持、项目布局，加快通道建设，发展枢纽经济，深化资源开发，促进川东北和渝东北一体化发展，打造省际交界区域高质量发展引领区。9 月 25 日，万达开川渝统筹发展示范区创建工作推进会在重庆召开。2023 年 4 月 25 日，《推动川渝万达开地区统筹发展总体方案》正式公布。按照党中央决策部署，强化系统观念，助推万达开统筹发展，大力推动交通物流一体化、产业能源一体化、开放创新一体化、公共服务一体化和生态保护一体化。坚持“交通先行”，共建区域交通枢纽，形成直联直通的交通基础设施体系。2023 年初，川渝两省（市）经济和信息化部门与重庆市万州区人民政府、四川省达州市人民政府、重庆市开州区人民政府签订万达开绿色智能铸造产业园五方共建合作备忘录，现场集中签约项目 16 个，总投资 315.5 亿元。目前，三地聚焦重点领域，共同发力，围绕交通互联互通、产业协同发展、公共服务共建共享、开放创新合作、生态联防共治五方面，推动落实 50 余项重点合作事宜。

2020 年 10 月，中央政治局审议通过的《成渝地区双城经济圈建设规划纲要》明确：“推动广安全面融入重庆都市圈，打造川渝合作示范区；推动建设广安—渝北等一批跨省市毗邻地区产业合作园区。”为此，重庆、四川两地决定设立高竹新区，其范围包括重庆市渝北区茨竹镇、大湾镇的部分行政区域和四川省广安市邻水县高滩镇、坛同镇的部分行政区域，总面积262平方公里，其中涉及渝北区124平方公里、邻水县138平方公里。新区管理机构由川渝两地共同抽调的31人组成，其中重庆21名，四川10名。2021年1月4日，重庆市人民政府、四川省人民政府发布关于同意设立川渝高竹新区的批复。2021年12月27日，川渝高竹新区管理机构揭牌暨重大项目集中签约开工活动在高竹新区举行，新区党工委、管委会、纪工委、监察室正式揭牌。2022年1月，推出川渝高竹新区电子税务局软件系统，确保纳税人登录一个平台即可办理川渝两地所有税务业务。以往纳税人办理业务要重庆、四川两头跑，现在一个大厅通通能实现。这是全国首个实体化运行的跨省域税费征管服务中心。该服务中心首创“一个机构统征管、一本规范定口径、一支队伍管执法、一套系统优服务”，探索出跨省（市）税费征管一体化服务机制。新区工业用地成本较重庆、成都城区低50%以上，水电气等要素成本低15%以上。新区制定出台的工业、服务业、总部经济“黄金三十条政策”，为企业入驻、项目落地提供全周期的保障。2023年3月，川渝首个跨省共建“社银一体化”服务网点在此开业，实现了92项（重庆45项、四川47项）高频低风险人社业务一个窗口办理。目前，已建成投用供电、住房公积金、市场监管及税费调解等跨省域服务机构，成功打通政务服务、税费征管、公检法司、医保社保、水电气讯等领域办事通道，基本实现“办事不出新区”。[①]

① 李天锐、邓涵予：《已基本实现“办事不出新区”，川渝高竹新区今年有这些谋划》，《川观新闻》，2024年1月13日。

川渝高竹新区自设立以来共完成重大产业项目签约 41 个、协议投资 340.4 亿元。目前，该新区建成区面积 6 平方公里，累计入驻企业 196 户，主要发展智能网联新能源汽车、新一代信息技术及核心零部件、生态文旅康养、都市近郊现代农业“2+1+1”产业体系。工业产业主要生产汽车零部件，其中 80% 企业来自重庆，90% 产品为重庆配套。①

除万达开川渝统筹发展示范区、川渝高竹新区外，其他功能平台同样起到了推动川渝毗邻地区融合发展的示范作用：遂潼川渝毗邻地区一体化发展先行区以 450 平方公里的遂潼涪江创新产业园区为抓手，共同完成园区平台建设、投资合作推介、金融机构授信等工作，成为四川省遂宁市和重庆市潼南区加强产业协作、促进政策和标准趋同的“试验田”；依托泸永江融合发展示范区，四川省泸州市与重庆市永川区、江津区组建泸永江装备产业联盟等，共建川渝“合江·江津（珞璜）”新材料产业合作示范园区，助推产业转型升级。②

① 李安江、刘贤：《探访首个川渝共建新区：“成本洼地 + 服务高地”为发展加速》，中国新闻网，2023 年 10 月 26 日。

② 王成栋：《川渝毗邻地区合作不断深化　十张“规划图”探索发展新路径》，《四川日报》，2023 年 2 月 28 日，第 7 版。

第四节
加强长江经济带省际共商共建

长江经济带发展战略实施以来，在党中央、国务院的正确领导下，通过省际协商，区域协调发展取得重大突破，改革开放迈出新步伐，生态环境共保联治扎实推进，区域整体实力和综合竞争力持续位居全国前列，彰显出中国特色社会主义制度优越性，为构建新发展格局、推进高水平对外开放赢得了战略主动。同时也要看到，发展有许多深层次问题有待破解，为进一步推动长江经济带高质量发展、加快实现中国式现代化，需要在以下几个方面加强省际共商共建。

一、完善协调发展组织架构

如果没有中央和国家相关部门的领导，单纯的省际协商就会效率较低、成本较高，各种协商结果的约束力也不强。要充分发挥中央区域协调发展领导小组的统筹协调职能，坚持规划纲要的战略引领功能。11 省市要认真贯彻党中央决策部署，加强组织领导和调查研究，加强协调共商和督促检查，推动解决重大问题，推动重大改革落地，推动重点任务落实（详见表 2-1）。要加强忠诚干净担当的高素质专业化干部队伍建设，激励干部大胆开拓、担当作为。

表 2-1　长江经济带协调发展组织架构

层次	协调机制	主要任务
协调发展领导层	中央区域协调发展领导小组及办公室	贯彻国家战略意图，进行顶层设计，编制或批复跨省规划，指导省际协商
“条条”协调层	水利部长江水利委员会、太湖流域管理局，交通运输部长江航务管理局、长江航道局，生态环境部长江生态环境管理局，农业农村部长江流域渔政监督管理办公室，国家自然资源督察上海局、南京局、武汉局、成都局，国家海洋总局东海分局	加强“条条”（国家部门）之间的横向协商，提请制定跨流域的法律，制定跨流域的规章制度，推行跨流域的各种政策；加强对“块块”的纵向指导，引导各省市发展规划的有效对接，督导相关政策、规划、方案实施
“块块”协调层	长江经济带 11 省市行政首长联席会议，长江沿岸中心城市协调会，长三角地区主要领导座谈会，长江中游三省协同推动高质量发展座谈会，长江上游地区省际协商联席会议（重庆四川党政联席会议）	进行跨省经济联动发展所涉及的重大基础设施项目对接、产业规划和发展政策协同、流域共同治理、公共服务政策协调等重大问题的磋商

健全长江经济带协调发展机制，主要目的就是以制度创新为突破，促进统一市场体系建设。梳理法规、简政放权，建设公正、公平、公开的营商环境，促进统一市场体系建设。加快推进投资贸易流通体制改革，以上海、南京、成都、黄石、义乌等国内贸易流通体制改革发展综合试点城市为依托，在流通创新发展促进机制、市场规制体系、基础设施发展模式、管理体制等方面形成一批可复制推广的经验和模

式，为强大国内市场建设打好基础。加快政府职能转变，产业政策的制定需要凸显市场机制对资源配置的决定性作用，从而促进产业结构合理化。长江经济带各省市需共同清理阻碍要素合理流动的地方性政策法规，实施统一的市场准入制度和标准，推进区域间各种互联互通，率先建成长江经济带统一大市场。特别是要加快构建统一的金融市场和金融服务网络，发挥金融核心扩散效应。加快上海、重庆自贸试验区和南京、杭州、武汉、成都等自贸片区建设，探索制度创新，将负面清单等成功经验推广至整个长江经济带，释放更多制度红利。建立信息共享机制和公共服务平台，形成区域经济联合优势。鼓励设立合作发展基金，开展跨行政区的规划和基础设施建设，推进城市群一体化发展。

二、健全流域一体化发展机制

由于长江经济带的重要性，国务院相关部门和省市都已有相关的发展战略。但这些战略比较分散和零碎，亟须国家在全流域战略层面进行整合。必须坚持“一盘棋”思想，加大制度和体制机制创新力度，打破地区分割和行政壁垒，为一体化发展提供制度保障。

一是要加快重要政策一体化。在引资政策、财税政策、土地政策、开发区政策、金融政策、环境保护政策等方面保持基本的统一，加强各项改革举措的系统集成和协同配合，推动一体化向更深层次更宽领域拓展。加强规划、土地、项目建设的跨区域协同和政策有机衔接，加快从区域项目协同走向区域一体化制度创新。

二是要加快推进市场一体化。充分尊重市场规律，尽快建立起各省市政府间的沟通与协调正常化、法制化机制，打破行政区域的局限，破除地区保护主义。要有统一的区域经济社会发展长远规划。要避免地区间的非市场化的政策性竞争，通过政府间的政策与规划协调，避免信息不充分条件下市场机制自发形成的重复建设、过度竞争的恶果。

三是要加快推进基础设施一体化。加快长江经济带快捷交通、通信、电网和能源、水利、环保等基础设施建设与管理的一体化。要加强各类交通网络基础设施标准跨区域衔接，提升基础设施互联互通水平。共商规划建设新型能源体系，协同推进省市间电力互济。

四是要加快推进产业一体化。有序推动产业跨区域转移和生产要素合理配置，加速各省市间的产业融合，使长江经济带的发展打破原有的“梯度式”或“雁行式”传统发展模式,带动落后地区跨越式发展,实现长江经济带持续、科学、共同发展。加强节能减排降碳区域政策协同，建设区域绿色制造体系。

五是要加快推进生态环保一体化。2024 年 2 月 5 日，国务院批复《长江经济带—长江流域国土空间规划（2021—2035 年）》,要抓紧实施。11 个省市统一划定生态保护红线，全面建立生态保护红线制度。统筹水域陆域，细化主体功能区生态保护要求。加强生态保护和修复，依法严厉打击流域生态破坏行为。深入开展跨界水体共保联治，开展沿河环湖生态保护和修复，努力提升流域环境承载能力。全面排查工业污染源排放情况、加大超标排放整治力度；加大饮用水水源地排查整治力度，确保城乡居民饮水安全。鼓励中游地区对上游地区、下游地区对中游地区进行横向生态补偿。

六是要加快推进基本公共服务一体化。要循序渐进推进基本公共服务制度衔接、政策协同、标准趋同，分类推进各领域公共服务便利共享;要推进跨区域共建共享,使长江经济带真正成为区域发展共同体。

三、加快三大城市群联动发展

为推进长江经济带发展，2015 年 3 月以来国务院先后批复了长江中游、成渝、长三角三个城市群发展规划。如果说下游、中游、上游分别是“龙头”“龙身”“龙尾”,现在已经出台的涉及“龙头”“龙身”“龙尾”的局部规划彼此衔接并不充分。如长江中下游之间的皖江城市带，2013 年曾一度参与长江中游城市群建设，后被国务院《关于依托黄金水道推动长江经济带发展的指导意见》划入长三角城市群，其与长江中游城市群一体化发展的势头衰减。但由于其西部的六安、安庆和池州等距离东部沿海太远，难以被认同为长三角地区，与皖东城市相比融入长三角的难度较大，目前处于“不东不中”的尴尬地位。而在长江中游城市群与成渝城市群之间还存在“断链”,两大城市群并不接壤，两者之间目前尚无整体联动。三大城市群之间基础设施衔接也明显不足。公路建设尚存在不少断头路和瓶颈路，港口、机场、铁路、能源等重大基础设施的规划布局还缺乏有效配套和衔接。另外，产业一体化程度不高。除上海、江苏、浙江外，其他省市都处于工业化快速发展的中期阶段，都有着先把自己“块头”做大的强烈愿望，相互之间争投资、争项目、争人才，导致产业结构趋同，低水平重复建设比较明显。比如多数省市都大力发展汽车及零配件、食品烟草、装备制造、石油化工、电子信息等产业，但区域间缺乏专业化分工协作和密切的经济联系，没有形成产业集群发展，产业关联带动能力差，导致产业一体化程度偏低，不能形成产业集聚效应，影响了长江经济带整体性竞争优势的发挥。

因此，应尽快建立三大城市群合作机制。长三角城市群、长江中游城市群、成渝城市群是长江经济带的三大主体城市群。三大城市群建设好了，长江经济带也就发展起来了。鼓励和支持三大城市群内部建立市长联席会议制度，定期和不定期协商解决区域内的重大问题，积极推进交通、旅游、工业、农业、生态、科技、人才、投资等方面的合作。下设若干个委员会作为政策的执行机构，定期召开会议、沟通信息，及时反映区域内发展中面临的问题，提出解决办法。要逐步促进城市群内部制度一体化，实现经济、社会、人口、资源、环境相互协调的可持续发展。如推进重大基础设施建设，构建港口群、区域与交通联动发展机制，真正发挥黄金水道功能，建设立体化交通网络，彻底打通产业合作交通命脉。在公共资源共享方面，推进建立区域优质教育、卫生医疗、人才、旅游等资源共享机制，完善医保跨地区结算机制，推进区域交通、社保等“一卡通”工程；强化科技资源共享公共服务平台建设，合力推进区域科技创新体系一体化建设。同时，推进三大城市群之间的合作。借鉴法国巴黎城市群和英国伦敦城市群对区域公共物品进行共建共享的经验，探索建立长江经济带城市群公共财政储备制度、横向利益分享机制和利益补偿机制，共建共享城市群区域公共物品，包括共建共享长江经济带区域性交通、能源、环保、生态等公共设施，推动长江经济带城市群上中下游的基础设施建设、产业分工合作、生态环境共建共治、公共服务对接。在能源安全方面，推进长江流域地区能源安全体系一体化，建立长江流域能源储备体系和应急保障体系，推进新能源基地建设。大胆探索创新新型区域合作机制，包括上中下游税源的划分机制、资源使用的购买和补偿机制、产业转移的对口协商机制、政绩的分类考核机制、政府机构的交流机制等。

四、扩大高水平对外开放

改革开放初期，中国企业大多以参与外资代工方式、以单个企业形式嵌入跨国公司主导的全球价值链。2000年之后，这种形式发生了较大的变化。在此后的20余年间，全球价值链的嵌入方式主要表现为单个企业首先加入产业集群，然后集群内的企业再抱团嵌入全球价值链。如今，中国特色社会主义进入新时代，要积极推进高层次协同开放。无论是单个企业加入产业集群，还是再抱团嵌入全球价值链，相当一部分是跨省（市）进行，需要做好省际共商，利用全球价值链变化的特点，通过优化产业集群的治理，提高其在全球价值链的地位，同时深度融入全球创新链，塑造国家价值链和地区价值链。

按照长江经济带畅通国内国际双循环主动脉的战略定位，围绕陆海内外联动、东西双向互济的全面开放要求，充分发挥长江经济带沿海沿江沿边内陆兼备的区位优势，以融入共建“一带一路”为主要抓手，深入推动商品和要素流动型开放，稳步拓展规则等制度型开放，赋予长三角、成渝地区、长江中游城市群等区域以及自贸试验区、国家级新区、国家级开发区等平台更多职责和功能，建设更高水平开放型经济新体制，努力成为畅通我国经济大循环的强大引擎和联通国内国际双循环的战略枢纽。

统筹深化向东开放和加快向西开放。向东开放，主要对象是美欧日韩等发达经济体，实质就是深化与发达经济体的开放合作。向东开放的主要任务是形成与国际贸易投资通行规则相衔接的制度体系，打造市场化法治化国际化的营商环境，加快培育以技术、品牌、质量和服务为核心的竞争新优势，以开放促改革。向西开放，主要对象是东南亚、南亚、中亚等发展中国家，实质就是加强与发展中国家的经贸往来。向西开放的主要任务是充分发挥资金、市场、产业、资源等优势，加强与丝绸之路经济带的战略连接，加快向西国际大通道建设，扩大货物贸易和对外投资，以开放促发展；推动长江经济带优势产能、优质装备、适用技术和标准“走出去”；落实扶持政策举措，进一步优化民营企业发展环境，推动民营经济健康发展、高质量发展。

统筹提升长三角开放和深化中上游地区开放。发挥长三角经济开放水平高、市场机制作用强、改革创新意识足的优势，用好上海自贸试验区及其临港新片区的制度创新优势，形成对标高标准贸易投资规则的制度体系，为长三角深入发挥开放引领作用打下坚实基础。同时，要将扩大内陆沿边开放作为优化长江经济带区域开放布局的重点。一方面，中上游省市要继续追赶先进，深化与发达经济体以及长三角、珠三角等沿海地区合作，大力承接产业转移，吸引集聚资本、技术、人才等优质要素，实现高水平“引进来”。另一方面，要用好共建“一带一路”高质量发展带来的历史机遇，面向东南亚、南亚、中亚发展中国家和欧洲国家，充分发挥中欧班列、西部陆海新通道的作用，以工程机械、轨道交通、装备制造、电子信息等优势产业为基础，扩大出口和对外投资，实现高质量走出去，打造内陆沿边开放新高地。

五、着力提升安全发展能力

党的二十大提出要“统筹发展和安全”。南昌座谈会强调“长江经济带事关全国发展大局”，要“以一域之稳为全局之安作出贡献”。[①] 要贯彻总体国家安全观，坚持底线思维，统筹好发展和安全，盯住关系

① 《进一步推动长江经济带高质量发展　更好支撑和服务中国式现代化》，《人民日报》，2023 年 10 月 13 日，第 1 版。

国家和区域安全的科技、产业、金融等领域和重大基础设施，加强风险防控体系和能力建设，夯实安全发展的基础；要充分发挥长江经济带产业体系完备和配套能力强的优势，在关系国计民生的重要领域和关键环节实施强链补链行动，着力提升产业链供应链韧性和安全水平；要稳步扩大金融领域制度型开放，提升跨境投融资便利化，加强全过程风险防控，更好维护国家金融安全；要高度重视对外合作安全，引导产业链合理有序跨境布局；要坚持人民城市人民建，提升城市现代化治理水平，加快推进韧性城市建设，健全城市安全预防体系，强化城市基本运行保障体系，提高防灾减灾救灾能力。

当今世界并不太平，要居安思危，做好应对各种突发事件、极端事件（包括战争）的准备。“宁可备而不用，不可用时无备。”中央提出“形成必要的产业备份系统”①,以此保障国家产业安全。尤其是内陆腹地的重庆、成都要协同培育现代化产业体系，携手打造先进制造业集群，合力打造国家战略产业备份基地。长江中上游地区一些原“三线建设”城市，如襄阳、宜昌、荆门、十堰、遵义、绵阳、宜宾、泸州、攀枝花、曲靖等，制造业基础现在仍然较好，也要为国家“形成必要的产业备份系统”作出积极贡献。

统筹开放与安全。要坚持总体国家安全观，把握好开放和安全的关系，增强机遇意识和风险意识，把困难估计得更充分一些，把风险思考得更深入一些，注重堵漏洞、强弱项，下好先手棋、打好主动仗，深入落实外商投资安全审查、反垄断审查和国家技术安全清单管理、不可靠实体清单等制度，加强国际供应链保障合作，织密织牢开放安全网。云南作为沿边省份更要着力加强政治安全、公共安全和卫生安

① 中共中央党史和文献研究院：《十九大以来重要文献选编》（中），中央文献出版社 2021 年版，第 497 页。

全建设，把安全发展贯穿沿边开发开放各领域和全过程，防范和化解各种风险，筑牢国家安全屏障。

科技自立自强是国家强盛之基、安全之要。要在科技自立自强上取得更大进展，不断提升我国发展独立性、自主性、安全性。加强国际科技发展趋势、新兴领域、重大项目、前沿技术和颠覆性技术的动态监测；加强科技安全工作专家智力支撑；制定重大科技安全风险应对预案，加强风险研判和危机管控；建立科技安全动员机制，坚持平战结合，提高科技在重大安全事件中的应急反应能力。

第三章

区域协同融通的基础：生态共治

在南昌座谈会上，习近平总书记指出："从长远看，推动长江经济带高质量发展，根本上依赖于长江流域高质量的生态环境。"绿色是长江经济带发展的底色，生态共治是区域协同融通的基础。

第一节
流域生态共治的理论基础

流域生态共治理念主要来源于公共管理中的集体行动理论。流域生态共治的核心机理在于通过多元主体协同参与、共建共治共享，实现流域整体生态环境利益的最大化，进而推动流域生态环境的持续改善，促进区域经济社会的可持续发展。

一、解决外部性问题是流域生态共治的出发点

当一个主体的行为直接影响到主体的行动决策时，就可视为存在外部性。布坎南和斯塔布尔宾将外部性作如下界定：只要某个人的效用函数或某一厂商的生产函数所包含的变量在另一个人或厂商的控制之下，即存在外部性。外部性有正外部性和负外部性之分。所谓正外部性，就是行为主体单独承担所有行动成本，而行动收益并不能排除其他行为主体而由其单独获得。所谓负外部性，就是行为主体单独获得其行动收益，而其他行为主体需要和其共同承担行动成本。正外部性带来的问题是公共产品或服务的“供给不足”，而负外部性带来的问题则在于公共资源的“过

度消耗”。

（一）流域生态治理中外部性的主要表现形式

流域中的水资源作为物质、能量、信息最为广泛的载体，使其具有强大的渗透性。地球上岩土的形成、大气的构成离不开水，生物的存在离不开水，人类的实践活动更离不开水。水的循环和三种形态的相互转化将大气圈、生物圈、人类圈、岩石圈融合为一个统一的整体。存在于水资源中的这一巨大关联性，会影响到以流域为单元的生态环境保护和自然资源开发利用不可避免地存在外部性。

1. 流域生态资源利用的负外部性

在一定流域、一定时期内，生态资源的可获取量是相对稳定的，对某一流域内生态资源的过度利用，将导致获取每单位产出的成本上升。以水资源为例，一个水权持有者在第 T 期若少抽取一单位的水，将会降低其他水权持有者在 T+1 时期的取水成本，但是不会得到相应的补偿;反之，若其增加取水量，将会增加其他水权持有者的取水成本。对于隶属于不同行政区划的上下游经济单元而言，上游的水权持有者增加取水量将影响到下游水权持有者的收益，而不必承担相应的成本。例如，自清代以来就存在的河西走廊取水权纠纷，其根本原因在于上游的过度取水导致下游取水困难，某些地区甚至无水可取。而西北地区多年平均降雨量远远低于蒸发量、水资源承载力低、农业灌溉区水资源需要量大以及生态环境脆弱更是加剧了地区与地区之间的取水矛盾。

2. 流域生态环境破坏的负外部性

流域内生态资源的过度开采和利用，造成对环境的破坏。比如水资源的过度开发利用，会产生地下水位的下降、海水倒灌和土壤盐碱化等生态环境退化问题，进一步降低水资源的再生能力。这就会造成流域内某一地区过量开采水资源，而由全流域来共同承担生态环境退化带来的成本。其最终的结果就是激发过量开采、利用水资源这一行为。2016 年湄公河流域的老挝、柬埔寨、越南、泰国经历了严重的流域性干旱，研究表明气候波动而带来的雨季开始时间后移是产生干旱的重要原因。但值得注意的是，湄公河流域各支流上都修建有不少大小型水库，本应会减少干旱对生态环境的破坏和对社会经济的影响。但由于缺乏统一的水量调度，各自无序蓄用水，导致上下游、干支流之间相互影响，加深了水文极端事件对生态环境的破坏程度。

而流域内人类的生产活动也会产生大量的废水、废气和废渣。这些废弃物如果不经处理，或处理不达标，排放后就会对流域生态环境产生影响。废弃物的大量累积，当其超过环境承载能力后，就会对流域生态环境产生不可逆的破坏。而当废弃物生产者不用承担其破坏生态环境的成本时，废弃物生产者就会产生极大的动机增加排放量，提高生产量。与此相对应，废弃物生产者也没有通过技术升级和改造而减少排放量的动机。长江流域总磷污染超标的一个重要原因就在于磷石膏这一固废的过度产出和排放。磷石膏固废处理难度大、综合利用效益低，因此，以往的磷石膏产出企业都是通过堆放来实现消纳。但是堆放对大气、土壤、河流产生的污染后果，通常由堆场周边，乃至长江沿岸全体居民来承担。这些都直接或间接导致磷石膏产出企业缺乏动力去开发磷石膏综合治理和利用的技术与产品。

3. 流域生态资源利用的正外部性

基于流域性重大工程的生态资源利用会带来较大的正外部性。以流域上的大型水利枢纽工程为例，其修建和调度运行会带来巨大的发电效益。大型水利枢纽工程还会发挥其巨大库容的调蓄作用，实现调峰补枯的功能。当面临流域性洪水时，大型水库的调度会确保沿岸居民生命财产安全。而当面临流域性干旱时，大型水库的调度会确保沿岸居民的用水安全。与此同时，大型水利枢纽还具有提高航运能力、保障农田灌溉、改善水生态环境等正外部性。

4. 流域生态环境保护的正外部性

流域生态环境保护的正外部性通常是通过流域性生态服务功能的提升表现出来的。例如，处于上游地区的水源地，因植树造林、截污治污、生态修复，都会为下游带来更为优质的水源、更大的环境容量，从而产生正外部性。处于流域下游的湿地，通过保护和修复会提升区域整体的生态多样性，并起到涵养水源、防洪抗旱的作用。此外，河流沿岸的环境保护和生态修复，还会带动周边土地价格的上涨，产生巨大的经济外部性。但是，如果这种生态环境保护带来的收益无法部分或全部转化为保护者的收益，那么就无法激励保护者持续开展生态环境保护。

（二）流域生态治理中外部性产生的主要原因

1. 生态资源的准公共物品属性是产生外部性的根本原因

一件物品，如果在消费它时他人能够被排除在外，我们就说它是排他性的；如果一个人的消费并不减少其他消费者可用量，我们就说它是非竞争性的。具有非排他性和非竞争性的物品被称为公共物品。公共物品为排除他人的使用和占用，需要建立规则，实施监督，以及惩罚越轨者，采取措施的代价非常高。而为避免公共物品的使用被免费搭车，所需的成本也非常高。

在一个相对封闭的流域内，生态资源具有非排他性和竞争性的性质。以水资源为例，某一流域每年的降雨量是相对稳定的（从概率统计的角度来分析，多年平均降水量是相对稳定的，不包括特别干旱和特别涝的年份），也就是说该流域的水资源可获取量是相对稳定的。水资源的公开获取性决定了其是非排他的。随着经济发展和人口的增长，可利用的水资源越来越少，原本被视为自由物的水，转变为稀缺的共有资源。当许多人使用同一流域内的水资源时，在使用上就具有竞争特性，此时的水资源就不是纯公共物品而是一种典型的准公共物品。

流域内生态资源产权不易界定，容易造成先来先用现象；生态资源的公开获取性质会造成资源的过度使用，并且随着需求量的大幅增加，生态资源的稀缺程度加重，边际收益越来越高，竞争利用的现象加剧。当生态资源的使用未加限制时，容易导致互相竞争，以至于使用者缺乏保护激励，加速该资源的耗竭。

另外，从生态资源产权实践的角度看，我国流域生态资源通常属于国家所有或集体所有。但在实际操作中，生态资源产权主体往往是虚置的，产权流于形式或权利被稀释，失去排他功能。

2. 生态资源的外部性造成“市场失灵”和“政府失灵”

古典经济学家认为，市场是一双看不见的手引导“经济人”在谋取自身利益的同时客观上促进社会福利，自利心对社会不仅没有坏处，甚至比社会关怀更能促进社会福利。但是市场机制发挥作用要有一定的前提条件或者说有一定范围的，前提条件就是产权必须是明晰的。公共产权是未加明确界定的产权，它将带来因“市场失灵”而导致的外部性。产权制度是市场机制发生作用的基本前提，只有把产权相关的责、权、利界定清晰并使其得到有效的保护与监督，才能充分调动资源所有者和经营者保护与合理利用资源的积极性。

在环境资源的开发利用中还有一片“市场失灵”空间，即那些没有市场价值的资源，如生物多样性、生态系统功能，以及许多没有被人们开发利用的动植物品种等。实际上，它们并不是没有价值，只不过是没有直接的使用价值罢了。以生态系统功能为例，如一片森林，可以涵养水分、保持水土、吸收二氧化碳从而减轻河流淤塞和污染，但这种没有直接使用价值的资源，在现实市场交易中价格为零，因而市场活动主体涉足这些领域动力不足或根本不愿投资，进而也不利于环境保护和生态平衡。

根据古典经济学理论，公共资源市场配置失灵的问题通常交由政府来解决。但在流域内往往缺乏一个统一的、实质意义上的政府机构来处理公共资源市场配置失灵的问题，这就造成了实际流域治理中的“政府失灵”。例如，流域内某地政府管辖范围内的企业通过上马污染型企业可以为该地方财政带来税收收益，而由此产生的环境污染影响或保护成本由流域内其他政府承担。因此，污染生产地的政府存在放松监管的动机，而导致事实上的环境管理失效。

二、推动区域合作是流域生态共治的主要目标

（一）高强度人类活动产生生态资源利用区域竞争

流域边界的形塑和演变由水循环的物理化学过程决定。水资源的自然循环主要有两种形式，即大循环和小循环。地球上的水在太阳辐射的作用下蒸发到空中，蒸发的水汽被气流输送到大陆，然后以雨、雪等降水形式落到地面，一部分形成地表径流，一部分渗入地下形成地下径流。地表径流和地下径流最终流回海洋，这就是水资源的大循环。仅在局部地区（陆地或海洋）进行的水循环称为水资源的小循环。无论是大循环还是小循环都是水的三种形态交替演变、相互转化的过程，是一个不可分的系统过程。总体而言，流域生态系统乃至经济系统都是依赖水而存在和发展的。与此同时，水作为流域各子系统的重要纽带，通过物质、能量、信息传递等方式，将流域生态系统和经济系统联结成为一个整体。

但是，人们开发利用流域生态资源总是以经济活动范围为空间边

界。在历史上这种经济活动边界曾经是以部落、种族、村落的活动范围为依归，而在现在这种经济活动边界通常表现为行政边界。不同的行政边界内的经济实体代表了不同的区域利益。所谓区域利益，是指在一定社会生产方式下，由经济上具有同质性或内聚性且构成空间单元具有一定的共同利益的彼此邻接的地区所组成的经济区的主体预先设定的或通过区域经济活动实现的、能满足特定区域内主体需要的一定质与量的客观对象，它体现在区域竞争过程之中，通过区域经济联系实现。[①]流域生态资源利用中的区域利益不仅仅是指由生态资源本身所带来的利益，它还是指由生态资源关联性所带来的利益的集合。生态资源利用中的区域利益是指在一定的社会生产方式下，由生态资源这一区域利益客体所引发的，可满足企业、用水组织、地方政府、中央政府等利益主体需要的利益总和。

当社会生产力较低时，对生态资源的开发利用并不会较大影响流域生态系统整体性和各子生态系统之间的联系性。此一时期，以行政边界最优化生态资源开发利用活动，追求区域经济利益最大化，并不会产生较大的区际竞争，且不会影响流域整体生态系统的可持续性。但随着人类活动强度的不断增加，以行政单元追求生态资源利用效益最大化，必然会引起区域竞争。

因此，生态资源利用区域竞争是一种特殊的竞争形式，它是一个区域内一个或多个利益主体代表通过开发利用生态资源与其他区域为获取同样开发利用权力及其附属经济价值而展开的角逐与较量。

（二）生态资源利用区域竞争会扩大区域经济差距

生态资源开发利用在区域经济发展中起着至关重要的作用。生态

① 张可云：《区域大战与区域经济关系》，民主与建设出版社2001年版，第175–182页。

资源利用的差距势必会引致区域经济差距，进而引起产业结构、人口素质、社会心理等多方面的差距。根据循环累积因果理论，在一个动态的社会过程中，社会经济各因素之间存在着循环累积的因果关系。因此，生态资源利用中的差距在循环累积因果效应的作用下会加剧区域经济差距。

在区域经济差距较大时，区域企业间的矛盾很容易升级为区域集团间的利益对抗，引发大规模的区域利益矛盾，造成更大的社会利益损失。同时，地方政府尤其是落后地区的地方政府会有采取地方保护措施的倾向。

（三）生态共治有利于深入推进区域间全方位合作

区域间的生态资源利用竞争既可能是区际冲突的开端，又可能是区域合作的起点。区域利益矛盾激化可能会引发区际冲突，即区域经济主体为追求区域利益而采取的有损于其他区域或整个社会利益，从而使区域经济关系偏离理想的区域均衡状态。但是，区域经济主体通过生态合作，站在流域全局的高度规划和开发利用生态资源，就会带来新的流域性整体利益。总体而言，在流域层面开展生态共治会实现如下几个方面的效益：

一是增加对流域生态的保护效益，即有利于应对流域水质、湿地和生物多样性退化，改善水质，保持河流特性、生物多样性和整体可持续性。

二是增加从流域生态获得的收益，即有利于改善水资源管理，促进水力发电和农业生产、提高防洪抗旱能力、增加航运收益、发展与流域生态利用相关的产业。

三是减少区域竞争带来的成本，即减少因恶性竞争而带来的资源开发利用收益降低、成本提高，减少因恶性竞争而带来的额外生态环境保护的成本。

四是获取流域生态资源利用以外的收益，即通过合作推动区域基础设施、市场和贸易一体化，实现区域间的全方位合作。

三、集体行动困境是流域生态共治的关键障碍

集体行动困境是指在一个群体中，每个成员都有自己的个人利益，但为了整个群体的利益，需要采取某种共同的行动。然而，由于每个成员可以选择是否参与这种行动，以及他们是否能从中获益，可能会出现一种情况，即使对整个群体来说采取行动是最优选择，但每个个体可能会选择不参与，因为他们可以从其他人的行动中受益而不承担相应的成本。例如，减少碳排放对全球环境有益，但个人却可能不愿意减少自己的碳排放，因为这需要个人付出成本，而环境变化的效果却是全体人员共担的。在这种情况下，如果每个人都只考虑自己的利益，最终可能导致整个群体无法采取有效的行动，从而损害整个群体的利益。

（一）不合作风险阻碍生态共治中集体行动的实施

在流域生态共治的集体行动中，存在三类不合作风险。首先是不协作风险，即行为者可能会寻求搭便车或隐瞒自己的贡献能力，而使合作谈判无法达成一致；其次是分配风险，其源于合作发生后可能存在的成本和收益分配分歧，而成本和收益大小的不确定性会放大此风险，进而影响合作的可持续性；最后是背叛风险，即外部环境发生变化或合作承诺无法得到有效监督时，机会主义的行为方式将会使得合作协议无法得到落实，该风险主要来源于现有合作制度设计是否完备以及是否得到完全的执行。

根据赫伯特·西蒙“经济人”有限理性理论，生态共治参与方的合作行为都是有限理性的，具有风险厌恶的行为特征，并基于合作风

险和回报做出参与集体行动的决定。合作风险会造成合作收益的不确定性，甚至合作失败会造成损失，因此合作风险会降低合作的预期收益。同时，合作风险也会影响到交易成本，制定和实施合作协议的许多交易成本来自于减少失败可能性的努力，其中协调风险增加了搜索和信息成本，分配风险增加谈判成本以及背叛风险增加监督和执行的成本。生态共治中存在的合作收益不确定性、合作失败损失以及需要额外付出的交易成本，都阻碍了生态共治集体行动的执行。

（二）激励相容和参与约束是生态共治的原则

要解决流域生态环境保护中的集体行动困境，需要建立起跨地区、跨利益相关方的合作机制，促进信息共享、利益协调，以及建立有效的治理机制和政策框架，从而实现流域生态环境的可持续保护和管理。根据赫维茨的机制设计理论，对于任意给定的一个经济或社会目标，在自由选择、自愿交换、信息不完全等分散化的决策条件下，要使经济活动参与者的个人利益和设计者的既定目标一致，必须遵循激励相容和参与约束两个条件。

激励相容是指各方所面临的激励结构和目标是一致的，从而促进彼此之间的合作和共同努力。这种相容性确保了合作的可行性和可持续性，因为各方在保护生态环境方面的努力会得到奖励，而不会因为合作而面临损失或者竞争。首先，合作各方都能从生态环境的保护中获益，而这种保护对于每个参与者来说都是有价值的。例如，通过减少污染、保护生物多样性等方式改善生态环境不仅能提高生活质量，还能促进经济可持续发展。其次，合作各方都能意识到生态环境保护的重要性，因此愿意共同承担相关的风险和责任。这种共担风险的态度可以增强合作的信任和稳定性。再次，合作各方面临的激励与目标是一致的。例如，政府可能通过提供奖励或者补贴来鼓励企业采取环保措施，而企业也能从中获得经济利益，这就形成了激励相容性。最后，合作各方之间信息透明度高，能够充分了解彼此的行为和决策，从而形成合理的预期和期望，促进合作关系的建立和维护。

参与约束是指在某一合作或协作机制中，参与者为了维持他们的参与，需要确保他们所获得的收益要大于他们在其他可能的选择中所付出的机会成本。换句话说，参与者需要通过参与某项活动或合作来获得足够的回报，使得他们愿意继续参与，否则他们可能会选择退出或转向其他活动。在生态环境保护合作中，参与约束通常涉及确保各方参与生态环境保护活动后能够获得一定的收益或者补偿，以弥补他们为此付出的成本和努力。这种补偿可以是经济性的，比如给予财政奖励、补贴或者其他经济激励；也可以是非经济性的，比如提供技术支持、提供培训或者提供其他形式的资源支持。通过确保参与者能够获得足够的回报，可以增加他们继续参与合作的动力，从而促进合作的顺利进行和可持续发展。

（三）生态共治合作机制选择取决于合作事项复杂程度

生态共治合作机制的选择取决于合作事项的复杂程度和参与方数量的多少。其原因在于，这两个方面决定了生态共治合作中存在风险的大小以及可能需要付出的交易成本的大小。根据费洛克的制度性集体行动框架，合作机制可以分为嵌入关系机制、合同关系机制和授权关系机制三种。通过政府授权的合作安排，进入或退出关系的交易成本最高，而基于自愿关系和社会约束的合作安排的交易成本最低。

1. 嵌入关系机制

在嵌入式关系下，区域之间的合作协议是通过社会、经济和政治关系网络而非正式权威来协调和执行的。这种合作机制保留了参与方决定和调整合作事项的权力，使参与方能够根据当地条件以及合作事项的特点决定非正式合作行为的规则。这种合作机制实施的交易成本最低，但却仅适用于合作事项简单、利益冲突较小、参与方较少的生态共治行动。

2. 合同关系机制

科斯定理表明，在因谈判和执行而带来的交易成本的背景下，合同关系可以解决各种外部性问题。地方政府之间签订合作协议后，会在法律上约束自己采取相互行动。由于合同关系需要当事人的同意，因此基于合同的机制保留了地方行为者的自主性，同时为解决各方关注的外部性问题提供了一个更正式的机制。这种合作机制，在实施前需要参与各方自愿同意，而在实施后则对地方政府具有较强的约束力。这种合作机制有利于解决竞争冲突不大、合作后收益提升明显的生态共治事项，而且其所需要付出的交易成本也不大。

3. 授权关系机制

在授权关系机制下，参与合作的地方政府共同将某类权力授权给一个新成立的联合机构，由其代表地方政府开展生态共治行动，从而将集体行动困境问题内部化。在该机制下，参与合作的地方政府会失去部分自治权，并且会付出较高的交易成本。但是这种机制所带来的防止不合作风险的能力也是最强的，比较适合用于解决利益冲突较大、参与方较多且不清晰、合作事项错综复杂的生态共治行动。

第二节
新时代流域生态共治的理论发展

随着人类社会改造自然能力的增强，人类的破坏性活动日益超出自然的自我调节和修复能力，经济增长与生态环境保护就逐步变成一对矛盾体。发达国家大都经历过“先污染后治理”的发展历程，在社会财富极大丰富的同时，也付出了惨痛的生态环境代价。发达资本主义国家发展过程中经历的这一教训本身值得我国借鉴。但改革开放以来，伴随着经济的快速发展，我国的环境污染问题也显现出来。许多地方、不少领域没有处理好经济发展同生态环境保护的关系，以无节制消耗资源、破坏环境为代价换取经济发展，导致能源资源、生态环境问题越来越突出。我们所希望的避开发达国家“先污染后治理”发展路径的愿望并没有实现，甚至发展成“边污染边治理”，如果不改变这种经济发展模式，资源环境将难以支撑中国的可持续发展。党的十八大以来，以习近平同志为核心的党中央，基于社会主义初级阶段这个中国特色社会主义总依据，着眼于实现社会主义现代化和中华民族伟大复兴总任务，反复强调要统筹推进中国特色社会主义经济建设、政治建设、文化建设、社会建设、生态文明建设“五位一体”总体布局，针对生态文明建设，要求从源头上扭转生态环境恶化趋势，为人民创造良好生产生活环境，努力建设美丽中国，实现中华民族永续发展。生态环境保护与治理是生态文明建设的重要内容。习近平总书记关于生态环境保护的一系列重要论述，是习近平生态文明思想的重要组成部分，是长江经济带生态共治的理论基础和行动指南。

一、良好的生态环境是最普惠的民生福祉

习近平总书记指出：“良好生态环境是最公平的公共产品，是最普惠的民生福祉。”[①] 这一理念源自我们党全心全意为人民服务的根本宗旨。在我们党 100 多年的奋斗历程中，改善民生、造福人民始终是目标追求。习近平总书记强调，生态环境是关系党的使命宗旨的重大政治问题，也是关系民生的重大社会问题。[②] 坚定走生产发展、生活富裕、生态良好的文明发展道路，建设美丽中国，提供更多优质生态产品以满足人民日益增长的优美生态环境需要，是新时代我们党始终把人民放在心中最高位置，始终全心全意为人民服务，始终为人民利益和幸福而不懈奋斗的必然选择。

2018 年 4 月，在武汉座谈会上，习近平总书记就指出：“生态环境保护的成败归根到底取决于经济结构和经济发展方式。发展经济不能对资源和生态环境竭泽而渔，生态环境保护也不是舍弃经济发展而缘木求鱼，要坚持在发展中保护、在保护中发展，实现经济社会发展与人口、资源、环境相协调，使绿水青山产生巨大生态效益、经济效益、

① 中共中央文献研究室：《习近平关于社会主义生态文明建设论述摘编》，中央文献出版社 2017 年版，第 4 页。

② 习近平：《习近平著作选读》第二卷，人民出版社 2023 年版，第 169 页。

社会效益。”[①]

在南昌座谈会上，习近平总书记指出，长江经济带生态环境保护和修复取得重大成就，“一江碧水向东流”美景重现。[②]长江经济带生态向好，无疑是符合广大人民对优美生态环境需要这个民生福祉的。民生福祉依赖于经济高质量发展。对此，习近平总书记把目光投向长远的未来，指出，推动长江经济带高质量发展，根本上依赖于长江流域高质量的生态环境。[③]这就把统筹推进生态环境保护和经济社会发展结合起来，就是把良好的生态环境这个最普惠的民生福祉放在了心上。

二、把修复长江生态环境摆在压倒性位置

当经济发展与环境保护两个对立统一的问题同时呈现在人们面前的时候，习近平总书记指出：“中国明确把生态环境保护摆在更加突出的位置。我们既要绿水青山，也要金山银山。宁要绿水青山，不要金山银山，而且绿水青山就是金山银山。我们绝不能以牺牲生态环境为代价换取经济的一时发展。”[④]一旦经济发展与生态保护发生冲突和矛盾时，必须毫不犹豫地把保护生态放在首位而绝不可再走用绿水青山去换金山银山的老路。

2016年1月，在重庆座谈会上，习近平总书记明确指出：“长江拥有独特的生态系统，是我国重要的生态宝库。当前和今后相当长一

① 习近平：《习近平著作选读》第二卷，人民出版社2023年版，第152页。

② 《进一步推动长江经济带高质量发展　更好支撑和服务中国式现代化》，《人民日报》，2023年10月13日，第1版。

③ 《进一步推动长江经济带高质量发展　更好支撑和服务中国式现代化》，《人民日报》，2023年10月13日，第1版。

④ 中共中央文献研究室：《习近平关于社会主义生态文明建设论述摘编》，中央文献出版社2017年版，第20–21页。

个时期，要把修复长江生态环境摆在压倒性位置，共抓大保护，不搞大开发。要把实施重大生态修复工程作为推动长江经济带发展项目的优先选项，实施好长江防护林体系建设、水土流失及岩溶地区石漠化治理、退耕还林还草、水土保持、河湖和湿地生态保护修复等工程，增强水源涵养、水土保持等生态功能。”①

三、绿水青山就是金山银山

习近平总书记著名的“绿水青山就是金山银山”的科学论断，充分体现了尊重自然、重视资源价值、谋求人与自然和谐发展的价值理念，是对马克思主义核心价值理论的传承和发展，是当代中国的东方智慧。从发展观的角度看，实现绿水青山就是得到金山银山，其实质就是要实现经济生态化和生态经济化。贫穷不是生态文明，发展不能破坏环境。一方面，要保护生态和修复环境，经济增长不能再以资源大量消耗和环境毁坏为代价，引导生态驱动型、生态友好型产业发展，即经济的生态化；另一方面，要把优质的生态环境转化成居民的货币收入，根据资源的稀缺性赋予它合理的市场价格，尊重和体现环境的生态价值，进行有价有偿的交易和使用即生态的经济化。经济生态化的发展需要我们树立正确的价值观，以结构调整为抓手，转方式，调结构，改导向，提质量；生态经济化的推进需要我们推动产权制度化，实施水权、矿权、林权、渔权、能权等自然资源产权的有偿使用和交易制度，实施生态权、排污权等环境资源产权的有偿使用和交易制度，实施碳权、碳汇等气候资源的有偿使用和交易制度等。②

① 中共中央文献研究室：《习近平关于社会主义生态文明建设论述摘编》，中央文献出版社 2017 年版，第 69 页。

② 毛华兵、孟桢：《马克思主义自然观与美好生活》，人民出版社 2022 年版，第 103 页。

四、生态保护和环境治理是系统工程

长期地方工作的具体实践，使习近平总书记深刻认识到生态保护与环境治理是一项复杂的系统工程，必须作为重大民生实事紧紧抓在手上。要坚持标本兼治和专项治理并重、常态治理和应急减排协调、本地治污和区域协调相互促进，多策并举，多地联动，全社会共同行动。

2016 年 1 月，重庆座谈会上，习近平总书记指出：“要增强系统思维，统筹各地改革发展、各项区际政策、各领域建设、各种资源要素”，“要促进要素在区域之间流动，增强发展统筹度和整体性、协调性、可持续性，提高要素配置效率”。[①]

2018 年 4 月，武汉座谈会上，习近平总书记指出，长江流域“生态环境协同治理较弱，难以有效适应全流域完整性管理的要求”[②]，强调要“完善省际协商合作机制，协调解决跨区域基础设施互联互通、流域管理统筹协调的重大问题”[③]。

2020 年 11 月，南京座谈会上，习近平总书记重点强调要“构建综合治理新体系，统筹考虑水环境、水生态、水资源、水安全、水文化和岸线等多方面的有机联系，推进长江上中下游、江河湖库、左右岸、干支流协同治理”[④]。

2023 年 7 月在北京召开的全国生态环境保护大会上，习近平总书记指出：“对突出生态环境问题采取有力措施，以重点突破带动全局工

① 中共中央文献研究室：《习近平关于社会主义生态文明建设论述摘编》，中央文献出版社 2017 年版，第 69-70 页。
② 习近平：《论坚持人与自然和谐共生》，中央文献出版社 2022 年版，第 210 页。
③ 习近平：《论坚持人与自然和谐共生》，中央文献出版社 2022 年版，第 221 页。
④ 习近平：《论坚持人与自然和谐共生》，中央文献出版社 2022 年版，第 265-266 页。

作提升。同时，要强化目标协同、多污染物控制协同、部门协同、区域协同、政策协同，不断增强各项工作的系统性、整体性、协同性。”①

2023 年 10 月，南昌座谈会上，习近平总书记强调：“要坚持把强化区域协同融通作为着力点，沿江省市要坚持省际共商、生态共治、全域共建、发展共享，增强区域交通互联性、政策统一性、规则一致性、执行协同性，稳步推进生态共同体和利益共同体建设，促进区域协调发展。”②

2023 年 11 月，在上海召开的深入推进长三角一体化发展座谈会上，习近平总书记指出：“长三角区域要加强生态环境共保联治。加强三省一市生态保护红线无缝衔接，推进重要生态屏障和生态廊道共同保护，加强大气、水、土壤污染综合防治，深入开展跨界水体共保联治，加强节能减排降碳区域政策协同，建设区域绿色制造体系。”③

五、高质量的发展依赖于高质量的生态环境

党的二十大报告提出，高质量发展是全面建设社会主义现代化国家的首要任务。高质量发展不只是一个经济要求，而且是对经济社会发展方方面面的总要求，生态文明建设也必须追求高质量。习近平总书记在全国生态环境保护大会上强调：“以高品质生态环境支撑高质量发展，加快推进人与自然和谐共生的现代化。”④强调人与自然和谐共生是中国式现代化的本质要求，既加深了对自然规律的认识，也开启了

① 习近平：《推进生态文明建设需要处理好几个重大关系》，《求是》，2023 年第 12 期。

② 《进一步推动长江经济带高质量发展　更好支撑和服务中国式现代化》，《人民日报》，2023 年 10 月 13 日，第 1 版。

③ 《推动长三角一体化发展取得新的重大突破　在中国式现代化中更好发挥引领示范作用》，《人民日报》，2023 年 12 月 1 日，第 1 版。

④ 习近平：《推进生态文明建设需要处理好几个重大关系》，《求是》，2023 年第 12 期。

中国式现代化的新道路。大力推进生态文明建设，走中国式现代化道路，体现了中国式现代化具有生态前瞻性和发展永续性。

2023年10月，南昌座谈会上，习近平总书记进一步强调：“从长远看，推动长江经济带高质量发展，根本上依赖于长江流域高质量的生态环境。要毫不动摇坚持共抓大保护、不搞大开发，在高水平保护上下更大功夫，沿江各地生态红线已经划定，必须守住管住……协同推进降碳、减污、扩绿、增长。”①

① 《进一步推动长江经济带高质量发展　更好支撑和服务中国式现代化》，《人民日报》，2023年10月13日，第1版。

第三节
长江经济带生态共治的主要措施

党的十八大以来，在党中央集中统一领导和部署下，国务院相关部委、长江经济带沿线各地方和各部门围绕“生态共治”这一主题，在以跨省共同立法统领流域全面生态共治、以司法协作落实跨省生态环境损害赔偿、以省际联席会议机制推动生态环境保护、以空间功能单元共建共管优化生态格局、以水量分配确保全流域水生态系统健康、以十年禁渔促进全流域水生态自然恢复、以市场机制推进跨省横向生态保护补偿等七个方面展开积极探索，长江生态环境保护取得明显成效。

一、以跨省共同立法统领流域全面生态共治

（一）《中华人民共和国长江保护法》的颁布和实施

《中华人民共和国长江保护法》是我国第一部流域的专门法律，它对于贯彻落实习近平生态文明思想和党中央决策部署，加强长江流域生态环境保护和修复，促进长江经济带建设和发展，实现人与自然和谐共生、中华民族永续发展，具有重大意义。该法针对长江保护中所面临的部门

分割、地区分割等体制和机制问题，坚持系统观念，加强规划、政策和重大事项的统筹协调，力争在法律层面有效增强长江保护的系统性、整体性、协同性，进而在实践层面有效推进长江上中下游、江河湖库、左右岸、干支流协同治理。

《中华人民共和国长江保护法》突出强调长江保护的系统性、整体性、协同性。该法明确要建立长江流域协调机制，统一指导、监督长江保护工作；支持地方根据需要在地方性法规和政府规章制定、规划编制、监督执法等方面开展协同协作；充分发挥长江流域发展规划、国土空间规划，以及生态环境保护规划、水资源规划等规划的引领和约束作用；推动山水林田湖草整体保护、系统修复、综合治理。

《中华人民共和国长江保护法》对于生态共治的意义在于明确规定要建立长江流域地方协调机制，促进区域治理协同，创新流域地方层面的统筹协调。[①] 该法规定，长江流域相关地方根据需要建立长江流域地方协作机制，协同推进长江流域生态环境保护和修复。长江流域地方协作机制的协作事项主要有三个方面：一是地方协作立法。地方协作立法包括制定地方性法规和地方性政府规章，是地方在政府合作背景下所开展的区域立法协调活动，通过建立联络协调机构或机制等方式，就立法调研、立法清理和立法规划等立法活动展开地方合作。2015 年《中华人民共和国立法法》将地方立法权扩大到设区的市，包括城乡建设与管理、环境保护、历史文化保护等方面事项的地方立法权。地方协作立法具有广阔的空间。二是地方协作编制规划。《中华人民共和国长江保护法》针对长江大保护中特别突出的规划编制无法协调的问题，在第二章中建立了完整的长江流域规划体系，明确了各类

① 邱秋：《多重流域统筹协调：〈长江保护法〉的流域管理体制创新》，《环境保护》，2021 年第 3–4 期。

规划的效力，有助于各级、各类规划在编制内容和编制程序上的对接。三是地方协作监督执法等。通过协调议事、联合执法、执法协作、信息通报等方式，各级地方政府开展必要的流域合作监督、合作执法。

（二）长三角生态环境保护协同立法

长三角三省一市地缘相近，联系紧密，在发展过程中面临着一些共性的问题。开展区域协作特别是区域立法协作是推动长三角三省一市协调、均衡发展的重要举措。2014 年，长三角协同立法实现“零的突破”。沪苏浙皖共同推进大气污染防治地方立法，三省一市共同商定示范性条款文本，也就是“一个文本，四家通过”。在三省一市各自制定或修改的大气污染防治条例中，均以专章规定“长三角区域大气污染防治协作”，明确联防联控，以高度的协调性共同打响蓝天保卫战。

2018 年 7 月 5 日，上海、江苏、浙江、安徽三省一市在杭州召开了长三角地区人大常委会主任座谈会，签署了《关于深化长三角地区人大常委会地方立法工作协同的协议》，明确将环境整治联防联控作为立法协作重点领域之一，共同加强地方立法工作协同、强化监督工作联动、协同讨论决定重大事项、协同开展代表活动等；并组成联合课题组开展课题研究，积极开展地方立法理论与实践研究的协作，加强重大立法项目的联合攻关等，发挥地方立法对长三角地区更高质量一体化发展的推动作用。

2021 年，为更好贯彻落实《中华人民共和国长江保护法》，上海、江苏、浙江、安徽协同制定并同步施行《关于促进和保障长江流域禁捕工作若干问题的决定》。该决定在文本上总体是一致的，特别在关键条款上是完全一致的，分别明确了总体要求、禁捕区域和期限、政府及部门责任、联动机制、违法行为处置、长三角合作等。

2021 年 7 月，为推动长江船舶污染防治，破解长江船舶污染难题，长三角地区人大常委会主任会议明确提出由江苏牵头、沪皖跟进，推进长江船舶污染防治协同立法。到 2023 年,二省一市均颁布实施了《长江船舶污染防治条例》，并设长江三角洲区域合作专章，明确长江三角洲区域相关省市要加强船舶污染防治沟通协调，协商解决船舶污染防治重大事项，推进船舶污染防治区域协作。长江三角洲区域相关省市有关部门要建立沟通协调机制，促进省际船舶污染防治联防联控，共享船舶污染监测预警、船舶污染物跨区域接收转运处置、船舶污染事故处置、船舶污染防治信用等信息，建立执法联勤联动、应急协作和信用联合惩戒等机制。

2023 年 5 月，中央区域协调发展领导小组办公室印发《推动长三角一体化发展 2023 年重点工作安排》，明确“推动沪苏浙三省（市）研究制定示范区一体化高质量发展法规，强化示范区改革创新法治保障”，沪苏浙有关部门随即开始推进协同立法，共同起草了条例草案范本。2024 年 1 月，沪苏浙协同颁布了《促进长三角生态绿色一体化发展示范区高质量发展条例》，明确要建立理事会、执委会职能推进区域合作、对政府间协议的监督管理；明确要优化示范区国土空间布局，完善区域一体化空间治理机制；明确生态环境保护的重点是统筹推进生态环境联保共治与绿色发展。

（三）赤水河流域三省共同立法保护

云贵川三省在 2018 年建立跨省生态补偿机制后，赤水河流域生态保护和环境治理取得积极成效。但由于各省行政区域内的流域功能定位、产业布局、保护方式和执法标准等存在差异，“分河而治”带来的流域管理难题还较为突出，需要以系统观念和法治思维推进共同保护。2021 年，为了进一步推进赤水河流域保护，四川省、云南省、贵州省三省人民代表大会常务委员会根据《中华人民共和国长江保护法》，同时出台了各地的《加强赤水河流域共同保护的决定》以及《赤水河流域保护条例》。三省采取“决定+条例”的创新方式，坚持“赤水河全流域保护一盘棋”的战略思维，从流域综合治理、系统治理、依法治理的角度，聚焦上下游、左右岸、干支流之间产业布局、发展需求、环境准入、污水排放标准、环境监管执法等不一致带来的难点焦点问题，着力于跨行政区域的协调配合、联防联控，以系统性思维和法治观念完善三省协同保护机制，形成上下游联动、干支流统筹、左右岸合力，推动省际跨区域生态环境保护共同治理，构建赤水河流域共抓大保护新格局。

三省坚持统筹协调、科学规划、创新驱动、系统治理，全面开展立法、执法、司法、普法、监督和规划、防治等领域的协同配合，确保赤水河流域水资源有效保护和合理利用、水环境质量明显改善、水生态功能显著提升，全面协同推进赤水河流域经济社会绿色低碳循环发展，实现人与自然和谐共生。

三省人民政府共同建立赤水河流域联席会议协调机制，统筹协调赤水河流域保护重大事项，协商解决赤水河流域保护重大问题，并明确具体部门承担联席会议协调机制的日常工作。

三省共同加强赤水河流域自然资源破坏、生态环境污染、生态系统损害等行政执法联动响应与协作，统一执法程序、处罚标准和裁量基准，定期开展联合执法。

（四）湘鄂武陵山酉水河联动协同立法

2011年10月，经国务院批准成立武陵山龙山来凤经济协作示范区，成为当时全国14个集中连片特困地区唯一的跨省经济协作示范区。流经来凤、龙山的酉水河由于流域内的无序开发，工农业生产、生活废水及垃圾污染，导致水土流失严重，生态环境日益恶化。为了解决酉水河跨行政区域环境污染问题，从2015年起，湖北省恩施自治州和湖南省湘西自治州人大常委会成立酉水河保护立法工作协调小组，通过充分协商，形成立法共识，两州分别按立法程序同步立法，《恩施土家族苗族自治州酉水河保护条例》《湘西土家族苗族自治州酉水河保护条例》分别于2016年9月、2017年1月先后出台。通过协作立法，解决了过去多头执法问题，建立了跨行政区域联动协调保护机制，形成了县市之间、州内州外共同保护酉水河的格局。龙山、来凤两县围绕城区酉水河段协作共建龙凤双城酉水河景观带，两岸纳入自然保护地和湿地管理，两岸第一层山脊内林地全部纳入公益林管理，25°以上坡度耕地全部纳入退耕还林还草范围。两县共同全面推进长江流域禁捕退捕工作，持续抓好河长制工作，清理河道网箱、封存船舶、上岸渔网，水质达标率100%。两县共同实施沅江酉水干流（龙凤示范区）水生态修复与治理，全面加强小微水体综合整治和城乡污水处理，建立完善河（库）和污染源企业“问题、目标、措施、责任”4张清单，整合关闭露天采石场，复垦复绿，城市环境空气质量优良率达95.5%以上，生态环境持续向好。

二、以司法协作落实跨省生态环境损害赔偿

（一）长三角区域生态环境保护司法协作

长三角区域司法协作最初源于1993年的环太湖地区司法协作会议，共13家成员单位参加。随着长三角地区经济发展与司法联动协作需求的增加，环太湖地区司法协作会议演变为长三角地区部分基层法院司法协作会议。长三角地区逐渐形成了定期召开长三角地区法院工作会议的协作形式。

2019年12月，中共中央、国务院印发《长江三角洲区域一体化发展规划纲要》，标志着长三角一体化发展进入全面提升的新阶段。贯

彻落实长三角一体化发展国家战略，是长三角地区各家海事法院围绕中心服务大局的重点工作。长三角区域各家海事法院积极通过线上视频会议针对海事审判疑难复杂问题进行交流研讨，互相邀请法官交流授课。部分海事法院积极联合长三角区域党委政府、司法机关、执法机关开展长三角地区法律问题研讨、普法宣传教育等活动，促进长三角区域执法标准统一和社会和谐稳定。

2019 年 11 月，长三角“三省一市”四地高级人民法院共同签署了环境资源司法协作框架协议，在省级层面建立了环境资源审判协作机制，形成了长三角地区协同共治生态环境司法保护新格局。2020 年 11 月，为进一步加强长三角区域环境资源审判协同性，全面构建长三角区域环境资源司法保护协作体系，上海、杭州、南京、嘉兴、湖州、宣城六城市法院在浙江湖州联合签署了《长三角环境资源司法协作框架协议实施细则》。该协议按照区域一体保护、资源信息共享、依法高效务实的原则，由六城市法院协商拟订。协议主要涉及司法协助、审判执行、交流合作、工作保障四方面十六条，涵盖了环境资源案件信息资源共享、跨域立案、联合执行、专项审理、矛盾纠纷多元化解、共建修复基地等多个领域，具有系统全面、操作性强等特点。同时，还成立了六城市环境资源司法协作工作领导小组，统筹推进各项协作机制和具体协作事项的落实。

2020 年 9 月，上海市高级人民法院、江苏省高级人民法院、浙江省高级人民法院、安徽省高级人民法院召开第十二届长三角地区法院司法协作工作会议，以“加强一站式建设，打造现代化诉讼服务新高地”为主题，共同签署《长三角地区法院一站式多元解纷和诉讼服务体系建设司法协作框架协议》，在已有的跨域立案、委托执行、跨域法官会议等基础上，进一步推进了一站式多元解纷机制的发展。

2022年10月，青浦区人民法院、吴江区人民法院、嘉善县人民法院共同签署《长三角生态绿色一体化发展示范区人民法院生态环境保护司法协作备忘录》，并联合签发《长三角生态绿色一体化发展示范区人民法院环境资源案件跨域专业法官会议实施方案》。该两份文件的制定，完善了示范区环境资源司法协作机制，为推进长三角环境资源审判一体化提供了强有力的抓手。《长三角生态绿色一体化发展示范区人民法院生态环境保护司法协作备忘录》以组建联合办案团队，建立跨域专业法官会议机制、联动办案机制、通报宣传会商机制、生态司法示范基地共建机制、人才交流培养共享机制等五大机制为抓手，为深入推进示范区环境资源审判一体化工作提供组织和机制保障。《长三角生态绿色一体化发展示范区人民法院环境资源案件跨域专业法官会议实施方案》则首次对示范区环境资源跨域专业法官会议的职责、参加人员、召集、讨论案件范围、议事规则、意见效力等作出明确规定，确立了示范区法院跨域专业法官会议的长效机制，为构建示范区环境资源跨域专业法官会议机制打牢制度基础，为示范区环境资源案件承办法官正确理解和准确适用法律提供咨询意见，以促进示范区环境资源案件适法统一。

（二）长江中游生态环境保护司法协作

2021年4月，《长江中下游环资司法协作框架合作协议》在九江签订，参加签订协议的六地市法院共同探索以流域、自然保护地等生态功能区为单位的环境资源跨区域一体化保护，为长江中下游区域生态环境资源保护和绿色发展提供更加优质高效的司法服务和保障。协议规定，建立司法协助、审判执行、交流合作、工作保障等9类工作机制，涵盖环境资源案件跨域立案服务、一体化处理、专项审理、矛盾纠纷多元化解、跨域联合执行、交流会商、信息资源共享、联合业务培训、共建修复基地等多个领域。根据《协议》，六地市法院将从环境资源纠纷诉源治理到生态环境修复，从审执业务到信息资源共享全方位开展合作，不断突破环境资源保护区域壁垒，全力打造跨流域、跨区域司法协同。

2022 年 2 月，湖南省长沙市中级人民法院、武汉海事法院在长沙联合签署《长江中游跨区域环境资源司法协作框架协议》，就依法审理环资刑事案件、加强环资民事审判、依法监督支持行政机关履行环境监管职责、跨区域环境公益诉讼和生态环境损害赔偿诉讼、恢复性司法实践、信息资源共享、环保禁止令、司法协作、生态修复协同、业务交流协作、完善环资行政执法与司法衔接、环资审判共享专家库、新闻宣传协作机制等 13 个方面的内容达成全面合作。

2023 年 5 月，湖南、湖北、江西三省高院共同签署《长江中游生态环境司法保护协作框架协议》。根据该框架协议，三省将组建成立长江中游生态环境司法协作工作领导小组，发挥法院环境资源审判职能，打破行政区划界限和壁垒，推动长江中游全流域联动，构建起区域互动合作的司法保障新机制。框架协议明确进一步促进长江中游地区江河湖泊、干支流、左右岸区域联动互补，特别是针对长江流域环境污染和破坏渔业、林业、矿业、野生动植物等资源犯罪，组织开展专项调研，统一法律适用标准和裁判尺度，为长江生态环境保护提供更加优质高效的司法保障。该框架协议的签订可以促进跨省的区域协作，打破相关部门和地区的限制，为环境保护提供有力支撑。

2023 年 9 月，湖北省黄冈市人民检察院、黄梅县人民检察院和安徽省宿松县人民检察院公益诉讼部门共同举办了长江流域、龙感湖流域跨区域生态环境保护公益诉讼协作机制座谈会。通过磋商，三方最终明确了建立办案信息共享制度、线索移送反馈机制、开展专项行动等多项具体协作内容，联合会签了长江流域、龙感湖流域《跨区域生态环境保护公益诉讼协作机制的意见书》。协作机制旨在充分发挥检察机关职能，综合运用打击、预防、监督、教育、保护等法律监督手段，加强长江流域、龙感湖流域生态环境和资源保护，坚决制止和惩处破坏生态环境和资源保护行为，破解长江流域、龙感湖流域保护“上下不同步、两岸不同行”等难题。意见书的签订，标志着三地检察机关正式开启跨区域公益诉讼协作工作，通过建立信息互通、工作交流、案件协作、联合行动等机制深化跨区域合作层次，提升合作质效，共同推进长江流域、龙感湖流域生态环境和资源保护领域综合治理，为流域生态文明建设提供高效服务和有力保障。

（三）长江上游生态环境保护司法协作

2019 年 5 月，重庆、四川、贵州、云南、西藏、青海六省区市的省级人民检察院共同发布《关于建立长江上游生态环境保护跨区域检察协作机制的意见》，聚焦要求最迫切的突出环境问题，在生态环境资源案件的办理中涉及的信息共享、线索移送、异地管辖、协助调查等方面加强协作配合，形成同防同治监督合力，打造长江上游保护共同体。综合发挥刑事、民事、行政检察和公益诉讼多元职能作用，主动监督，智慧履责，铁面司法，推动构建精准化打击、多元化监督、专业化办案、社会化治理、法治化服务相结合的全方位工作格局。该意见明确要求建立线索移送和通报反馈机制，建立调查取证协作和跨区域生态环境案件联动办理机制，建立毗邻省、市、县三级检察院跨区域生态司法修复联动办案机制，积极推动形成区域生态修复同防同治新模式。

2020 年 8 月，云南省昭通市、四川省泸州市、贵州省遵义市和毕节市四家中院签订了《关于建立赤水河全流域环境资源审判跨省域司法协作机制的意见》，着眼构建起赤水河流域系统化、常态化、制度化的协同联动工作机制，包括建立赤水河流域环境资源审判协作工作会议制度、赤水河流域环境资源审判协作联络制度、赤水河流域环境资源审判信息发布制度。同时，从推进环境资源审判专门化建设、推进跨区域一体化司法协作和多元联动、探索重大环境资源案件跨省域管辖、探索建立环保禁止令制度、推动环境资源案件生态修复标准化规范化开展、推动设立司法协作生态补偿专项账户、推动设立第三方生态修复机构推荐名录、推动建立环境司法修复基地和生态修复宣教基地、推动建立环境资源法规数据库和法律智库中心、推动环境资源审判向前沿领域延伸等 10 个方面，提出 20 条具体协作事项。

2020 年 5 月，聚焦“形成两地生态共建、环境共保的环境司法合力，为川渝生态文明建设和绿色发展提供更加有力司法服务和保障”这一共识，四川省高院和重庆市高院签署《成渝地区双城经济圈环境资源审判协作框架协议》。双方打破行政区划壁垒，建立起联席会商、联防共治、信息共享、流域生态补偿、联合执法等机制，实现常态化的联防联控、共建共保。从 2021 年开始，川渝两地法院就联合建立长江上游珍稀特有鱼类国家级自然保护区川渝司法协作生态保护基地，深入开展流域性生态环境修复工作。2022 年 6 月，川渝两地法院联合签署《“大三峡 · 大巴山”生态修复司法实践基地建设协作协议》，共同打造“大三峡 · 大巴山”生态修复司法实践基地，实现川东北渝东北联合打造生态环境修复司法实践基地零的突破。

2023 年 12 月，重庆一中院与四川自贡中院、泸州中院、内江中院、宜宾中院联合签署《推动川南渝西地区融合发展司法协作框架协议》。按照框架协议，五家中院将在党建交流合作、优化营商环境、民营经济司法保护、诉源治理改革、跨区域诉讼服务、跨区域执行联动、知识产权司法保护、裁判尺度统一机制、智慧法院建设、“数助决策”服务、队伍培训交流及调研信息宣传协作等12项领域加强司法协作，实现资源共享、优势互补、合作共赢，为川南渝西构建跨区域产业融合发展功能区、成渝地区对外开放合作重要门户提供有力司法服务。

三、以省际联席会议机制推动生态环境保护

（一）长三角区域生态环境保护协作小组会议

长三角沪苏浙皖相互毗邻，生态环境问题休戚相关。2008年以来，环保就是长三角区域合作的主要专题之一。2013年底，成立长三角区域大气、水污染防治协作小组，三省一市努力做好“联”字文章，以车船流动源协同治理、区域空气质量预警应急联动、跨界水体共保联治等共同关注的问题为重点推进了一批联防联控重点措施，区域合作治理取得了显著成效。

为进一步把握推进长三角一体化发展的绿色内涵，在生态环境部和国家相关部门大力支持下，上海市牵头成立了长三角区域生态环境保护协作小组，推进全方位的生态环境领域协作。2021年5月21日，经国务院领导批示同意，原区域大气、水污染协作小组正式调整为长三角区域生态环境保护协作小组，上海市委书记任组长，生态环境部部长任副组长，继续坚持“共商共建共治共享”，推动长三角区域全方位的生态环境保护协作工作，共同建设绿色美丽长三角，着力打造美丽中国建设的先行示范区。

2021年5月，长三角区域生态环境保护协作小组第一次工作会议在江苏无锡召开。会上，上海市、江苏省、浙江省、安徽省人民政府签署了《长三角区域碳普惠机制联动建设工作备忘录》和《长三角区域固体废物和危险废物联防联治合作协议》，上海市、江苏省、浙江省、

安徽省环保产业协会及南京、杭州、宁波、无锡和苏州市环保产业协会签署了《长三角区域环保产业协会联席会议备忘录》。

2022 年 8 月，长三角区域生态环境保护协作小组第二次工作会议召开，三省一市生态环境部门共同成立长三角区域生态环境宣传教育联盟，分别签署了《环杭州湾地区石化化工挥发性有机物协同治理“三统一”工作备忘录》《苏皖共同建立“2+12”大气污染联防联控机制工作备忘录》《长江口—杭州湾近岸海域生态环境保护合作协议》《加强长三角生态绿色一体化发展示范区饮用水水源地生态环境保护联防联控工作备忘录》，还共同推出了长三角生态绿色一体化示范区生态环境第三方治理服务平台。

2023 年 6 月，长三角区域生态环境保护协作小组第三次工作会议在安徽合肥召开，三省一市生态环境部门联合发布了《长三角区域应对气候变化行动报告（2023 版）》《长三角生态绿色一体化发展示范区生态环境质量报告（2022 年）》，共同签署了《协同推进长三角区域生态环境数据共享合作备忘录》《建立长三角区域社会生态环境监测机构环保信用监管信息共享机制备忘录》；上海市和江苏省生态环境部门签署了《沪苏交界地区跨界河湖共保联治备忘录》；江苏省和安徽省生态环境部门签署了《苏皖交界地区跨界河湖共保联治备忘录》；浙江省和安徽省生态环境部门签署了《浙皖“2+5”交界地区大气污染联防联控工作备忘录》；三省一市农业农村部门共同签署了《长三角区域外来物种入侵联防联控机制建设工作备忘录》；三省一市交通运输部门和上海组合港管委办共同签署了《协同推进长三角港航低碳转型发展战略合作协议》。

（二）长江中游三省协同推动高质量发展座谈会

2021 年 4 月，中共中央、国务院出台了《关于新时代推动中部地区高质量发展的意见》，明确要求共同构筑生态安全屏障，加强生态环境共保联治，强调要加强鄱阳湖、洞庭湖等湖泊保护和治理，实施好长江十年禁渔，保护长江珍稀濒危水生生物，加快解决中小河流、病险水库、重要蓄滞洪区和山洪灾害等防汛薄弱环节，增强城乡防洪能力；要以河道生态整治和河道外两岸造林绿化为重点，建设汉江、湘江、赣江等河流生态廊道；要深入打好污染防治攻坚战，共同解决区域环境突出问题，并以城市群、都市圈为重点，协同开展大气污染联防联控，推进重点行业大气污染深度治理；要以长江流域为重点，推动建立横向生态保护补偿机制，逐步完善流域生态保护补偿等标准体系，建立跨界断面水质目标责任体系，推动恢复水域生态环境。

2021 年 9 月 10 日，首次长江中游三省协同推动高质量发展座谈会在湖北武汉举行。会议审议通过了《深化协同发展　加快绿色崛起——长江中游三省战略合作总体构想》，并明确要在“共抓生态保护，建设中国绿心”领域加强合作。本次会上，三省共同签署的涉及生态共治的协议包括《长江中游三省协同推动高质量发展行动计划》《长江中游三省“通平修”绿色发展先行区建设框架协议》和《洞庭湖生态经济区五市深化协作工作方案》。

2022 年 12 月 23 日，长江中游三省协同推动高质量发展座谈会在线上召开，湖南、湖北、江西共签订 14 项合作协议。此次会议三省签署的涉及生态共治的协议包括《长江中游三省大气污染防治联防联控合作协议》《长江中游三省推进“一江两湖”系统治理合作协议》以及《通平修共建长江中游城市群生态屏障合作协议》。

2023 年 11 月 29 日，长江中游三省协同推动高质量发展座谈会以视频形式在武汉、南昌、长沙和国家发展改革委同步举行，共签署了 10 项合作协议，包括《新时代洞庭湖生态经济区深化合作协议》和《共同推进龙山来凤经济协作示范区建设协议》。

湖南、湖北建立了洞庭湖生态经济区政协主席联席会议机制。洞庭湖生态经济区建设，涵盖湖南省岳阳、常德、益阳三市、长沙市望城区和湖北省荆州市这“四市一区”，是湘鄂两省交流合作、共促区域融合发展的重要工作之一。2018 年，为助推洞庭湖生态经济区建设，在湘鄂两省政协推动下，荆州、岳阳、常德、益阳和长沙市望城区政协建立了助推洞庭湖生态环境联动治理和绿色发展联席会议机制，并于当年在岳阳召开了洞庭湖生态经济区政协主席联席会议第一次会议，形成了《岳阳共识》。2023 年，洞庭湖生态经济区政协主席联席会议第五次会议再次在岳阳市召开，会议强调要共护高质量发展生态底色，以“守护好一江碧水”为总揽，推进水环境污染治理和绿色生态屏障建设；强力推进洞庭湖生态修复工程，扩大洞庭湖调蓄容积，增大行洪能力，维护流域水安全；全面推进洞庭湖总磷控制与削减行动；全面防治工业、农业、船舶、尾矿和生活污染，加强生物多样性保护和山水林田湖草一体化生态修复。2018—2023 年间，湘鄂两省确立了“联巡查、联办案、联信息、联治理、联巡江、联支部”等跨界联合执法机制，共出动执法人员 1700 余人次，在长江河道水域查获非法采、运砂船只 14 艘，查缴盗采河砂 1 万多吨，确保了长江河道管理秩序稳定可控。

（三）长江上游生态环境保护合作机制

2016 年 12 月，重庆、四川、云南、贵州四省市签署了《关于建立长江上游地区省际协商合作机制的协议》，共同讨论长江上游地区发展中的总体规划、生态环保等重大问题，提出解决问题的对策和建议。其后 2017—2019 年，四省召开了三次联席会议，商定了生态环境联防联控年度重点工作方案，携手推动绿色创新高质量发展。

2018 年 6 月，重庆市政府和四川省政府联合签署《深化川渝合作深入推动长江经济带发展行动计划（2018—2022年）》，启动了12个专项合作，其中以生态保护为主题的就有3个，包括重庆市环境保护局、四川省环境保护厅签署《共同推进长江上游生态环境保护合作协议》，重庆市林业局、四川省林业厅签署《共建长江上游生态屏障合作协议》。与此同时，各个市区之间签订的合作协议中，生态环境保护也是重要内容。以重庆市荣昌区人民政府和四川省内江市人民政府签署的《推进区域协同发展战略合作协议》为例，把加强生态环境共建共治放在首位，协议明确，将加强大清流河、马鞍河、渔箭河、龙市河等跨界河流水环境综合治理，建立跨省河流水情、雨情信息共享和通报制度，建立跨区域环境保护联动协作机制、上下游河长联动机制和生态补偿机制。

川渝开展跨省界河流联防联控合作。通过建立跨界河流信息共享机制，双方将辖区内河流基本情况及时共享，特别是跨界河流的环境风险隐患点、工业污染、畜禽养殖、水质监测等情况，以促进双方统筹考虑环境承载能力及污染防治措施；通过建立联合巡查机制，双方不定期开展跨界河流联合巡查，严厉查处河流沿岸各类涉河违法行为，坚决取缔边界区域存在的各类污染企业，积极探索边界河流环境污染纠纷案件溯源协查，全力协助对方处置跨界河流涉河案件，对边界应急事件实行联合执法协调处置；通过建立跨省界河管护联席会议制度，双方定期召开联席会议，会议主要内容为经验交流、信息通报、解决跨区域性生态环境问题等。同时，上游拟建项目经环境影响评价，可能会对辖区外产生不良影响的，在审批前应征求被影响方意见。

（四）渝鄂跨界河流联防联控

2023年，湖北省河湖长制办公室与重庆市河长办公室联合印发《渝鄂跨界河流联防联控机制工作方案》，围绕保护水资源、管控水岸线、防治水污染、改善水环境、修复水生态五大主要任务，建立长江、郁江、磨刀溪、龙河、阿蓬江、酉水等两地跨界河流联防联控机制，进一步强化跨界河流管理保护。

一是打通信息共享渠道。方案明确两地毗邻市区县要建立跨界河湖管理保护信息共享机制，指派专门联络员，负责保障辖区内环境风险隐患点、工业污染、畜禽养殖污染、水质监测、水量水位监测、涉河建设项目等信息互通共享。

二是健全河道管护体系。方案要求毗邻市区县要按照属地管理原则，分段开展河道保洁，打捞清理水面漂浮物，并与城乡一体化垃圾转运系统相结合，防止漂浮物跨区域转移；有关市区县在“插花地带”通过联合聘用河湖管护保洁队伍、征集志愿者服务等方式，开展常态化保洁管护。

三是加大联合执法力度。方案要求毗邻市区县要建立联合巡查、执法制度，严厉查处河流沿岸各类涉河违法行为，坚决取缔边界区域存在的各类违法排污项目，积极探索边界河流污染纠纷案件溯源协查，全力协助对方处置跨界河流涉水案件。

四是完善应急防控机制。方案要求毗邻市区县要进一步完善应急防控机制，及时通报、协调有关单位妥善处置突发水污染事件，联合排查、协调处置省界断面水质异常问题，当可能对辖区外造成不良影响等情况时，事故发生地应第一时间将具体情况告知受影响方，并及时采取措施控制、消除不良影响。

五是建立联席会议制度。毗邻市区县要定期或不定期召开跨界河流河湖长制工作联席会议，总结评估前期工作成效和经验，研究审议重大事项，共同审定跨界河流治理保护重要规划及制度文件，讨论年度工作要点，协调解决跨界河流治理保护重大问题。

四、以空间功能单元共建共管优化生态格局

（一）划定和管控长江经济带生态保护红线

2017 年，中共中央办公厅、国务院办公厅印发《关于划定并严守生态保护红线的若干意见》，明确生态空间是指具有自然属性、以提供生态服务或生态产品为主体功能的国土空间，包括森林、草原、湿地、河流、湖泊、滩涂、岸线、海洋、荒地、荒漠、戈壁、冰川、高山冻原、无居民海岛等。生态保护红线是指在生态空间范围内具有特殊重要生态功能、必须强制性严格保护的区域，是保障和维护国家生态安全的底线和生命线，通常包括具有重要水源涵养、生物多样性维护、水土保持、防风固沙、海岸生态稳定等功能的生态功能重要区域，以及水土流失、土地沙化、石漠化、盐渍化等生态环境敏感脆弱区域。

按照保护需要和开发利用现状，生态保护红线边界主要包括如下几个类型：自然边界，主要是依据地形地貌或生态系统完整性确定的边界，如林线、雪线、流域分界线，以及生态系统分布界线等；自然保护区、风景名胜区等各类保护地边界；江河、湖库，以及海岸等向陆域（或向海）延伸一定距离的边界；全国土地调查、地理国情普查等明确的地块边界。

将生态保护红线落实到地块，意在明确生态系统类型、主要生态功能，并通过自然资源统一确权登记，明确用地性质与土地权属，形成生态保护红线全国“一张图”。

2019 年，自然资源部启动长江经济带生态保护红线划定工作，分为初步划定、优化调整、规划统筹三个阶段推进。在划定过程中，以第三次全国国土调查成果为基础，基于资源环境承载能力和国土空间开发适宜性评价，优先将水源涵养、生物多样性保护、水土保持、防风固沙、

海岸防护等生态功能极重要区域，水土流失、石漠化、海岸侵蚀等生态极脆弱区域，以及具有潜在重要生态价值的区域划入生态保护红线。

目前，长江经济带沿线 11 个省市共划定生态保护红线面积约 52 万平方公里，其中陆域生态保护红线约 49 万平方公里，海洋生态保护红线约 3 万平方公里，集中分布于唐古拉山—横断山、乌蒙山、秦巴山地、大别山、黄山、武夷山、南岭、武陵山、罗霄山等丘陵山地，长江、澜沧江、金沙江等重要河流的源头和上游，洞庭湖、鄱阳湖等重要湖泊，部分重要干支流以及自然保护地等区域。生态保护红线将生物多样性富集区域，包括大熊猫等珍稀濒危野生动植物栖息地，长江、澜沧江等重要河流源头和上游，自然保护地，重要湿地、冰川及永久积雪、红树林等各类典型生态类型划入，对严格保护长江经济带生态系统、自然遗迹、自然景观和珍稀濒危野生动植物栖息地的完整性，维持和恢复长江经济带区域珍稀濒危野生动植物种群数量及其赖以生存的栖息环境，切实保护好重要生态资源要素将会起到至关重要的作用。

在生态保护红线划定中，自然资源部还坚持划管结合，强化制度设计。2022 年，自然资源部会同生态环境部、国家林业和草原局出台了《关于加强生态保护红线管理的通知（试行）》，规范了生态保护红线内允许有限人为活动的具体类型和管理要求，以及国家重大项目占用的具体情形和审批程序，明确了相关部门监管职责，为高水平保护提供坚实基础。

下一步，自然资源部将继续指导沿江省份出台生态保护红线管控细则，率先在长江经济带启动生态保护红线保护成效评估，总结生态保护红线管理经验，配合做好自然保护地相关法律法规制修订，会同相关部门共同做好生态保护红线监管。加大宣传力度，凝聚全社会广泛共识，提高社会各界严守生态保护红线的意识，以高水平保护支撑长江经济带高质量发展。

（二）系统优化长江经济带国土空间开发保护布局

2024年2月9日，国务院批复实施《长江经济带—长江流域国土空间规划（2021—2035年）》，明确到2035年，长江经济带—长江流域耕地保有量不低于59974万亩，其中永久基本农田保护面积不低于49845万亩；生态保护红线面积不低于80.66万平方公里；城镇开发边界面积控制在7.97万平方公里以内；用水总量不超过国家下达指标，其中2025年不超过2783.5亿立方米。明确自然灾害风险重点防控区域，划定地质灾害、洪涝、森林防火等风险控制线，落实战略性矿产资源、历史文化保护等安全保障空间，全面锚固高质量发展的空间底线。

为了实现以上目标，此次批复的规划要求系统优化国土空间开发保护布局，加强长江中下游平原、四川盆地等优质农田保护，持续巩固和不断提高长江流域耕地面积在全国的比重，夯实国家粮仓基础，拓展山地丘陵等特色农业空间，建设现代海洋牧场，提升农产品保障能力。推进江河源头、重要山脉、森林草原、湖泊湿地、河口海湾等系统保护修复，将上下游、干支流、水上岸上、点源面源作为一个整体综合治理，加强高黎贡山、滇池流域、赤水河流域、太湖流域等重点区域的空间管控引导，改善生态服务功能，提升生物多样性保护水平。优化长江干支流生产岸线和生活岸线布局结构，严控新增工业岸线。探索实施地下水资源战略储备，加强长三角、江汉平原等区域地下水超采综合治理。完善主体功能区配套政策，健全产业负面清单制度，推动云贵川渝、长江中游、长江三角洲优化人口、资源、产业合理配置，推动区域整体统筹产业链、供应链布局，依托城市群、都市圈和中心城市打造产业科技创新高地，为构建新发展格局提供支撑。统筹传统和新型基础设施空间布局，构建现代化基础设施网络，强化应对气候变化和极端天气的防灾减灾救灾基础设施，全面提升国土空间韧性。弘扬长江文化，强化文化遗产与自然遗产整体保护和系统活化利用，健全跨行政区协同机制，将各类遗产保护管理纳入国土空间规划，推动长江历史文化、山水文化与城乡发展相融合，构建文化资源、自然资源、景观资源整体保护的空间体系。

（三）“通平修”共建长江中游城市群生态屏障

2021 年，江西、湖北、湖南三省正式签订《长江中游三省“通平修”绿色发展先行区建设框架协议》，在修水、平江、通城三县共建长江中游三省“通平修”绿色发展先行区，探索跨行政区域共建共享、生态文明与经济社会发展相得益彰的新路径。三县以幕阜山为主体，以沿江、沿湖和主要交通轴线绿色廊道为纽带建设生态屏障，共建长江中游生态绿心。三县对幕阜山、罗霄山、福寿山和修河、汨罗江、隽水河以及大溪国家湿地公园、石牛寨国家地质公园、黄金洞国家湿地公园、药姑山省级自然保护区等重点保护区域与生态系统，开展生态保护与环境整治，保护好绿水青山。三县共同实行生态环境协同执法，建立生态环境标准、环境监测监控体系、环境监管执法“三统一”制度，完善突发环境事件应急预案及应急响应联动机制，实现生态环境和污染源监测智能化应用管理。

2022 年，江西、湖北、湖南三省签订《通平修共建长江中游城市群生态屏障合作协议》，共同打造绿色屏障，围绕幕阜山、罗霄山、九岭山等重点区域，坚持并强化环境保护联防联治、产业落地联审联查等协调机制，合力守护和建设好三县共同的生态屏障。2022 年，通城、平江、修水三县还联合编制了《长江中游三省“通平修”绿色发展先行区总体规划》，开展生态环境共保共治。

第一，共建幕阜山生态功能区。严格落实生态保护红线、环境质量底线、资源利用上线和生态环境准入清单“三线一单”生态环境分区管控制度，加强幕阜山森林抚育和退化林修复，争取实施国省重要生态系统保护和修复重大工程，强化水源涵养、水土保持和生物多样性维护等重要生态功能，联手增建国家重点生态功能区。严格自然生态空间征占用管理，建立生态保护红线目标责任制，确保生态功能不降低、面积不减少、性质不改变。按照生态功能恢复和保育原则，制定幕阜山生态功能区产业准入清单，建立实施统一的环境准入政策与标准，严格管制各类开发活动，减少和防止对生态系统的干扰和破坏。

第二,开展“一江两河”共治。实施流域水土保持和综合治理工程，提升汨罗江、隽水河、修河水环境质量和生态功能。开展河床清淤疏浚专项治理和堤坝修复工程，加强对汨罗江平江段和菖蒲港、秀水河、铁柱港等河流城区段的生态综合治理，加快实施通城县水系连通及水美乡村项目。实施小流域水土流失综合治理，加强大溪水库、黄金洞水库、东津水库、大青水库等大型水库和隽水河、清水河、汨罗江等重点流域水土保持。加强水体自然岸线保护，强化岸线用途管制和节约集约利用，因地制宜实施重要河湖周边岸堤植被恢复等工程，治理破碎生态岸线。共同落实河长制，发挥三县河长制工作联动领导小组作用，开展联合巡河活动，坚决打击破坏水环境、河道非法采砂等跨界违法犯罪行为。研究制定绿色发展先行区江河生态流量管控管理办法，保障河湖水体连续性及重要生态敏感保护区生态用水。

第三，推进环境污染协同治理。制定跨区域生态环境联保专项方案，完善突发环境事件应急预案及应急响应联动机制。实施生态环境标准、环境监测监控体系、环境监管执法“三统一”制度，建立环境监测监控数据信息共享平台，实现生态环境和污染源监测智能化应用管理。合力打赢蓝天保卫战，加快建立区域大气环境监测监控数据信息共享平台，推进 $PM_{2.5}$、氮氧化物、挥发性有机物（VOCs）等污染物监测数据实时共享，推动矿产建材、发电供暖等重点企业脱硫、脱硝、除尘改造工程建设，建立重污染天气应对联防联控机制，定期开展交界区大气污染专项治理和联合执法行动。

五、以水量分配确保全流域水生态系统健康

水量分配是水资源管理的一项重要基础工作。自 2010 年以来，水利部坚持“节水优先、空间均衡、系统治理、两手发力”治水思路，先后推动长江流域共 23 条跨省江河流域水量分配方案编制工作，以“合理分水，管住用水”为目标，强化水资源刚性约束，坚持问题导向，明确了不同来水条件下流域内各省（自治区、直辖市）水量分配份额，确定了主要控制断面及断面下泄流量（水量、水位）指标，对规范用水秩序、提高水资源集约节约利用水平、促进流域经济社会高质量发展具有重要意义。

2016 年 8 月，水利部批复了长江流域汉江、嘉陵江、岷江、沱江、赤水河 5 条跨省河流水量分配方案。2018 年 1 月，水利部批复了牛栏江、乌江流域水量分配方案。2020 年 8 月，水利部批复了金沙江流域水量分配方案。2020 年 10 月，水利部批复了沅江水量分配方案。2022 年 4 月，水利部批复了长江流域的綦江、御临河、澧水、洞庭湖环湖区 4 条跨省江河流域水量分配方案。2022 年 10 月，水利部批复了长江流域的湘江、赣江、信江、资水等 4 条跨省江河湖流域水量分配方案。2022 年 11 月，水利部批复了长江流域饶河水量分配方案。2023 年 2 月，水利部批复了长江流域的滁河水量分配方案。2023 年 11 月，水利部、国家发展改革委联合批复了长江干流宜宾至宜昌河段、宜昌至河口河段水量分配方案。至此，长江流域 23 条跨省江河流域水量分配方案全部确定，这标志着长江流域跨省江河流域初始水权分配工作全面完成，正式确定了流域 1874.49 亿立方米的地表水分配水量。

六、以十年禁渔促进全流域水生态自然恢复

根据党中央、国务院决策部署，2021 年 1 月 1 日起，长江干流，长江口禁捕管理区，鄱阳湖、洞庭湖 2 个大型通江湖泊，大渡河等 7 条重要支流实行为期十年的常年禁捕。通过实施长江十年禁渔、加强水生生物保护等措施，长江水生生物资源量急剧下降的趋势得到初步遏制，呈现逐步恢复向好趋势。

重点水域禁捕秩序总体稳定。到 2022 年，共清理取缔涉渔“三无”船舶 1.9 万艘、“绝户网”80.2 万张（顶），组织开展集中拆解销毁活动 6400 场次，形成强大震慑；收缴电鱼器具 7253 台套，大范围、群体性电鱼行为基本杜绝，散发性电鱼行为大幅减少。

退捕渔民安置保障基本到位。截至 2022 年末，中央和地方累计落实补偿补助资金 269.98 亿元，有力保障了禁捕退捕资金需求。16 万多名有就业能力和就业需求的退捕渔民转产就业，22 万多名符合参保条件的退捕渔民参加基本养老保险，已有 4.4 万多名退捕渔民领取养老金。退捕渔民安置保障成果持续巩固。

长江水生生物多样性逐步恢复。长江江豚数量有所回升，根据农业农村部组织开展的 2022 年全流域长江江豚科学考察，长江江豚种群数量为 1249 头，5 年来数量增加 23.42%，实现止跌回升；鱼类种类和资源量逐步提升，2022 年长江流域重点水域监测到鱼类 193 种，比 2020 年的 168 种增加 25 种。

七、以市场机制推进跨省横向生态保护补偿

为加快推动长江流域形成共抓大保护工作格局，财政部、生态环境部、水利部、国家林业和草原局于 2021 年联合出台《支持长江全流

域建立横向生态保护补偿机制的实施方案》，明确要推动在流经 11 省市（包括青海、西藏、四川、云南、重庆、湖北、湖南、江西、安徽、江苏、上海）的干流和流经 8 省区（包括贵州、广西、广东、甘肃、陕西、河南、福建、浙江）的支流建立长江全流域横向生态保护补偿机制，实现流域高水平生态保护和高质量发展。

按照方案的规划，2022 年在长江干流初步建立流域横向生态保护补偿机制，2024 年在主要一级支流初步建立流域横向生态保护补偿机制，2025 年在长江全流域建立起流域横向生态保护补偿机制体系。实施范围为涉及长江流域的 19 个省区市。

方案明确每年从水污染防治资金中安排一部分资金作为引导和奖励资金，支持长江流域 19 个省区市进一步健全完善流域横向生态保护补偿机制，加大生态系统环境保护和治理修复力度。奖励资金重点支持干流跨省流域横向生态保护补偿机制建设，兼顾对重要支流跨省流域横向生态保护补偿机制建设的支持。跨省流域横向生态保护补偿机制以地方补偿为主，补偿协议由邻近省份自愿协商签订，协商过程中可由下游省份负责提出协议方案，涉及左右岸共同作为上下游的，可由右岸省份负责提出协议方案。机制建立后，要及时开展资金清算和效果评估，研究签订长期协议，并根据指标改善情况和实际需求完善补偿目标。

（一）赤水河流域横向生态补偿

2016 年，贵州在总结省内流域生态补偿经验基础上，按照《财政部、环境保护部、发展改革委、水利部关于加快建立流域上下游横向生态保护补偿机制的指导意见》的要求，研究起草了《云贵川赤水河流域横向生态补偿方案》，提出三省共治赤水河的倡议。

在财政部、生态环境部的大力支持下，2018 年 2 月，云贵川三省人民政府达成共识，签署《关于赤水河流域横向生态保护补偿协议》，云贵川三省按照 1 ∶ 5 ∶ 4 比例共同出资 2 亿元设立赤水河流域横向生态补偿资金，根据赤水河干流及主要支流水质情况界定三省责任，按 3 ∶ 4 ∶ 3 的比例清算资金。2018 年 12 月，三省生态环境、财政部门共同印发实施《赤水河流域横向生态补偿实施方案》。2019 年开始，四川与贵州两省分别每年补偿给云南省 2000 万元用于赤水河流域的保护治理。赤水河横向生态补偿实施以来，取得了以下几个方面的成效：

一是破解全流域长期存在的环境隐患。赤水河作为三省界河，流域管辖范围纵横交错，长期以来存在上下游、左右岸产业布局、环境准入、污染物排放监管、环境执法尺度、环保资金投入力度的不一致，对赤水河生态环境保护和地区经济社会发展造成不利影响。云贵川三省通过签署赤水河生态补偿协议，实现省与省之间的相互约束和管控，为解决赤水河长期存在的环境监管难题探索了新的路径。

二是建立“权责对等，合理补偿”工作机制。云贵川三省将以构筑长江上游重要生态屏障为目标，以改善赤水河生态环境质量为目的，约定共同出资 2 亿元设立赤水河流域生态保护横向补偿资金，并按照“权责对等，合理补偿”的原则，实施约定水质目标的分段清算，实现水质改善、水量保障“红利”，对水质恶化给予相应惩处，以此促进流域生态环境质量改善。

三是构建流域生态安全格局。建立联防联控和环境信息共享机制，强化联合查处和打击，实行流域上下游环评会商及环境污染应急联动，促进三省间赤水河流域保护沟通协调，形成赤水河流域上下游同决策、同部署、同行动。

四是建立合作共治区域协作工作机制。云贵川三省围绕“生态保护红线、环境质量底线、资源利用上线、环境准入负面清单”等约束，坚持统分结合，协同发力，实施赤水河流域环境保护“五统一”（即统一规划、统一标准、统一环评、统一监测、统一执法），约定每年召开一次轮值会议，共同研究探讨赤水河流域环境保护工作，落实长江流域“共抓大保护、不搞大开发”战略，共推“生态建设、环境保护、产业发展、区域合作”任务，有效保障赤水河流域健康、绿色发展。

通过系列举措，建立赤水河跨省生态补偿机制，云贵川三省凝聚共识，形成合力，明确以构建长江上游重要生态屏障为共同目标，有力地推进了赤水河流域生态保护，形成合作共治、责任共担、效益共享的流域保护和治理长效机制。

（二）新安江—千岛湖生态保护补偿

一江新安水，情系皖浙两省。发源于安徽省黄山市休宁县境内六股尖的新安江，干流总长 359 公里，近 2/3 在安徽境内，经黄山市歙县街口镇进入浙江境内，流入下游千岛湖、富春江，汇入钱塘江。千岛湖超过 68% 的水源来自新安江，新安江水质优劣很大程度决定了千岛湖的水质好坏，关乎长三角生态安全。

2007 年，财政部、原环境保护部开始持续关注新安江流域问题，并多次组织皖浙两省进行了不同层面的沟通磋商、深入调研，研究建立生态保护补偿机制，其间对若干个解决方案进行了探讨。为贯彻落实党中央、国务院工作部署，财政部、原环境保护部统筹协调，制定并出台《新安江流域水环境补偿试点实施方案》《关于加快建立流域上下游横向生态保护补偿机制的指导意见》等政策文件，明确皖浙两省建立联席会议制度，加强合作，协力治污，共同维护新安江流域生态环境安全。

在中央相关部门的组织协调下，上下游联合开展水质监测，每年由原环境保护部发布上年水质考核权威结果。以高锰酸盐指数、氨氮、总磷和总氮四项水质指标2008—2010年平均浓度值为基准，每年与之对比测算补偿指数，妥善解决了两省初期磋商时到底是以湖泊还是以河流水质为标准的分歧。补偿措施主要体现对上游流域保护治理的成本进行补偿，同时完善市场化补偿措施，第一期试点中央财政每年拿出3亿元，均拨付给安徽，用于新安江治理。每年新安江跨界断面水质达到目标，浙江划拨安徽1亿元，否则安徽划拨浙江1亿元；第二期试点中央财政三年分别安排4亿元、3亿元、2亿元，继续拨付给安徽省，逐步退坡，两省的补偿力度则增加至每年2亿元。

基于横向生态补偿，皖浙两省打造了流域上下游共建共享、合作共治的典型示范。

首先，共编规划，强化精准保护。按照“保护优先、河湖统筹、互利共赢”的原则，浙皖两省积极沟通协商，联合编制了《千岛湖及新安江上游流域水资源与生态环境保护综合规划》并报经国家批准，进一步强化流域的共保共享。浙皖两省政府作为该规划实施的责任主体，分别制定并实施流域水资源与生态环境保护方案，共同承担规划目标和重点任务的落实。

其次，共设点位，强化信息共享。为实现交界断面水质监测的长期性和科学性，经浙皖两省及相关县市共同商定，以浙江淳安县环境保护监测站和安徽黄山市环境监测中心站为主体，在浙皖交界断面共同布设了9个环境监测点位。采用统一的监测方法、统一的监测标准和统一的质控要求，获取上下游双方都认可的跨界断面水质监测数据，并每半年对双方上报国家的数据进行交换，真正做到监测数据互惠共享。

最后，共建平台，强化保护合作。浙皖两省分别建立多个层级联席交流会议制度，部门之间定期或不定期地举行交流活动，建立起相互信任、合作共赢的良好局面。杭州市与黄山市共同制定《关于新安江流域沿线企业环境联合执法工作的实施意见》等文件，建立双方共同认可的环境执法框架、执法范围、执法形式和执法程序，制定完善边界突发环境污染事件防控实施方案，构建起防范有力、指挥有序、快速高效和统一协调的应急处置体系。淳安县与黄山市歙县共同制定印发《关于千岛湖与安徽上游联合打捞湖面垃圾的实施意见》，并建立每半年一次的交流制度，通报情况，完善垃圾打捞方案。

2023 年 6 月，浙江、安徽两省签署新的《共同建设新安江—千岛湖生态保护补偿样板区协议》，全国首个跨省流域生态补偿迎来“升级版”。根据此次协议，浙皖两省以黄山、宣城、杭州、嘉兴等市为重点，共同建设新安江—千岛湖生态保护补偿样板区，从单一资金补偿向资金、产业、人才多元补偿新模式升级，受益者付费、保护者获得合理补偿的良性机制向纵深拓展。从 2023 年开始，双方每年出资额度 4 亿元至 6 亿元，每年补偿资金总额为 10 亿元，按照 3 个档次划分，体现激励；从 2024 年起，参照浙皖两省年度经济增速，建立逐年增长机制。此外，补偿协议由之前 3 年一轮，延长至 5 年一轮。

（三）鄂湘两省长江干流横向生态保护补偿

2023 年 1 月，湖北省与湖南省就长江干流鄂湘段（首期）签署了流域横向生态保护补偿协议。协议约定，2023—2025 年间，湖南、湖北两省人民政府每年分别出资 1 亿元，设立长江干流鄂湘段横向生态保护补偿资金。两省以长江干流跨省界荆江口、城陵矶（右岸）断面 12 个月水质类别为依据，测算全年补偿资金。协议突出生态优先，强调责任共担，旨在通过加强沟通协调、信息共享、应急响应、执法协作等举措，共同构建“成本共担、效益共享、合作共治”的流域保护治理新机制，共同呵护“一江碧水向东流”。

第四节
加强长江经济带生态共治的未来举措

面向未来，要毫不动摇坚持“共抓大保护、不搞大开发”，坚持省际共商、生态共治，实现流域综合治理现代化转型、构建科学有效的协同立法机制、建立跨区域司法协作组织体系、推动横向补偿机制全流域覆盖、健全突发水污染联防联控机制，实现“人民保护长江、长江造福人民”的良性循环。

一、实现流域综合治理现代化转型

其一，构建优化、协同、高效的流域治理制度体系。厘清涉水部门权责明确与依法行政的逻辑关系，实现流域治理从“事理”向“法理”提升；厘清属地管理与跨域治理的逻辑关系，实现河流治理从“九龙治水”向“系统治水”提升；厘清制度制定与制度执行的逻辑关系，实现从“制度优势”向“治理效能”提升；厘清流域治理事权多样性与整体性的逻辑关系，实现政府间关系从“行政化协调”到“法治化协调”提升。

其二，建设数字孪生流域支撑流域综合治理。流域性是江河湖泊最根本、最鲜明的特性，治水管水必须以流域为单元，实施统一规划、统一治理、统一调度、统一管理。这就要求数字孪生流域提供强大技术支撑。统一规划方面，通过在数字孪生流域中对规划各要素进行预演分析，全面、快速比对不同规划方案的目标、效果和影响，确定最优规划方案。统一治理方面，通过在数字孪生流域中预演治理工程布局及建设方案，评估治理工程与规划方案的符合性，分析治理工程对周边环境和流域的整体影响，辅助确定治理工程布局、规模标准、运行方式、实施优先序等。统一调度方面，通过在数字孪生流域中综合分析比对各要素，预演防洪、供水、发电、航运、生态等调度过程，动态调整优化调度方案。统一管理方面，通过数字孪生流域动态掌握河湖全貌，实现权威存证、精准定位、影响分析，更好支撑上下游、左右岸、干支流联防联控联治。

其三，建立长江流域跨区域监管、考核制度，指导和监督地方治理。在充分考虑各地发展水平、产业结构以及生态环境差异的基础上，建立长江流域跨区域水质、土壤等方面的环境监管、考核制度，督促污染超标地区的地方政府及时治理、修复，保护长江流域生态环境，促进流域公平的实现。

二、构建科学有效的协同立法机制

作为一种新型的法治工具，区域协同立法有助于提高区域法制的协调性，合力应对区域内共同的环境保护和生态修复问题，推动区域协调发展迈向更高水平。在区域协调发展战略持续推进的背景下，各地应深化对区域协同立法的研究，构建科学有效的区域协同立法机制。同时，还要适应经济社会发展和全面深化改革的要求，遵循和把握地方发展的客观规律，在立法权限范围内增强协同立法的针对性、可操作性，实现区域的良法善治与协调发展。

首先要健全协同立法顶层设计。在《中华人民共和国立法法》中明确区域协同立法的基本含义、法律地位、目标、原则，明确各上下级之间的协同立法权限、程序、效力位阶等内容，为区域协同立法提供上位法依据。

其次要完善协同立法工作机制。不同区域在进行协同立法后，可以进行交叉备案，保障区域性法规的整体性和协同效果。由各地人大常委会、政府及相关部门负责人组成联席会议机制，推动该机制覆盖区域协同立法的全过程，共同编制区域协同立法规划和立法计划，加强区域立法的协调与合作。

最后要推动协同立法落地实施。要健全相应的执法保障制度，搭建跨越行政界限的合作平台，构建信息共享与数据交流的桥梁。要构建区域协同立法后评估机制，实现对区域协同立法的整体性评估。

三、建立跨区域司法协作组织体系

固定、权威的组织机构是司法协作体系的“大脑”和“心脏”。因此，有必要在开展跨区域生态环境保护的法院间建立由上级法院指导的、各地法院共同参与的司法协作组织体系。

首先，制定区域司法协作规则。区域司法协作规则应由司法协作委员会章程以及审判执行协作规则、信息交流协作规则、审判管理协作规则等具体内容组成。司法协作委员会章程应明确委员会的组成、职责、程序议事方式以及决议的效力和责任等内容。各具体司法协作规则应由协作内容、协作方式、协作期限、协作责任等内容组成。

其次，建立区域司法协作委员会。成员由各协作法院的负责人担任，委员会的章程和议事流程由各区域法院共同商定。区域司法协作委员会负责定期召开协作会议，研究审判执行协作、审判管理协作、涉诉信访案件协作、司法动态信息交流、法官异地挂职交流等方面内容，明确司法协作具体事项，拓宽司法协作领域。在有重大事项需要及时解决时，区域司法协作委员会还可以召开临时性会议。

最后，建立司法协作联络机构，指定司法协作联络人员。可在各区域法院所在的省（直辖市）高级人民法院内部设立司法协作联络办公室，各区域法院内部指定专门的司法协作联络人员，负责区域司法协作委员会各项决议的具体落实以及日常对口联络工作，承担司法协作具体的事务性、技术性、服务性工作。

四、推动横向补偿机制全流域覆盖

按照《中华人民共和国长江保护法》第七十六条相关要求，以及《关于深化生态保护补偿制度改革的意见》《支持长江全流域建立横向生态保护补偿机制的实施方案》要求，进一步发挥中央财政资金激励引导作用，强化“共抓大保护、不搞大开发”，建立高层级工作机制，推动长江流域相关省（自治区、直辖市）在干流、主要支流、重要湖泊及饮用水水源地等水质敏感区域地方人民政府之间加快建立横向补偿机制。加强上下游省份落实流域生态环境共同保护责任的督促考核，构建生态环境保护统一组织、统一规划、统一标准、统一制度、统一监管的推进机制。

鼓励上下游跨区域结对发展，开展多元化补偿实践，引导下游地区通过生态产业扶持、生态环境治理工程帮扶建设、人员技术培训、飞地经济等方式对上游地区实施补偿。将生态补偿效益与群众利益挂钩，建立利益连接机制，实现生态保护地区地方财政状况改善、当地群众致富与生态环境改善“多赢”。

推动《生态保护补偿条例》尽早颁布实施，从流域生态系统整体性和系统性出发，明确相关方的义务与责任。创新实践“造血式”补偿模式，通过相关方编制流域生态环境共同保护规划或方案，合理安排、有序落实生态环境保护与治理任务，依据年度绩效评估结果，为下一步优化补偿协议和实施机制提供依据。

五、健全突发水污染联防联控机制

为全面贯彻落实习近平新时代中国特色社会主义思想，特别是习近平生态文明思想和全国生态环境保护大会精神，推动建立跨省流域上下游突发水污染事件联防联控机制，2020 年生态环境部会同水利部共同制定和出台了《关于建立跨省流域上下游突发水污染事件联防联控机制的指导意见》，明确了未来长江经济带水污染联防联控机制建设的方向。

一是要建立协作制度。跨省流域上下游省级政府应按照自主协商、责任明晰的原则，充分发挥河长制、湖长制作用，建立具有约束力的协作制度，增强上下游突发水污染事件联防联控合力。

二是要加强会商研判预警。针对汛期、枯水期等水污染事件易发期，各流域生态环境监督管理机构要提前组织相关地方政府或有关部门开展联合会商，分析研判流域生态环境风险，及时发布预警信息。遇台风、强降雨等极端天气以及地震等自然灾害，或流域跨省断面水质一定时期内多次出现异常情况的，根据需要开展专项会商。

三是要加强联合调度拦污控污。流域管理机构、上游水行政主管部门应在保证防洪安全前提下，统筹水资源调配与保护工作，按照调度方案安排闸坝下泄水量和泄流时段。跨省流域突发水污染事件发生后，确有需要且具备实际条件的，上下游可按程序科学调度，协同做好拦污控污工作。

四是要强化信息跨省通报。当发生水污染事件或流域水质出现异常，可能造成跨省流域污染的，事发地应第一时间向其上游或下游相邻地市通报情况，向本级政府提出向上游或下游同级政府通报的建议，并同时报告省级生态环境主管部门。

五是组织实施联合监测。接到跨省流域水污染信息通报后，上下游生态环境主管部门应及时组织开展本行政区域水环境监测，跟踪核实相关情况。造成跨省流域污染的，上下游应制定联合应急监测方案并组织实施，明确采样断面、时间与频次，统一监测指标与分析方法，及时共享数据信息。

六是协同开展污染处置。发生跨省流域突发水污染事件，上下游有关地方政府应按照属地管理原则，对各自行政区域内污染处置负责，并强化应急物资信息共享、资源调配和应急救援等方面协作。

七是做好跨省流域纠纷调处。跨省流域突发水污染事件造成损害的，污染责任人应当依法承担侵权责任和生态环境损害赔偿责任。引发跨省级行政区域水污染纠纷的，由相关省级政府按照法律法规和生态环境损害赔偿制度等有关规定，组织采取资金补偿为主的方式协商解决。上游省级政府应拟订补偿方案并主动与下游协商。协商一致的，应签订补偿协议。协商无法达成一致的，报生态环境部协调解决。

第四章

区域协同融通的重点：全域共建

长江经济带沿线 11 省市是一个有机整体，长江作为连通上中下游的主要载体，以系统性思维发挥流域整体的联动功能，推进沿线各省市基础设施、产业链安全链以及统一市场等方面的全域共建，是长江经济带强化区域协同融通的关键依托。

第一节
长江经济带全域共建的必然性

一、全域共建是系统思维的生动实践

系统思维是马克思主义哲学重要的认识论和方法论，是贯穿习近平新时代中国特色社会主义思想的立场观点方法之一。系统思维内蕴的思想方法和工作方法，本质上就是辩证唯物主义的认识论和方法论。全域共建正是系统性思维指导工作实践的表现。

系统思维作为一种科学方法论，是以解决复杂系统问题为导向、以系统整体论为理论基础、以系统方法论为核心的一种应用系统思维范式，具有重要的实践价值。长期以来，人们在认识自然界的奥秘和客观世界的发展规律过程中，形成了还原论和整体论两种方法论。还原论认为现实世界的本质是简单性的，强调整体是部分的总和。因此，对复杂事物的认识，应该从部分开始，通过将复杂事物分解为简单的部分，然后从部分认识整体。传统的整体论则认为宇宙万物是复杂性的，强调局部决定于整体。只有从整体开始，了解部分与整体的关系，才能认识事物的复杂性。

在整体与部分的关系上应立足整体，从整体看局部，强调下向因果关系，强调整体对局部的产生和决定作用。随着科学技术的发展，许多科学家越来越意识到他们不得不面对一个似乎令他们窘困的事实：整体真的可以大于部分相加的总和。正是这种整体与部分之间关系的难题，促使奥地利生物学家贝塔朗菲提出："我们被迫在一切知识领域中运用'整体'，或'系统'概念来处理复杂性问题。"[①] 贝塔朗菲认为，组合性特征就是依赖于整体内部特定关系的那些特征。因此，我们不仅必须知道部分，而且必须知道内部特定关系，才能理解这样的特征。系统科学的发展揭示了事物之所以具有整体性的最重要原因是作为组成部分的要素之间的相互作用，即要素之间的非线性关系，而不是作为实体的组成部分。系统研究的发展，已形成了区别于还原论又与还原论相互补充的关于系统整体的基本概念、基本原理、基本思想和基本方法论，即一种系统整体论。

系统思维是与事物性思维相区别的一种整体性思维。事物性思维更多关注的是事物作为一个实体之间的差别，关注整体中组成部分及其具有的实体性和独立性，因而经常表现为以一种孤立的和部分的视角看问题，以一种机械的方式解决问题。而系统思维关注的主要是所有具体事物作为"系统"所共有的、独立于要素实体的相互关系。系统中不同主体和不同要素，也有不同的性质和功能。作为对系统的反映，系统思维就是应用系统观念分析事物的本质和内在联系，从整体上把握事物发展规律的方法。坚持系统思维，本质上就是要实现系统优化以及系统思维本身的优化。第一，系统思维坚持整体性原则，要求事物的各个根本要素最终服务于事物整体功能，实现整体效应最大

① ［美］冯·贝塔朗菲：《一般系统论》，林康义等译，清华大学出版社 1987 年版，第 2 页。

化；第二，系统思维强调结构性分析，注重把握事物的不同结构层面和维度之间的关系，主张通过不断优化结构，实现系统要素的相互配合和系统功能的不断提升；第三，系统思维主张开放性思维，要求重视事物与外部环境的交流融通，通过吸收环境的有利因素促进事物自身的有序发展与持续进步；第四，系统思维具有统筹性特征，正确看待眼前和长远的关系，正确把握好局部和全局的关系，正确处理整体与要素之间的关系，提高运用系统思维的能力。坚持系统思维，是以习近平同志为核心的党中央在坚持系统谋划、统筹推进党和国家各项事业过程中提出的，是推动各领域工作和社会主义现代化建设的基础性思想和工作方法。作为以马克思主义把握人与世界关系的基础性思想方法和工作方法，系统思维以辩证唯物主义为理论渊源和哲学表达，为社会实践提供了强有力的观念引领和思维方式。①

系统思维强调在理解和解决复杂系统问题时，应该从整体的层面分析和把握系统要素之间的关系、系统要素与系统整体之间的关系、系统与环境之间的关系。系统思维对于我们理解和把握我国正在进行的社会变革过程中所面临的问题的复杂性，以及在贯彻新发展理念来应对多种复杂性挑战上具有重要的方法论意义。运用系统思维，有助于提高战略思维能力，让我们能够更好地把握复杂事物或实践问题的整体性以及系统的关键性关系，从而在实践中统筹各种关系，协同发力，产生集成性的系统效益。

习近平总书记高度重视系统思维，并将系统思维娴熟运用于对问题及工作的分析研究。进入新时代以来，习近平总书记从提高思维能力的角度反复要求广大干部提高包括系统思维在内的各种思维能力并

① 参考范冬萍：《系统观念的方法论价值和实践意义》，《人民论坛》，2023年第16期。

运用于分析问题中。同时，他多次突出强调要树立系统思维，运用系统思维分析解决问题。2015 年 12 月，他在中央城市工作会议上指出：“城市工作要树立系统思维，从构成城市诸多要素、结构、功能等方面入手，对事关城市发展的重大问题进行深入研究和周密部署，系统推进各方面工作。”[①]2016 年 1 月，他在推动长江经济带发展座谈会上指出：“要增强系统思维，统筹各地改革发展、各项区际政策、各领域建设、各种资源要素，使沿江各省市协同作用更明显。”[②]2019 年 9 月，他在黄河流域生态保护和高质量发展座谈会上指出：“要在党中央集中统一领导下，发挥我国社会主义制度集中力量干大事的优越性，牢固树立‘一盘棋’思想，更加注重保护和治理的系统性、整体性、协同性，不能犯急躁病、大干快上，特别是不能搞各种各样的开发区。”[③]从一定意义上讲，坚持系统思维是我国改革发展实现历史性转变的重要原因之一。正如习近平总书记所指出的：“我们加强党对全面深化改革的集中统一领导，以全局观念和系统思维谋划推进改革，从前期夯基垒台、立柱架梁，到中期全面推进、积厚成势，再到现阶段加强系统集成、协同高效，蹄疾步稳、有力有序解决各领域各方面体制性障碍、机制性梗阻、政策性创新问题，方向目标清晰，战略部署明确，方法路径高效，实现由局部探索、破冰突围到系统协调、全面深化的历史性转变。”[④]

习近平总书记多次强调以系统思维推动长江经济带高质量发展指导着“全域共建”。2016 年 1 月 5 日，在重庆座谈会上，习近平总书记

① 中共中央党史和文献研究院：《习近平关于城市工作论述摘编》，中央文献出版社 2023 年版，第 79 页。

② 中共中央文献研究室：《习近平关于社会主义经济建设论述摘编》，中央文献出版社 2017 年版，第 265 页。

③ 习近平：《在黄河流域生态保护和高质量发展座谈会上的讲话》，《求是》，2019 年第 20 期。

④ 习近平：《习近平著作选读》第二卷，人民出版社 2023 年版，第 395 页。

提出：“推动长江经济带发展涉及经济社会发展各领域，是一个系统工程，不可能毕其功于一役。”[①]“要运用系统论的方法，正确把握自身发展和协同发展的关系。”[②]“要增强系统思维，统筹各地改革发展、各项区际政策、各领域建设、各种资源要素，使沿江各省市协同作用更明显，促进长江经济带实现上中下游协同发展、东中西部互动合作。”[③]2018年4月26日，在武汉座谈会上，习近平总书记指出：“长江经济带的各个地区、每个城市都应该也必须有推动自身发展的意愿，这无可厚非，但在各自发展过程中一定要从整体出发，树立‘一盘棋’思想，把自身发展放到协同发展的大局之中，实现错位发展、协调发展、有机融合，形成整体合力。”[④]2020年11月14日，在南京座谈会上，习近平总书记指出：“推进上中下游协同联动发展，强化生态环境、基础设施、公共服务共建共享，引导下游地区资金、技术、劳动密集型产业向中上游地区有序转移，留住产业链关键环节。”[⑤]2023年10月12日，在南昌座谈会上，习近平总书记强调“沿江省市要坚持省际共商、生态共治、全域共建、发展共享”[⑥]。可以看出，四次座谈会都有全域共建的要求，既体现了一致性和一贯性，即区域协同联动，又蕴含着与时俱进的新要求和新内涵。

长江经济带作为流域经济，不仅是一个整体，而且是连接丝绸之路

① 习近平：《论坚持人与自然和谐共生》，中央文献出版社2022年版，第215页。

② 习近平：《论坚持人与自然和谐共生》，中央文献出版社2022年版，第219页。

③ 习近平：《论坚持人与自然和谐共生》，中央文献出版社2022年版，第130–131页。

④ 习近平：《论坚持人与自然和谐共生》，中央文献出版社2022年版，第219页。

⑤ 习近平：《论把握新发展阶段、把握新发展理念、构建新发展格局》，中央文献出版社2021年版，第441页。

⑥ 《进一步推动长江经济带高质量发展　更好支撑和服务中国式现代化》，《人民日报》，2023年10月15日，第1版。

经济带和21世纪海上丝绸之路的重要纽带，必须以系统思维统筹各地改革发展、各项区际政策、各领域建设、各种资源要素，使沿江各省市协同共建。全域共建就是在系统思维指导下，将长江经济带全域视作一个整体，要求沿江省市突破既有藩篱的束缚、突破本位主义的障碍，从全域出发，从整体谋划，助力长江经济带区域协同融通更好发展。

二、全域共建是区域协同发展的必然要求

长期以来，由于过分强调地域分工，各个省市都立足自身资源禀赋优势形成了一套封闭独立、自成一体、或大而全或小而全的经济体系，使得长江经济带内部产业结构趋同，同质化现象比较普遍，严重损害了市场经济效率。区域协同发展是长江经济带长期以来的重要指导方向，是区域协调发展的重要要求。2018年11月，中共中央、国务院在《关于建立更加有效的区域协调发展新机制的意见》中要求，“增强区域发展的协同性、联动性、整体性”。需要指出的是，区域协同意味着各区域仍然是相对独立的个体，通过协同联动强化彼此之间的联系。

全域共建就是在区域协同的基础上，将长江经济带全域视作一个整体，以一体化基础设施共建、一体化产业链安全链共建、一体化市场共建等，实现地缘相近、文缘相承、商缘相连的不同区域通过联动合作来整合发展要素和发展空间。长江经济带九省二市都有着经济社会和生态发展的共同追求；同时，其经济社会发展差距又客观存在，不同的省市承担着不同的区域发展功能，有着不同的利益追求。全域共建就要求在共同追求的基础上推进全域一体化合作模式，通过基础设施的互联互通、一体化产业链安全链共建、一体化市场共建等，实现从地域分工转为产业内部分工，使不同地区的企业成为一个完整产业或产品生产链条上的不同环节，这种一体化联合性质的内部分工有

助于跨区域的资源和要素的合理配置与协调，进而提高长江经济带内部资源整合效率，推动经济高质量发展。这是对区域协同发展的升华和深化。

三、全域共建就是践行命运共同体理念

在中华民族伟大复兴战略全局和世界百年未有之大变局交织的时代背景下，习近平总书记提出“铸牢中华民族共同体意识”和“构建人类命运共同体”理念。党的十八大提出的“倡导人类命运共同体意识”，党的十九大提出的“构建人类命运共同体”理念，成为习近平新时代中国特色社会主义思想的重要组成部分。

“中华民族共同体”是近年来学界较多研究的词语和概念，是对中华民族理论的丰富和发展。中华民族衍生出的一系列相关词语和概念，是随着人们对近代民族概念认识和研究的不断深入得以产生的，它们的内涵呈现动态发展和丰富完善的特征，“中华民族共同体”就是由中华民族衍生出的众多词语和概念之一。作为自在的民族实体，中华民族共同体是中华民族在数千年的历史演进中逐渐生成的。从学术史视角看，考古学家夏鼐 1962 年发表的《新中国的考古学》一文，较早提出“中华民族共同体”一词。此后数十年间，黎澍、周维衍等学者曾多次使用这一词语。2014 年 5 月，习近平总书记在第二次中央新疆工作座谈会讲话中，首次对“中华民族共同体”进行表述；同年 9 月，习近平总书记在中央民族工作会议上强调“打牢中华民族共同体的思想基础”，对“中华民族共同体”作出深入阐释。中华民族共同体成为内涵丰富和外延稳定的概念。党的十九大提出“铸牢中华民族共同体意识”，并写进新修订的《中国共产党章程》，彰显了中华民族共同体在党章中的政治地位。党的二十大再次强调：“以铸牢中华民族共同体

意识为主线，坚定不移走中国特色解决民族问题的正确道路，坚持和完善民族区域自治制度，加强和改进党的民族工作，全面推进民族团结进步事业。”[①]

习近平总书记提出的人类命运共同体理念，是对经济全球化背景下人类共同体理论的发展和超越。2011 年 9 月，国务院新闻办发表《中国的和平发展》白皮书，在阐述“中国和平发展是历史的必然选择”时，强调经济全球化推动不同国家形成共同利益和相互依存的“命运共同体”。[②]党的十八大提出“人类命运共同体意识”，指出在追求本国利益时兼顾他国合理关切。2015 年 9 月，国家主席习近平在纽约联合国总部出席第七十届联合国大会一般性辩论的演讲中提出构建人类命运共同体理念：“当今世界，各国相互依存、休戚与共。我们要继承和弘扬联合国宪章的宗旨和原则，构建以合作共赢为核心的新型国际关系，打造人类命运共同体。”[③]这是着眼人类发展和世界前途提出的中国理念、中国方案，也是中国引领时代潮流和人类文明方向的旗帜。2017 年 1 月，国家主席习近平在瑞士日内瓦发表题为《共同构建人类命运共同体》的主旨演讲，阐释构建人类命运共同体理念。党的十九大全面阐发人类命运共同体理念的内涵：“各国人民同心协力，构建人类命运共同体，建设持久和平、普遍安全、共同繁荣、开放包容、清洁美丽的世界。”[④]这样，“人类命运共同体”被纳入学术体系和官方话语体系，成为表述人类共同利益关系、新型国际关系的重要概念。命运共同体是指不同主体基于共同的利益诉求、现实需要和未来发展等因素，在

① 习近平：《习近平著作选读》第一卷，人民出版社 2023 年版，第 33 页。
② 中华人民共和国国务院新闻办公室：《中国的和平发展》，人民出版社 2011 年版，第 21 页。
③ 习近平：《习近平谈治国理政》第二卷，人民出版社 2019 年版，第 522 页。
④ 习近平：《习近平著作选读》第二卷，人民出版社 2023 年版，第 48 页。

共享共赢、共同责任基础上结成的联合体，具有包容性、共同性和依存性特征，蕴含着全人类为主体的人类命运共同体和以国家民族为主体的民族共同体。命运共同体是民族、国家、全人类等不同层级共同体应对国内外问题、全球挑战和共享发展成果形成的理念，是中华民族共同体与人类命运共同体的理论交汇点。

习近平总书记站在人类追求美好生活的立场上，提出构建以人类共同利益和共同责任为核心的人类命运共同体，并将其写入党章和宪法，使构建人类命运共同体上升为党和国家意志。致力于构建各国主权平等的政治共同体、合作共赢的经济共同体、包容共生的文明共同体、和平共处的安全共同体、可持续发展的生态共同体，是人类命运共同体理念的核心内容，实质是人类在国际权力观、共同利益观和全球治理观基础上构建的利益共同体和责任共同体的统一。党的二十大报告强调“推动构建人类命运共同体，坚定维护国际公平正义，倡导践行真正的多边主义”①，为解决人类面临的共同问题提供了中国智慧和中国方案。

2023 年 10 月，在南昌座谈会上，习近平总书记提出，长江经济带要“稳步推进生态共同体和利益共同体建设”②,就是在“中华民族共同体”和“人类命运共同体”的基础上，将长江经济带全域视作一个一体化的共同体，是对两个共同体概念的延伸和发展，全域共建就是践行习近平总书记共同体理念的生动写照。

① 习近平：《习近平著作选读》第一卷，人民出版社 2023 年版，第 11 页。

② 《进一步推动长江经济带高质量发展　更好支撑和服务中国式现代化》，《人民日报》，2023 年 10 月 13 日，第 1 版。

第二节
长江经济带全域共建具有扎实的工作基础

2014 年 9 月发布的《国务院关于依托黄金水道推动长江经济带发展的指导意见》，要求“建成安全便捷、绿色低碳的综合立体交通走廊”，“以沿江综合运输大通道为支撑，促进上中下游要素合理流动、产业分工协作”。[①]《意见》实施以来，沿江省市勠力同心，在共建基础设施、产业链安全链以及统一市场等方面取得了显著的前期成果。

一、互联互通的交通基础设施成为联结全域的血脉

九省二市依托长江黄金水道，统筹铁路、公路、航空、管道建设，促进交通基础设施互联互通，使其成为贯通长江经济带全域的血脉。

（一）黄金水道建设扩容提质增效，主动脉功能更加畅通有力

长三角合力推进世界级港口群，提升整体竞争力和影响力，效果逐渐呈现。长三角区域内拥有宁波舟山港、上

① 《国务院关于依托黄金水道推动长江经济带发展的指导意见》，中华人民共和国中央人民政府网，2014 年 9 月 25 日。

海港、连云港港三大沿海港口，海铁联运在内陆进出口、过境中转等货物运输中发挥着重要的作用。依托发达的铁路网和三大沿海港口优势，围绕长三角经济区域重点产业链，优化海铁联运网络，现已打造出内外贸、进出口、过境双向双重大通道。2023 年，长三角地区港口共完成货物吞吐量 70.4 亿吨，集装箱吞吐量 1.1 亿标准箱，分别占全国 41.5% 和 38.5%，集装箱铁水联运量 307 万标准箱，占全国的 30%。其中上海港集装箱吞吐量、宁波舟山港货物吞吐均连续多年保持第一。

长江中游鄂赣湘三省携手打造长江中游城市群“组合港”，多条新开通航线稳定开行。长江中游以打通梗阻目标，全力打造“水上高速公路”。长江干线宜昌至安庆段全长 1026 公里，其中武汉至安庆皖河口段航道全长 386.5 公里。随着长江下游深水航道建设和上游三峡库区形成，该段航道维护水深较上下游明显偏低。每年 1 月至 3 月，长江进入枯水期。这个时间段，往往成为大船的“拥堵期”。湖北省委、省政府针对长江“中梗阻”问题，在 2014 年 4 月提出推进“安庆至武汉 6 米水深、武汉至宜昌 4.5 米水深航道整治工程”（简称“645 工程”）的战略目标。2016 年，“645 工程”先后纳入国家“十三五”规划纲要和长江经济带发展规划纲要，相关项目纳入交通运输部《水运“十三五”发展规划》重点项目。国家发展改革委 2017 年 8 月批复同意建设长江干线武汉至安庆段 6 米水深航道整治工程。2019 年 1 月，国家投资 37 亿元的长江干线武汉至安庆段河段 6 米水深航道整治工程全面开工建设。2021 年 3 月，长江航道局通过航道整治将该河段全年最低维护水深提升至 6 米，实现了万吨级江海船舶可常年直达武汉。2022 年，长江干线港口完成货物吞吐量达 35.9 亿吨，其中鄂湘赣三省共 6.1 亿吨，在长江全线港口中增幅最为强劲。

川渝两省市以畅通长江上游水路运输、东向合力提升长江黄金水道为目标。长江干线朝涪、涪丰 4.5 米水深航道整治有序推进，推进沿江省市港口、口岸合作，优化“沪渝直达快线”运行机制。创新建立嘉陵江跨省船闸调度机制，船舶通过时间减少 1/3。重庆加强联运服务模式探索创新，加快发展铁水联运、江海联运、水水中转等运输组织方式，周边地区货物经重庆港中转比重达到 45.5%。重庆建成投用嘉陵江利泽枢纽船闸，川渝合资共建的万州新田港二期加快推进。目前，重庆市三级及以上航道突破 1100 公里，港口货物吞吐能力、吞吐量双双突破 2 亿吨。

（二）高速铁路基础设施成为串联长江经济带的关键依托

高（快）速铁路是加强长江经济带各省市人员往来和经济联系最重要的交通基础设施，目前已建成和大部建成的有三条。

一是已经开通的沿江快铁。沿江快铁途经启东—南通—南京北—合肥南—汉口—宜昌东—重庆北等城市高铁站，终点为成都。设计时速只有 160—250 公里，但作用不容小觑，将来在 350 公里时速沿江高铁（沪渝蓉高铁）开通之后，沿江快铁不但具备城际铁路的客运功能，还会开通高铁快速货运。另外，目前从合肥南，可经南京南—镇江—常州—无锡—苏州—昆山南—上海虹桥，到达上海主城区。

二是沪昆高铁。沪昆高铁由上海虹桥站至昆明南站，全长 2252 公里，是中国东西向线路里程最长、速度等级最高、经过省份最多的高速铁路。设计时速为长沙南站以东时速 350 公里，长沙南站以西时速 300 公里（预留时速 350 公里）。2009 年 2 月正式开工，2016 年 12 月全线正式通车。

三是南沿江高铁。该高铁线途经上海宝山—太仓—南京南—铜陵—池州（安庆）—九江—岳阳—常德—张家界西—重庆—成都东等城市高铁站，设计时速 200—350 公里。其中太仓至南京南、南京南至安庆已通车，池州经九江至常德规划待建，常德至黔江已通车，黔江至重庆正在建设，重庆至成都已通车。南沿江高铁是沪渝蓉高铁的重要补充，覆盖了沪渝蓉高铁尚未辐射的长江以南广大地区。

上述三条高铁都是沿线省市在国家铁路集团支持下携手共建，与既有的黄金水道以及沪蓉、沪渝等高速公路一起，构建沿江复合交通轴，为长江经济带形成有机整体打下坚实基础。

（三）城市群都市圈轨道交通建设加速形成区域通勤圈

长三角依托快速运输通道，以城际铁路、轨道交通建设等为重点，长三角轨道交通持续建设，形成了连通各城市主城区的密集轨道交通网。2022 年 7 月 13 日，沪苏嘉城际铁路开工建设。该城铁东起上海虹桥商务区，南至浙江嘉兴市区，西至苏州市吴江区。作为支撑长三角一体化发展的重要铁路基础设施，沪苏嘉城际铁路串联示范区虹桥商务区动力核、吴江高铁科创新城等核心功能区，兼顾沿线地区出行服务。2023 年 6 月 24 日，作为长三角一体化基础设施互联互通示范工程，苏州轨道交通 11 号线正式开通运营。苏州与上海实现主城轨道交通互联互通。事实上，这只是长三角轨道交通建设的一个缩影。2022 年，长三角区域新增高铁超 130 公里，高速铁路运营总里程超 6600 公里。沪渝蓉北沿江高铁等 3 个省际铁路项目开工建设。沪通铁路太仓至四团全线开工建设，宁淮铁路、沪苏湖铁路等项目正在加快建设。沪苏湖铁路建成后，将成为连通上海、苏州、湖州等城市的重要铁路运输通道，与沪杭高铁、宁杭高铁、湖杭高铁相连，共同构筑起长三角核心区城际快速铁路客运网络。

长江中游鄂赣湘三省建成以三个省会城市为中心的“三角形、放射状”城际交通网络，以高铁为代表的陆路交通建设加速推进，铁路网总规模突破 1 万公里，成为助力长江中游城市群一体化的重要支撑。

长赣高铁、呼南高铁宜昌至常德段、武咸昌高铁、长昌（九）高铁等项目均取得显著进展；推动开行国际铁路联运班列“天天班”，三省根据实际情况，适时开通湖南长沙、怀化，湖北武汉、襄阳、宜昌、荆门，江西南昌、萍乡等地至广西北部湾的铁海联运班列，以及至老挝、越南的国际铁路联运班列。利用湖南怀化至广西北部湾及老挝、越南的集拼集运及政策优势，协同三省在焦柳线、沪昆线上的城市货源以沿途加挂形式在怀化集并。

截至 2023 年 4 月，在建的渝昆高铁、渝湘高铁（重庆至黔江段）总体形象进度分别达到 92%、60%。成渝高铁完成提质改造，时速达到 350 公里，重庆至成都间迈入 1 小时交通圈。2022 年 12 月，成渝间最顺直、最高效的客运直连通道——成渝中线高铁全面开建，南向共建西部陆海新通道，东线已经建成通车渝怀铁路二线，中线建成渝黔高速复线，有力支撑铁海联运、国际铁路联运、跨境公路班车发展，通道通达全球 120 个国家和地区的 470 多个港口。西向合作开行中欧班列（成渝），稳定运行近 50 条线路。从而成都、重庆两地围绕电子、汽车、机械等适铁产业特色打造的枢纽经济初具规模，成都国际铁路港、重庆国际物流枢纽园区依托班列枢纽汇集各类经营主体 7000 余家。成渝中线高铁与渝宜高铁将形成新的沿江高铁通道，并北接已通车的郑渝高铁，串联起京津冀城市群、中原城市群以及长三角、大湾区，将加快西部地区南北向、东向的贯通进程。自 2024 年 1 月 10 日零时起，全国铁路开始实行 2024 年第一季度列车运行图后，重庆东环铁路首次开行复兴号动车组。

长三角、长江中游、成渝三个城市群（经济圈），分别打造“轨道上的都市圈”，形成三大增长极，共同支撑长江经济带高质量发展。

（四）公路基础设施成网见势，打通区域一体化毛细血管

长三角公路交通一体化成网见势。根据《长三角地区打通省际断头路合作框架协议》，长三角第一批17条省际断头路项目中，8条已建成通车，其余均已开工建设；毗邻地区公交方面，长三角地区累计开通省际毗邻公交客运线路76条。2022年，长三角区域全年新增高速公路约510公里，高速公路网规模达1.67万公里，实现陆域县县通。2023年7月29日，长三角地区首条跨省域旅游公路——“95联盟大道”正式开通。“95联盟大道”是衢州、黄山、南平、上饶4个城市联手打造的一条长1995公里、贯通四市的交通与旅游环线。“95联盟大道”改变了以往大修大建的模式，只需较小投入（每公里约8万元的投入），提升总造价389亿元的交通资产，变“运输”为“引流”，将交通道路转化成风光大道、旅游大道、共富大道，成为自带流量的交旅融合IP。

2022年12月发布的《长江中游三省打通省际瓶颈路（含航道）合作协议》，瞄准三省公路硬联通的梗阻，加快推进高速公路、水运航道省际通道、普通国省省际瓶颈路段建设，支持省际农村公路瓶颈路段建设。九江至黄梅、武穴至瑞昌、黄梅新开至九江永安过江通道等建设进度加快，九江至黄梅小池跨江省际公交稳定运营。

2020年以来，川渝两地累计开行22条跨省城际公交，进一步拉近双城经济圈时空距离，基本实现川渝间具备条件的毗邻市区县跨省城际公交线路全覆盖，为提升川渝地区综合运输服务一体化水平，推动交通运输高质量发展起到积极作用。“双核”间形成成渝、渝蓉、渝遂、合川至安岳等5条直联大通道，梁平至开江、渝赤叙、万开达等在建高速公路加快建设。

（五）航空基础设施加速建设，综合立体交通走廊更趋完善

2023年，长三角杭州机场三期T4航站楼和交通中心完成验收，

南京禄口机场 T1 南指廊工程建成，上海浦东机场四期扩建工程等 6 个项目开工建设，南通新机场项目取得阶段性重大进展。目前，长三角区域共有运输机场 24 个，以上海为核心，南京、杭州、合肥等机场为重点的长三角世界级机场群初具规模，保障能力不断增强。2021 年，长三角地区机场货邮吞吐量达 624.6 万吨，全国占比 35.3%。

长江中游发挥鄂赣湘三省航空枢纽集群优势，利用天河国际机场、鄂州花湖机场、黄花国际机场、昌北国际机场等航空枢纽，探索发展“卡车航班”等模式，共同打造“全球 123 快货物流圈”，推动三省通用航空短途运输互通。特别是 2022 年 7 月 17 日通航的鄂州花湖机场，一年多的时间已开通国内外货运航线 70 条，日均进出港货运航班超 90 架次。2023 年 4 月 1 日开通首条国际航线后，2023 年累计进出境航班 1022 架次，进出境货物 42040.76 吨。花湖机场是亚洲首个、全球第四个专业货运机场，已成为长江经济带“空中出海口”。

川渝两地携手打造长江上游和西部地区空中枢纽，成渝世界级机场群正加快形成。2023 年成都双流、成都天府两机场旅客吞吐量位居全国城市第三。据民航西南管理局消息，2023 年民航西南地区共完成旅客吞吐量 2.29 亿人次，货邮吞吐量 173 万吨，分别同比增长 113.5% 和 14.7%，恢复至 2019 年的 104.1% 和 99.1%。重庆江北国际机场 2023 年旅客吞吐量 4465.7 万人次，居全国第六。重庆国际（地区）客运航线网络加快完善，助推重庆打造国际航空枢纽，助力重庆内陆开放高地和国际消费中心城市建设。

二、产业链安全链共建铺就高质量发展底色

通过上下游协同、左右岸联动，长江经济带已逐步形成了汽车、电子、装备制造等支柱产业集聚区。其中，电子信息、装备制造等产

业规模占全国比重均超过 50%。目前长江经济带共有国家高新区 79 个（占全国的 47%），国家自主创新示范区 10 个（占全国的 43.5%），国家技术创新示范企业 25 家（占全国的 43.1%）。上海市集成电路、生物医药、人工智能等领域高端制造业增长极正在形成；成渝两地共建西部科学城，推动成渝地区双城经济圈成为带动全国高质量发展的重要增长极和新的动力源；江苏省则做强 30 条优势产业链，一批“链主”领军企业、专精特新企业茁壮成长。产业链安全链共建为长江经济带高质量发展奠定了坚实的基础。

（一）各省市协同打造世界级优势产业集群

长三角合力打造新能源汽车世界级产业集群。上海、江苏、浙江、安徽 2022 年合计拥有新能源汽车相关企业 16.4 万余家，占全国的 20.7%，其中 2022 年新增注册企业 5.3 万余家，相关新增企业注册同比增长 56.8%。整体来看，2022 年长三角三省一市新能源汽车产量逾 279 万台，占全国比重超过 40%，占全球比重达 25%。其中，上海龙头优势明显。2022 年，上海汽车产量占全国 11.5%，新能源汽车产量占全国 14%，总产值达 8080 亿元。在临港新片区，以特斯拉、上汽乘用车为龙头，带动临港新片区 2022 年智能新能源汽车产业产值超 2400 亿元。目前，8 家整车企业、600 余家国内外主要零部件企业均在上海布局。以特斯拉上海超级工厂为例，这一工厂的产业链本土化率超过 95%，在上海、苏州、宁波、南通等长三角地区建立起“4 小时朋友圈”，覆盖了电池、车载芯片、自动驾驶系统等新能源汽车零部件的全生态链。2022 年长三角地区新能源汽车产量占全国的 38%。

长江中游三省在产业链条和科技创新上谋篇布局、错位发展，引导城市群内部强链补链、协同联动，逐步勾勒出分工明确、层次合理的现代化产业体系，形成了装备制造、汽车航空、有色冶金、石油化工、生物医药、电子信息等超千亿超万亿的产业集群。江西提出重点产业链现代化建设“1269”行动计划，湖北打造“51020”现代产业集群，湖南加力打造国家重要先进制造业高地。2023年，三省协力推进武汉、长沙、南昌国际级互联网骨干直联点建设，全面提升存力、算力、运力水平，推动数据合规高效流通、赋能实体经济，以组合拳融入“东数西算”。武汉东湖新技术开发区、长沙高新区、南昌高新区等8个开发区入围2023年先进制造业百强园区。三省科技部门共同开通运营长江中游城市群综合科技服务平台·共创云，拓展科技成果转移转化的渠道。

川渝联合成立汽车、电子产业工作专班，共建产业链供需信息对接平台、联合对外招商、共建产业合作园区，携手推动汽车产业向新能源、智能网联，电子产业向芯、屏、器、核、网全产业体系转型升级。以汽车产业为例，2022年川渝共报送汽车供应链“白名单”企业约500家，全年川渝两地共生产汽车318万辆，同比逆势增长17%，展现出产业链合作的强大韧性。川渝合力打造成渝氢走廊、电走廊、智行走廊，加快推动氢能及燃料汽车电池应用示范，重庆、宜宾被列入国家首批新能源汽车换电模式应用试点，川渝间已建成11条省际高速公路电走廊。

贵州省积极实施大数据战略行动，不断推动数字经济与实体经济融合发展。在贵州省贵安新区中国电信云计算贵州信息园，大数据业务从互联网数据中心存储拓展到云服务等多个业务板块，服务客户上万家。作为国家级大数据综合试验区，目前贵州累计落地大型、超大型数据中心18个，其中超大型数据中心8个。

云南省大力发展生物医药、信息、新材料和先进装备制造等产业集群。一批生物医药和医疗健康养生项目成功落地；昆明杨林新能源汽车“三车一中心”汽车园渐成雏形；贵金属催化材料和功能材料等领域中的多项关键材料和技术达到国际先进水平；云南已成为全球最大的鲜切花生产地，鲜切花生产面积、产量均位居全球第一。

（二）省际产业合作园区见势成效

2021年12月，国家长三角一体化发展领导小组和国家发展改革委出台《沪苏浙城市结对合作帮扶皖北城市实施方案》。以此为契机，沪苏浙城市与皖北城市创新性共建省际产业合作园区，全面打造省际城市合作高质量发展主引擎。目前，“7+3”结对合作园区全部挂牌。

在与上海结对合作共建方面，共建3个园区，分别是六松现代产业园、闵行·淮南科创产业园、上海市工业综合开发区东方美谷亳州产业园；在与江苏结对合作共建方面，共建5个园区，分别是徐淮产业合作园区、苏阜产业园区以及南京江北新材料科技园定远合作产业园、南京经济技术开发区凤阳省际合作园区、江宁—明光合作产业园；在与浙江结对合作共建方面，共建2个园区，分别是杭州宿州产业园区、甬蚌产业合作园区。目前，这些合作园区正探索多元化的共建模式。松江六安、杭州宿州、苏州阜阳、宁波蚌埠4对城市已合资成立园区运营管理公司；徐州淮北、南京滁州（定远、凤阳、明光）正在协商“管委会＋运营公司”模式；上海奉贤区在亳州成立东方美谷（亳州）投资公司，参与园区投资并负责运营管理；上海闵行区通过市场化、多元化招商模式，引导支持产业溢出项目落地闵行·淮南科创产业园。

中新苏滁高新技术产业开发区是中国、新加坡两国合作的苏州工业园区以市场化模式跨省共建的第一个项目，享受安徽省政府授予的“省辖市经济管理权限”等特殊政策。由苏州工业园区开发主体——中新集团与滁州市人民政府合作共建，其中中新集团占股56%，滁州城投占股44%。自2012年开工建设以来，中新苏滁高新区创新合作模式，形成了省级产业园区合作的六大机制创新。

一是软件转移承接机制。首先分期、分批组织滁州市的经济社会领域的一线干部，赴新加坡、苏州学习培训，缩小滁州与苏州在干部的思想、服务的精神、营商的理念、政务的环境之间的差距。除此之外，还引进苏州工业园区的邻里中心、城市物业、智慧园区、人力资源服务等核心管理品牌，实现了管理服务与苏州工业园的无缝对接。

二是共商共建合作机制。园区实行“双主体”管理机制，即园区管委会是管理主体，滁州市政府通过滁州城投与中新集团成立合资公司——中新苏滁（滁州）开发有限公司，是园区开发主体。管理主体主要履行行政管理职能，负责征地拆迁、各类审批、防汛抗旱、信访维稳等一系列与群众有关的，需要政府做的各项事务；开发主体主要负责规划编制、九通一平等基础设施建设。在“双主体”的基础上，还建立了“一会两委”工作机制，“一会”就是定期召开管委会、开发公司联席会议，“两委”是指招商引资工作委员会和规划审批工作委员会。园区重点工作均由“一会两委”共同商议、共同决策，大大提高了工作效率。

三是规划引领开发机制。规划秉持“三个1/3”产城融合理念，即园区土地1/3用于产业，1/3用于商住，1/3用于公建配套，并且按照先规划后建设、先地下后地上、先产业后城市的建设时序，避免产业“空心化”、城市“孤岛化”。坚持规划刚性执行，坚决维护规划的严肃性、权威性，确保一张蓝图干到底。

四是招商引资推进机制。园区自设立以来，围绕“高端、品牌、外资”的产业定位，积极开展全方位、全球化的“双轨招商”。一轨是中新集团竭尽全力抓外资。通过“借船出海”，利用中新集团全球招商网络和资源，立足东南亚、面向欧美，开展全球招商。另一轨是管委会齐心合力抓内资。管委会成立了专业招商局，其他 11 个局办分别成立招商部，侧重于沪苏浙地区项目的引进。招商分工不分家，实行全员招商，形成招商合力。

五是生态园区建设机制。园区坚持生产、生活、生态“三生共融”，按照“美丽、健康、智慧”的建设理念，打造水清岸绿宜居的绿色生态园区。

六是创新驱动发展机制。2019 年，苏滁现代产业园正式更名为中新苏滁高新区，制定出台《关于支持企业创新发展若干政策》，围绕企业自主创新、创新平台建设、产品研发、技术攻关等 11 个方面加大扶持力度，让人才、设备、资金、项目都充分活跃起来，全方位激发企业创新动力。鼓励企业与大院大所开展产学研合作，聚力创新平台建设，让企业创新有渠道、有场所、有保障。①

在上述创新合作机制下，截至 2022 年底，中新苏滁高新技术产业开发区共引进工业项目 260 多个，总投资超过 800 亿元，已引进来自 13 个国家和地区的外资项目 61 个，国内外上市公司投资企业 34 个，世界 500 强投资企业 6 个，外资占比约 1/4。园区已初步形成高端装备制造、电子信息、新能源新材料、营养健康等主导产业。

三、统一市场建设打开要素自由流动的广阔空间

长江经济带是我国经济发展最活跃、开放程度最高、创新能力最强的区域之一。推动长江经济带统一市场建设，不仅可以共享发展红利，更能为推进全国统一大市场建设开辟道路、创造条件、积累经验。

① 以上六点，参见中新苏滁高新区：《从苏滁高新区看长三角省际产业园区合作模式》，上海人民广播电台“长三角之声”，2022 年 6 月 9 日。

（一）市场体系一体化建设加快推动

2019 年 1 月，上海、江苏、浙江、安徽三省一市在上海签署《长三角地区市场体系一体化建设合作备忘录》，以期逐步实现统一市场规则、统一信用治理、统一市场监管，激发市场主体活力，有效扩大内需，增强整个区域的发展动力。截至 2022 年 7 月，长三角区域共有市场主体 3290 万户，约占全国 1/5 的市场主体，长三角市场主体基础数据库和可视化平台上线，共归集长三角 17 类市场主体信息 6.8 亿条；创新“互联网 + 窗口”服务模式，50 多个市场监管领域事项实现长三角地区“一网通办”；培育放心消费单位 32 万余家、线下无理由退货承诺企业 25.5 万家、“长三角实体店异地异店退换货联盟”单位 370 余家，累计开展线下无理由退货涉及金额 4 亿元。长三角 6 个试点城市企业食品安全信息追溯覆盖率、上传率分别达到 100%，接入追溯数据量 1.6 亿条。2023 年 9 月 5 日，在商务部指导下，上海、江苏、浙江、安徽商务主管部门，在北京共同签署了《深化长三角区域市场一体化商务发展合作协议》。

长江中游鄂赣湘三省积极探索市场一体化，在人才互认、科教共享、公共服务一体化上取得了显著成绩。2017 年 10 月，商务部办公厅发布《长江中游区域市场发展规划（2017—2020 年）》，规划范围为三省全域，该规划系全国首个跨省区域性市场发展规划，提出加强三省市场一体化建设步伐，打造全国重要的商贸物流枢纽。2022 年 12 月，三省进一步签订《长江中游三省畅通商品流通合作协议》。三省共同推进“鄂汇办”“赣服通”“湘易办”政务服务跨省 APP 联盟，常态化开行武汉、长沙、南昌“周末游”专列，长江中游三省旅游一卡通持续热销；三省相邻高速卡口通行车辆数据实现实时共享，省会城市市场监管执法标准和处罚制度实现统一。

川渝携手完善市场规则、优化要素配置、破除市场壁垒，打造一体化统一市场。颁发全国首张川渝字号国家级跨区域企业营业执照，试行企业在实际生产经营地与川渝虚拟共享空间“双重落户”的“云注册”登记方式。健全产权保护协作机制，联合发布川渝知识产权合作重点保护名录。推动公平竞争制度协同。在川渝毗邻地区实现公平竞争第三方交叉审查、结果互认。针对新型疑难案件，互通裁量标准，联合立案查办不正当竞争案件220件。推进信用体系建设。出台《川渝省级公共信用信息共享目录》，制定公共信用信息补充目录。设立经营主体信用修复同步互认平台，推动守信激励和严重失信主体名单共享互认。搭建公共资源交易一体化平台。重庆全域与四川泸州、南充、广安、自贡、广元等地实现公共资源交易数字证书（CA）互认通用。打造“川渝共同产权市场互联网平台”，累计成交项目3万宗、交易额2111亿元。开展跨区域市场监管协作。联合出台《深化全方位全链条监管协作推动成渝地区双城经济圈市场一体化发展方案》，建立跨区域重大案件联合挂牌督办机制，2023年累计开展综合执法协作28次，相互移送案件线索165条。清理妨碍统一市场的各类规定做法。围绕市场准入和退出、商品和要素自由流动、影响生产经营成本和生产经营行为等方面，集中清理妨碍统一市场和公平竞争的各类规定做法，废止或修订政策文件221件。①

（二）长三角公共资源一体化交易走在全国前列

长三角加快推动长三角区域统一开放、竞争有序的公共资源交易市场的形成。长三角的公共资源交易额约占全国交易总额的1/4，在公共资源交易平台改革方面，上海市及长三角地区一直走在全国前列。

① 陈瑜：《国家发改委连续点赞推广！这项“双城经验”为全国建立统一大市场“打版”》，上游新闻网，2024年1月12日。

推动长三角公共资源交易一体化合作，就是要通过数字化、网络化手段赋能，提高长三角一体化的治理水平，加快长三角统一大市场的形成，推动区域内要素流动效率提升。

2022 年 8 月，长三角三省一市签署了《共同推动长江三角洲区域公共资源交易一体化发展合作协议》，明确了 8 项合作任务，开启了长三角公共资源交易一体化合作进程，取得了多项阶段性成果。比如试运营长三角公共资源交易统一门户，推动实现长三角公共资源交易信息"一网尽览"和市场主体"异地注册、区域通用"以及交易材料"零提供"；开发建设长三角远程异地评标协调系统，为长三角跨区域异地评标工作提供了基础设施支撑，目前已在上海、苏州、无锡、南通、嘉兴、合肥等地开展跨省远程异地评标；制定实施《长三角公共资源交易系统规范》和《数据规范》，推动跨域系统开放对接和数据共享；发布实施《长三角一体化示范区公共资源交易目录》，这也是全国首个跨区域的公共资源交易目录。自 2022 年 10 月试运行以来，长三角公共资源交易统一门户已发布交易信息 41 万余条，入库市场主体达 30 余万家，发布长三角生态绿色一体化发展交易项目 2900 余宗，涉及交易金额 1200 多亿。[①]

① 吴丹璐：《长三角公共资源交易统一门户正式开通　试运行以来已发布交易信息 4.1 万余条　入库市场主体 30 余万家》，《解放日报》，2023 年 5 月 16 日。

第三节
基础设施互联互通是全域共建的重要着力点

近年来，随着长江航道建设持续实施，多式联运、江海直达等运输方式在长江干线加速发展，长江成为沿江省份承接产业梯度转移的黄金水道。应从整体上谋划和建设区域交通基础设施，加快建设综合立体交通走廊，加强交通网络的相互联通和“公水铁”等运输方式的相互衔接，提升区域交通一体化水平。

一、合力强化长江黄金水道功能

优化长江经济带港口布局，打造具有世界竞争力的现代化港口群。一是强化枢纽港口能级。加强现代航运要素集聚，充分发挥畅通国内国际双循环和推动长江经济带与“一带一路”深度融合的重要作用，强化枢纽港口支撑和保障国家重大战略实施能力，提升综合服务水平和全程物流组织能力，构建对外开放和政策创新高地。二是完善主要港口功能。坚持有序有度发展，推进整合优化提升，充分挖掘港口存量设施能力，优化增量设施供给，加强集约化、规模化公用港区建设，提高码头专业化水平。推进主要港口与其他运输方式及物流站场的统筹规划、协同发展。强化主要港口及重点港区的集疏运通道规划建设，做好与城市交通的协调，提升主要港口服务效率与品质。三是统筹发展其他港口。适应地方经济社会发展需求，因地制宜推进其他港口发展，集约高效利用港口岸线资源，强化港口资源整合和提质升级，着力提升港口设施的专业化水平和服务能力。四是打造区域港口群。着力构建长三角沿江、长江中游和长江上游三大区域港口群，充分发挥枢纽港口、主要港口的辐射带动作用，适度超前配置港口基础设施能力，高水平整合利用区域港口资源，注重优势互补、协同联动，推进一体化发展，提升区域港口群的组合优势和整体竞争力。其中，长三角沿江港口群主要服务于长三角一体化及长江经济带高质量发展，长江中游港口群主要服务于长江中游城市群发展，长江上游港口群主要服务于成渝地区双城经济圈发展。

加快发展多式联运，建成通江达海的现代化航运体系。一是大力推进铁路直接进港。以主要港口及重点港区为主体，推动铁路进港专用线建设，重点港区新建集装箱、大宗干散货作业区原则上同步规划建设进港铁路。推进铁路装卸线深入港区码头堆场，着力解决“最先一公里”和“最后一公里”。强化泸州、宜宾、重庆、荆州、武汉、九江、芜湖、南京等铁水联运枢纽功能，推动进港铁路与散货码头无缝衔接，大力发展铁水联运，扩大沿江低成本运输大通道服务范围，提升全程物流效率和服务水平。二是积极发展江海直达运输。推动江海联运减程提质，实现江海运输深度融会贯通。长江沿线安庆以下港口以江海直达为主，其中南京以下可实现 5 万吨级以上大型海船减载进江直达；武汉至安庆航段港口直达与中转并重，武汉以上适度发展江海直达运输。推广应用特定航线江海直达船型，打造一批江海直达精品航线，形成长江干线和长三角地区至上海洋山、宁波舟山港江海直达运输系统。

要进一步加强长江干流和主要支流航道建设，重点是着力破解长江航运“肠梗阻”问题。自三峡成库以来，航道条件显著改善，水运成本低、运量大、能耗少、污染轻的比较优势凸显，对促进川渝及周边地区经济社会快速发展发挥了重要作用。但由于长江水运超出预期快速增长，船舶在三峡过闸时形成“肠梗阻”。2022年三峡过闸货运量1.6亿吨，超出设计能力60%，预计2030年过闸货运量将达3亿吨。而目前，三峡船闸（含升船机）已连续多年超负荷运行，船舶平均待闸时间超200小时，造成周转效率下降、运营成本攀升、能源浪费和碳排放增加。由于现有船闸通航能力已难进一步挖潜，公铁运输、管道翻坝等其他交通方式又难大规模分流，建设三峡水运新通道和葛洲坝航运扩能工程势在必行，要力争尽早开工。同时，加强长江航道建设与维护，增强服务江海运输的支撑能力。加快提升沿江港口运输系统效能，强化港口枢纽的辐射带动作用，完善长江集装箱、铁矿石、煤炭、商品汽车滚装、旅游客运等主要客货类港口运输系统。大力发展江海联运、铁水联运，推动减程提质、降本增效、节能减碳，打造横贯东西、纵联南北、通达全球的长江航运新格局。

二、共同加快铁路通道建设

沿江高铁是长江经济带各省市共建交通基础设施的标志性工程。2018年7月，《推动长江经济带沿江高铁通道建设实施方案》确定沿江高铁通道由成都—重庆—万州—宜昌—荆门—武汉—合肥—南京—上海构成，线路总长约2100公里，全线设计时速为350公里（其中成都简州至重庆大足石刻段的设计时速为400公里），并明确了沿江高铁发展的三个阶段及目标任务。沿江高铁通道最终要形成多径路、多分支、高标准通道，总投资约 5930 亿元。2020 年 12 月 20 日，长江沿岸铁路集团股份有限公司在武汉挂牌。该公司注册资本 1346 亿元，由国家铁路集团与湖北、上海、江苏、安徽、重庆、四川等沿江 6 省市共同出资设立，总部设在武汉，负责统筹沿江高铁和铁路货运基础设施建设，以及资产经营管理、投融资改革等工作。2021 年 9 月，武汉至宜昌开工；2023 年 12 月底，宜昌至涪陵段正式启动；2024 年 1 月，合肥至武汉段也开工建设；预计 2030 年全线开通。

要进一步提高铁路运输能力。率先实施消除铁路“卡脖子”工程，推进既有铁路能力紧张路段能力补强，形成横贯东西、纵贯南北的快速大能力铁路通道。在重点建设高铁的同时，加快普速铁路建设，建设一批中上游干线铁路。补齐铁路货运设施短板，拓展货运铁路服务范围。近期重点建设沪渝蓉沿江高铁的同时，推动上海经乍浦至杭州、阜阳经麻城至黄冈、襄阳至常德、长沙至赣州等高速铁路和瑞金至梅州、黄桶至百色、大理至丽江至攀枝花等普速铁路的谋划和建设。

强化关键高铁枢纽节点城市建设，进一步支持上海、南京、武汉、重庆等沿江中心城市发展，发挥其在区域格局中的极点带动作用。借助高铁通道加强沿江地区与成都、合肥等非沿江地区中心城市的联系，支持区域人口、经济要素向资源环境承载能力较强的地区集聚。借助沿江高铁通道建设的契机，改善中小城市区位条件和运输服务，激发资源禀赋优势，更好带动发展。适度扩大高速铁路的连网成片效应，进一步支撑长江轴线发挥在中国国土空间格局中的承东启西、连南通北的作用，促进沿江地区与其他地区的融合发展，提升在国家发展大局中的地位。

三、联合优化交通枢纽链接

统筹考虑区域经济布局、人口分布、国土开发、新型城镇化建设等需求，优化枢纽功能布局，加快客运枢纽和货运枢纽链条化、网络化发展，提高旅客换乘和货物接驳换装效率，形成布局合理、功能完备、衔接顺畅的区域综合交通枢纽网络。推进长三角、长江中游、成渝世界级机场群建设，结合国家战略腹地建设，重点建设中西部各类机场（包括军民两用机场），拓展航空运输网络，形成对长江大动脉的多点支撑。

加强长江经济带综合交通枢纽城市建设。优化提升上海、杭州、南京、成都、重庆、武汉、昆明 7 个国际性综合交通枢纽城市服务功能，提升其全球联通水平和辐射能级；加快推进宁波、合肥、南昌—九江、长沙—株洲—湘潭、贵阳等全国性综合交通枢纽城市建设，增强其集聚辐射能力；加强连云港—徐州—淮安、苏州—无锡—南通、温州、金华（义乌）、蚌埠、芜湖、赣州、上饶、襄阳、宜昌、黄冈—鄂州—黄石、岳阳、怀化、衡阳、攀枝花、泸州—宜宾、万州—达州—开州、广元、遵义、曲靖、大理等非省会全国性综合交通枢纽城市建设，支持徐州、襄阳、柳州全国三大非省会铁路枢纽城市建设，以交通枢纽的协调布局支撑和服务长江经济带区域协同发展。

以提升综合交通网络通达能力为宗旨，依托长江经济带“一轴、两翼、三极、多点”的空间格局，构建“三横六纵三网多点”的综合交通网络化结构。强化长江大动脉和以沿江、沪蓉和沪瑞（丽）通道为主体的东西向交通干线，夯实徐（州）温（州）等 6 条衔接南北的运输通道，形成主次分明的“三横六纵”骨架结构。在此基础上，建设以轨道交通为骨干、公路交通为基础、航空运输为支撑，发挥水网优势，建设上中下游三大城市群综合交通网络，依托重要节点城市建设国际性、全国性和区域性的综合交通枢纽，形成“三网多点”嵌套式支撑结构。

四、提升综合运输服务水平

坚持生态优先是长江经济带发展的本质要求，坚持绿色发展是长江航运的永恒追求。水运是价格最低、占地最少、环保相对最好的运输方式，长江航运是沿江省市发展临港经济、推进区域经济高质量发展的重要依托。发展绿色长江航运，不仅有利于长江经济带 11 省市经济社会发展，而且是对国家碳达峰碳中和政策的积极响应，是落实人与自然和谐共生中国式现代化的重要路径。要全面落实《长江航运全产业链绿色发展倡议》，紧盯减碳目标，加强顶层设计，强化创新驱动，坚持合作共赢，推广船舶电气化与安全保障技术，推动新能源和清洁能源动力船舶产业发展，进一步促进长江航运绿色低碳领域的创新链、产业链、资金链、人才链等深度融合。

推进绿色码头和智慧港口建设。加强船舶港口污染物防治及塑料废弃物规范搜集，推动与城市公共转运处置设施有效衔接，岸电应建尽建和散货堆场防风抑尘设施全覆盖。推广港口先进节能环保技术应用，加快长江干线港口船舶污染物接收转运、水上绿色综合服务区、化学品洗舱站、岸电等设施建设和常态化运营。推进港口数字化转型、智慧化发展，建设港口智慧物流协同平台和多式联运公共信息平台，推进港口、航运、铁路、公路等环节数据互联共享。推动船岸协同、自动化码头和堆场建设，积极推动港口装卸、库场作业等自动化和智能化运营技术研发应用，推动区块链、物联网、北斗系统等在港口生产和物流中的应用，推广应用区块链电子放货平台，打造新一代智慧港口。

创新船舶绿色技术，提升航运绿色发展水平。推进船舶污染防治新技术应用，在重点水域、关键区域建设船舶防污染监管检测系统，推动重点船舶配置污染物排放在线监测设备。配备船舶污水、燃油硫含量等快速检测仪器。推广应用新能源和清洁能源动力船舶，推动延续新建、改建液化天然气单燃料动力船舶鼓励政策，积极支持纯电力、燃料电池等动力船舶研发与推广。严格执行船舶强制报废制度，加快淘汰能耗高、污染大、安全系数低的老旧船舶。加快推进长江水系船舶岸电系统船载装置改造，完善岸电使用相关法规政策，利用中央预算内资金支持政策，推动协调相关省市实现重点船舶受电改造全覆盖。①

以市场需求为导向，优化旅客联程联运，提高区际快速运输品质，便利城际公共交通，推进城乡客运服务一体化，提升旅客联程联运水平。推进货物多式联运，大力发展铁水联运，拓展江海联运功能，健全技术标准规范体系，培育多式联运组织主体。

① 秦尊文、田野:《以党的二十大精神指引长江航运新航程》,《长江航运》, 2023 年第 1 期。

第四节
产业合作和共同市场建设是全域共建的重要支撑

产业链创新链共建和统一大市场建设是奠定长江经济带高质量发展物质基础的重要依托。一是要协同发挥政府和市场的作用，畅通要素市场化流动通道，促进各类生产要素自由流动并向优势地区集中。二是深化要素市场化改革，完善跨区域、跨部门、跨层级的数据信息共享和流程互联互通，深化政务服务合作，优化营商环境，促进区域间、城乡间要素双向自由流动，更好服务长江经济带及长三角区域一体化等国家战略的需要。三是以主体功能区战略引导经济合理布局，统筹抓好沿江产业布局和转移，优化重大生产力布局，鼓励区域间共建产业园区，引导资金、技术、劳动密集型产业从东部向中西部、从中心城市向腹地有序转移，推动优势产业延链、新兴产业建链。

一、协同推动产业链创新链建设

协同推动产业链供应链现代化，提升制造业国际竞争力。长江经济带是我国制造业的重要集聚区和发展排头兵，协同推进产业链升级、构建现代化产业体系是长江经济带高质量发展的重要目标。进一步加强上中下游产业链协同合作，建立产业联盟和产业合作机制，加强供应链、价值链和创新链的对接，推动资源共享、技术交流和市场合作，提高整个产业链的效率和竞争力。鼓励区域联合建立“创业苗圃—孵化器—加速器—产业园区”的阶梯式创新转化链条，提供政策、资金和技术支持，提供领先技术研发转化、创新场景开发应用、新兴产业发展方面的全流程配套服务。加强数字经济和制造业融合的跨区域交流合作，建立跨区域数字经济合作机制，成立专门工作组或联盟，定期进行交流和协商，分享经验和最佳实践，共同推进数字经济和制造业的融合。利用下游地区在大数据、人工智能、云计算等新一代信息技术方面的优势，服务带动中上游地区企业优化生产流程、提高数据分析能力。加强数字经济和制造业融合的人才培养。联合制定长江经济带数字经济和制造业融合的技术标准和规范，建立高端装备、家电、电子信息等重点行业的统一数字化标准，在数据交流、数据共享、生产流程数字化等方面达成共识。

加强产业链协同合作，推动优势产业延链、新兴产业建链。根据各省市的资源禀赋和产业基础，协同建立新兴产业和未来产业发展的生态系统，推进人工智能、大数据、生物科技、新能源等产业快速建链延链。建立跨区域的产业链协同机制，成立产业链协同合作工作组或联盟，定期进行交流和协商，强化资源互补和优势互补，协同推进产业链优化升级，共同推进产业补链、升链、建链、延链。建立长江经济带跨区域供需对接平台和机制，提高物流效率和供应链的灵活性，促进供应商和生产商之间的紧密合作，优化产业链各环节的分工合作。建立跨区域的行业联盟和产业协会，共同开展研发合作、市场拓展、品牌推广等合作项目，形成多区域产业集群生态系统。联合建立产业链财政和金融支持体系，设立专项基金、创业投资基金等，协同推动产业链关键环节的高级化和现代化。[①]

二、统筹创新资源加强创新合作

加强科教资源的优化组合和产业科技创新协同配合，前瞻布局新领域新赛道的引领性技术。尽管长江经济带科教资源丰富，但当前长江经济带科技创新尚存在科技合作区域行政壁垒严重、产业链与创新链脱离、产业科技创新合作主体不均衡、创新要素分布及能力不协调等问题。推动科研力量优化配置和资源共享共用，建立统筹长江全流域的产业科技创新组织，推动上海、武汉、成渝三大国家级科创中心联动。组建跨区域创新联合体，上游和中游发挥自身在重大装备等基础产业领域的创新优势，下游发挥自身在集成电路、生物医药等前沿产业领域的创新优势，建立跨区域产业联盟、研发中心等合作平台，共同推进产业技术攻关。建设统筹全流域的绿色技术创新平台，为企业绿色技术改造升级提供共享的研发设施、技术支持和人才资源，促进绿色技术的合作和创新，提升科技成果的产业化和市场化效率。

聚力吸引高层次科技创新人才，提升科技前沿领域原始创新能力。原始创新能力不足、基础创新水平较低是长江经济带科技创新面临的重要瓶颈。沿江各省市要进一步协同加大对战略科学家、科技领军人才和创新团队、卓越工程师及青年人才的吸引力度，将招引工作前置，在科研条件、实验设施、科研经费等方面提供更优越、更开放的条件。构建开放、包容、创新的科研文化氛围，定期举办科研交流和合作活动，着力完善生产性服务业和生活性服务业综合配套功能，对青年学子实习和青年科学家交流合作实行补贴政策。探索全流域的产学研合作机

① 陈长江：《坚持创新引领发展，塑造新动能新优势》，光明网，2023年10月27日。

制创新，鼓励科研人员企业持股，提升科研成果的应用价值和社会效益。设立更为普惠的科技创新人才奖励制度，加大科研成果转化的扶持力度。

充分发挥上海张江、安徽合肥综合性国家科学中心的撬动作用，大力推进创新型城市以及制造业联合创新中心建设，对于“卡脖子”的重大科研任务和关键性技术，开展长期、稳定的联合攻关，着力实现产业基础高级化。鼓励长江经济带与沿海经济带在科研院所合作、科技成果转化、产业集群建设等方面加强联系，实现优势互补。在环保合规、技术可控并符合产业发展需求的前提下，长江中上游城市可以有选择性地接受部分沿海经济带的产业转移。长江经济带沿线应加强人才服务、信息认证等方面的合作，并尝试利用大数据、互联网等手段建立长江经济带人力资源市场，推行人才资源互认共享、社保一体化等实质性政策，并建立基于“创新资源”合作的跨区域人才联合培养机制。构建线上线下结合的技术标准与知识产权交易市场，积极组建长江经济带智库联盟，为长江经济带沿线的技术流动、知识产权和科技金融服务提供平台，切实推动创新链与产业链、人才链的有机融合。

三、协同推进产业转型升级

要以推动传统产业转型和战略性新兴产业发展为目标，以提高绿色环保技术自主创新能力为突破口，以沿江开发区和产业园区为载体，鼓励企业开发绿色产品、建设绿色工厂、打造绿色园区、完善绿色供应链，并进一步强化环保法律法规和行业标准约束。要充分发挥长三角生态绿色一体化发展示范区的示范作用，点面结合、系统治理，努力探索生态环保领域的产融发展之路，为践行和推广“两山理论”提供实践样板。要立足区域功能定位，坚持以产业绿色化、集聚化、高级化发展为导向，以数字经济和能源革命为依托，有效落实负面清单和产业结构调整目录，积极改造提升传统产业，发展壮大战略性新兴产业，加快发展现代服务业，大力发展特色效益农业和生态旅游业，打造多极支撑的绿色产业体系。[①]

数字赋能产业转型升级打造长江数字经济带。加强关键核心技术创新，激活数据要素的价值和潜能。要强化沿江高质量数据要素供给，激活数据要素市场经营主体创新活力。充分发挥长江经济带的科研优势、人才优势，加快集聚高层次科技创新人才，依托长江经济带科技创新中心、科学中心、产业创新中心、技术创新中心等高水平创新平台，加快推进关键软件、人工智能、大数据、云计算等领域的原创性引领性技术创新，健全数字技术集成创新体系，推动数字技术成果转化，加快面向多元化应用场景的技术融合和产品创新。第一，加快提升试验区效能，增强示范引领和辐射带动作用。持续推进长江经济带国家大数据综合试验区建设、国家数字经济创新发展试验区建设，充分发挥各试验区优势和示范引领作用，构建数字经济新型生产关系，探索数字产业集聚发展模式。系统推进数字技术、数字经济、数字安全、数字治理、数字共享等深度融合，统筹推进数据产权、流通交易、收益分配、安全治理，加快构建数据基础制度体系，建设数字文明示范区。加快推进长三角、成渝地区双城经济圈全国一体化算力网络国家枢纽节点建设，提升数据中心建设对长江经济带重大生产力布局的优化作用。第二，加速推动数字经济发展，激发高质量发展新动能。把数智赋能作为高质量发展的关键变量，加快推进形成新质生产力，做强做

① 金飞、陈晓峰：《探索长江经济带产业协同发展之路》，江苏智库网，2021 年 10 月 28 日。

优做大数字经济。加快提升长江经济带数字技术创新能力和数智融合发展潜力，积极壮大新一代信息技术、云计算、区块链、人工智能等数字产业，加快推动数字产业创新发展，打造世界级数字经济产业集群，全面提升全产业链竞争力。推动新一代信息技术与制造业深度融合，推动制造业数智化改造、绿色化转型。加快推动长江经济带农业、文旅、物流等数智化转型。加快推进智能应用，积极培育新业态，全面释放数智对高质量发展的倍增作用。第三，努力提升数字公共服务水平，构筑高质量发展新优势。加快长江经济带智能化综合性数字信息基础设施一体化建设，提升基础设施网络化、智能化和协同化水平，推动数字化公共服务共建共享，增强优质要素和经营主体的积聚能力。推进实施公共数据确权授权机制，实现长江经济带公共数据共享和开发应用，加快推进要素变革，塑造高质量发展新模式。加快推进数字政府、数字乡村和智慧城市建设，增强长江经济带数字治理的协调性和有效性。健全数字经济治理政策法规体系，提升数字经济治理效能。①

打破行政壁垒创新跨区域合作形式。进一步探索跨省园区合作，探索股权合作模式。探索互利共赢的财政政策，开辟共同开发区域，共享互补两地政策，合理税收分成，共享发展红利，实现共同开发，构建全方位、紧密型的平台合作开发模式。具体而言，通过政府间的股权合作安排，解决税收分成、收益分享、GDP 统计等问题。同时，专门研究制定 GDP 指标分解和跨区域合作政府的绩效考核办法。探索建立企业层面的“混合所有制”合作模式。支持长三角知名的平台企业、民企大型集团、商会等向长江经济带相关平台进行投资，开展 PPP 模式。企业按照市场化运营和管理，利用股份合作的形式推进公私合营，

① 李纲：《深挖长江经济带数智融合潜力》，《经济日报》，2023 年 11 月 9 日，第 12 版。

以积极推动产业转移。建立政府间的产业协商合作机制，逐步形成包括各层级政府、超政府机构和非政府组织在内的共同治理体系。同时，随着市场经济体制的发展深入和世贸组织的新要求，政府对企业和产业的干预将愈来愈少，商会、行业协会等社会中介组织在区域经济发展中的协调作用将越来越重要，与行业协会联系较为紧密的行业建立区域性长江经济带行业协会，发挥沟通企业与政府、生产者的双重桥梁纽带作用，搭建产业转出地与产业承接地之间、政府与企业之间的沟通平台。发挥政府性产业投资基金引导作用。设立产业投资基金，以财政资金为“杠杆”、以资本为纽带撬动社会资本广泛参与区域协同发展。①

四、破除市场壁垒培育消费中心

进一步破除区域分割和地方保护等不合理限制。在不直接涉及公共安全和人民群众生命健康的领域，推进“一照多址”“一证多址”等改革。清理对企业跨区域经营、迁移设置的不合理条件，全面取消没有法律法规依据要求企业在特定区域注册的规定。探索企业生产经营高频办理的许可证件、资质资格等跨区域互认通用。全面清理涉及地方保护的各类优惠政策，着力破除招标投标、政府采购等领域对外地企业设置的隐性门槛和壁垒。

健全更加开放透明、规范高效的市场主体准入和退出机制。持续深化“证照分离”改革，进一步畅通行业准营、退出等全流程通道。加快提升市场主体登记规范化水平，优化前置审批和企业登记办理流

① 苏斯彬、周世锋、张旭亮：《长江经济带产业合作机制研究》，《宏观经济管理》，2015年第11期。

程。制定出台区域协同创新放宽市场准入特别措施。完善市场准入效能评估指标，稳步开展市场准入效能评估。探索实行企业休眠制度。完善市场主体退出机制，优化简易注销和普通注销办理程序，建立市场主体强制退出制度。推行破产预重整制度，建立破产重整税费优惠和信贷支持机制。健全司法重整的府院联动机制，提高市场重组、出清的质量和效率。

维护公平竞争秩序。坚持对各类市场主体一视同仁、平等对待，稳定市场主体预期。着力清理取消企业在资质资格获取、招标投标、政府采购、权益保护等方面存在的差别化待遇，防止滥用行政权力排除、限制竞争的行为。全面落实公平竞争审查制度，建立健全公平竞争审查投诉、公示、抽查制度。清理规范涉企收费，健全遏制乱收费、乱摊派的长效机制。

推动区域市场监管一体化。进一步统一长江经济带违法行为行政处罚裁量基准，研究制定区域行政执法领域轻微违法行为免罚清单。开展长江经济带区域网络监管合作，联合开展特定行业领域专项网络监测，实现网络案件线索电子化移送。建立健全行政执法信息通报机制，畅通长江经济带区域违法线索移送渠道，规范跨地区执法办案的协助、配合和支持标准。推进跨区域突发事件通气、重大舆情预警交流、行政执法快速协查、重大疑难案件联合查办、政策实施协作联动。

沿长江经济带布局国际消费中心城市。围绕上海、南京、武汉、重庆和成都等经济枢纽和高收入区域，培育内需龙头——国际消费中心城市，打造一批具有国际影响力的消费地标、全球新品首发地、全球消费目的地，集聚更多高端国际品牌，吸引有全球视野和品牌运作能力的投资商、运营商、研发中心、采购结算中心、仓储物流中心、运营管理中心、销售服务中心。培育绿色消费示范城市，支持绿色产业发展。建立绿色产品认证和标准体系。通过减税、补贴等经济激励措施来促进居民绿色消费。推行绿色供应链管理，提供符合环境和社会可持续要求的产品和服务。改善公共交通系统，减少对石油资源的依赖，降低碳排放。鼓励居民参与回收循环经济，减少废弃物对环境的负面影响。提供更多的绿色消费场所和服务，如有机农产品市场、环保主题公园、绿色餐厅等。优化龙头企业和优势产业链的国际国内格局。加强下游长三角重点龙头企业与中上游企业合作，通过并购尽快形成以国内龙头企业为主导的国内价值链和全球价值链；要基于长江经济带优势产业，对“一带一路”沿线重点国家的重点产业链进行战略布局；发挥长江经济带各类商业和政府机构在企业“走出去”过程中的协调作用。①

① 刘志彪、陈长江、叶茂升:《以区域协同融通推进长江经济带高质量发展》,《当代财经》,2024 年第 2 期。

第五章

区域协同融通的目标：发展共享

习近平总书记在党的二十大报告中指出，要“不断实现发展为了人民、发展依靠人民、发展成果由人民共享，让现代化建设成果更多更公平惠及全体人民”。如果说省际共商是区域协同融通的原则、生态共治是区域协同融通的基础、全域共建是区域协同融通的手段和重点，那么，发展共享就是区域协同融通的奋斗目标。

第一节
长江经济带发展共享的深刻内涵

“发展共享”与“共享发展”密切相关，但仍有一定的差异：“共享发展”的中心词是“发展”，通常与创新发展、协调发展、绿色发展、开放发展相并列，表达的是发展理念，说明是什么样的发展；“发展共享”的中心词是“共享”，说明的是“共享”什么。“共享”，是将物品或者信息的使用权或知情权与其他所有人共同拥有，有时也包括产权。

一、马克思主义经典作家论共享理念

发展共享，就是“发展为了人民、发展依靠人民、发展成果由人民共享”，具有科学性、人民性、公平性、普惠性和发展性的基本特征。发展共享，植根于马克思列宁主义、毛泽东思想共享发展思想。

马克思主义通过论述人在社会发展中的关键作用，构建了一个人人都可以享有发展成果的、公平正义的共产主义社会。马克思恩格斯没有明确提出“共享发展”或“发展共享”，但是在马克思主义人学理论以及公平正义思想中却充分展现出对共享发展问题的思考。马克思指出：“无产阶级的运动是绝大多数人的，为绝大多数人谋利益的独立的运动。”[①]马克思的这一论述间接包含了共享利益的思想。

列宁也没有直接讲“共享”，但有些论述实际上已有所涉及。“首先改善农民的生活状况。方法：实施粮食税，发展农业和工业间的流转，发展小工业。”[②]“经济建设的一切成就都会改善工人和农民的生活状况。”[③]

毛泽东也没有直接提“共享发展”或“发展共享”，但他首先在《中共中央关于发展农业生产合作社的决议》中提出了“共同富裕”，强调要把工作重点放在发展生产力上，把经济建设持续向前推进。以毛泽东同志为代表的中国共产党人始终以人民为中心，为共享发展理念的发展提供了必要的理论准备。

二、发展共享的四个方面

习近平总书记根据我国的具体国情，对马克思主义经典作家的共享理念和党的历代领导集体关于共享发展的思想进行了继承和发展，并在此基础上提出了“全民共享、全面共享、共建共享、渐进共享”的新时代共享发展理念，为我们解决社会发展过程中遇到的问题提供了一种全新的思考方式。他对共享发展所作的深刻系统的阐述，概括起来体现在四个方面：

第一个方面，共享是全民共享。这也是中国共产党人在迈向小康

① 中共中央马克思恩格斯列宁斯大林著作编译局：《马克思恩格斯选集》第一卷，人民出版社 2012 年第 3 版，第 411 页。

② 中共中央马克思恩格斯列宁斯大林著作编译局：《列宁专题文集·论社会主义》，人民出版社 2009 年版，第 233 页。

③ 中共中央马克思恩格斯列宁斯大林著作编译局：《列宁全集》第四十一卷，人民出版社 2017 年第 2 版增订版，第 271 页。

的发展进程中始终坚定的信念和目标。习近平总书记指出：“共享发展是人人享有、各得其所，不是少数人共享、一部分人共享。”①

第二个方面，共享是全面共享。关键在于共享的内容必须保持全面。习近平总书记明确强调：“共享发展就要共享国家经济、政治、文化、社会、生态各方面建设成果，全面保障人民在各方面的合法权益。”②

第三个方面，共享是共建共享。共建共享是共享实现的途径。习近平总书记指出：“共建才能共享，共建的过程也是共享的过程。要充分发扬民主，广泛汇聚民智，最大激发民力，形成人人参与、人人尽力、人人都有成就感的生动局面。”③

第四个方面，共享是渐进共享。“合抱之木，生于毫末；九层之台，起于累土；千里之行，始于足下。”这就意味着共享的实现不可能立刻完成，须经历一个漫长的循序渐进的过程，“从低级到高级、从不均衡到均衡”。④

三、发展共享的价值意蕴

“发展共享”不只是一个收入分配的问题，更不只是一句口号，而是一个由所有制决定的社会问题。发展共享体现出社会主义制度的基本取向，具有深刻的价值意蕴。

① 中共中央文献研究室：《习近平关于社会主义社会建设论述摘编》，中央文献出版社2017年版，第38页。

② 中共中央文献研究室：《习近平关于社会主义社会建设论述摘编》，中央文献出版社2017年版，第38–39页。

③ 中共中央文献研究室：《习近平关于社会主义社会建设论述摘编》，中央文献出版社2017年版，第39页。

④ 中共中央文献研究室：《习近平关于社会主义社会建设论述摘编》，中央文献出版社2017年版，第39页。

（一）坚持以公有制为主体的基本经济制度

在明确我国正处于并将长期处于社会主义初级阶段这一论断的基础上实现发展共享，就必须坚持以公有制为主体的基本经济制度。

要以“两个毫不动摇”（即毫不动摇巩固和发展公有制经济，毫不动摇鼓励、支持、引导非公有制经济发展）为基础，坚持公有制的主体地位。首先是发挥国有经济的主导作用。党的二十大报告指出了新时代深化国有企业改革的基本方向和根本任务，即“深化国资国企改革，加快国有经济布局优化和结构调整，推动国有资本和国有企业做强做优做大,提升企业核心竞争力”[①]。通过对国企运营管理制度的完善来提升国企的创新能力、盈利能力、市场参与能力以及竞争能力，进而提升国有资产的运营效率。通过完善国有资产收益上缴制度，健全国有资产收益分享制度和公共资源收益全民共享机制，强化国有企业的社会责任感，更多地提高整个经济系统内的资源配置效率。其次是发挥集体经济的重要作用，尤其是发挥农村集体经济在乡村振兴中的主导作用。农村集体资产是农民群众作为集体成员的主要财产，涉及农民群众的切身利益。发展壮大新型集体经济，加快赋予农民对集体资产更多权能，不仅有利于维护农民土地承包权、宅基地使用权、集体收益分配权等财产权益和增加财产性收入，也有利于改善农村基础设施建设和公共服务,让农民群众成为集体经济发展的参与者、受益者,带领农民走向共同富裕。

（二）坚持人民至上的根本立场

中国特色社会主义共享发展理念以人民整体利益的实现为出发点和落脚点。首先，人民至上是共享发展理念的根本立场。人民不仅仅

① 习近平：《习近平著作选读》第一卷，人民出版社2023年版，第24页。

是发展的主体，还是发展的归宿，中国共产党以人民至上为立场提出了共享发展理念，体现了为人民服务的宗旨，凸显了社会主义发展的价值取向。发展依靠人民、发展成果由人民共享、发展成效由人民检验，是新时代坚持落实共享发展理念的基本原则。习近平总书记还对共享覆盖的群体作了揭示，他指出“共享发展是人人享有、各得其所”[①]，即这种覆盖范围是全体人民，而不是少数人、也不是一部分人。可见，共享发展理念既强调全面、充分和持续发展，又强调全体人民是社会发展成果的共享主体。其次，实现人民利益是共享发展理念的根本目的。马克思通过“全体富裕”理论对作为社会财富创造者的人民也应当是共享发展成果的价值主体进行确认，新时代共享发展理念也强调人民不只是共享主体还是建设主体。习近平总书记指出，“共建才能共享，共建的过程也是共享的过程”[②]，主张人民积极参与建设过程，在共建中充分发挥自身力量。总之，共享发展理念不仅仅凸显出对于人民利益诉求的全方位、多层次关照，而且激励人民积极地参与共建过程、共享各个领域的建设成果，进而促使人民在共建共享中不断提升获得感与幸福感。

（三）加快推进社会治理体制改革

在贯彻共享理念的过程中必然促进许多领域的改革，其中社会治理体制改革是必不可少的，从某些方面来说，社会治理体制改革深刻体现了社会主义发展方向，以及共建共治共享的精神内涵。社会治理体制是社会治理的方式和制度安排，在社会发展的过程中发挥着至关

① 中共中央文献研究室：《习近平关于社会主义社会建设论述摘编》，中央文献出版社2017年版，第38页。

② 中共中央文献研究室：《习近平关于社会主义社会建设论述摘编》，中央文献出版社2017年版，第39页。

重要的作用。社会治理体制包含社会管理体制、基本公共服务体制、社会组织机制和社会保障体制等方面的内容：在社会管理体制改革方面，要求社会管理更加民主化，传统社会管理依靠国家权力的系统控制，现在部分领域可以逐渐转向社会自主管理，充分发挥人民群众自身能力参与社会自觉自主管理，建设美好社区环境，保障人民群众在积极参与共建的过程中实现共享；在基本公共服务体制改革方面，重点是推进教育、文化、医疗卫生体制改革，发挥政府主导作用，激励企业和社会组织参与公共产品投资，提高公共服务的公平程度，加快促进基本公共服务均等化，保障人民群众在基本的公共服务领域能够共享成果；在社会保障体制改革方面，建立全面的保障体系，尤其是完善养老保障体系，鼓励社会力量参与养老体系建设，减缓政府压力。在社会组织体制改革方面，发挥社会组织在社会服务、社会救助、社会倡导和推动、社区建设、环境保护、文化传承、维权和服务等领域的功能，发挥政府与人民群众之间的桥梁作用，使政府与民众之间形成良性互动，促进社会公平和正义，使“发展共享”更好地落到实处，落到人民群众的心坎里。

四、发展共享的实现路径

发展共享，是价值取向，是奋斗目标，并不能一蹴而就，必须经过艰苦奋斗，不断努力，才能实现。

（一）完善收入分配格局

要让人民群众真正享受到经济社会发展的成果，最关键的就是要实现收入分配公正。党的二十大报告强调要“完善分配制度”，要“坚持按劳分配为主体、多种分配方式并存”。[①]我国经济已经发展到了一

① 习近平：《习近平著作选读》第一卷，人民出版社 2023 年版，第 38 页。

个较高的平台，如果不能较好地让全体人民合理参与经济发展成果的享有，就会影响经济社会的健康发展。因此，在初次分配环节，必须要突破传统的重资轻劳的模式。当前，部分行业在国民收入分配中所占比例过高，而居民所占比例过低，导致经济结构的整体性失衡。为防止在初次分配过程中产生过于明显的贫富差距，必须逐步缩小居民同部分行业在国民收入分配中的占比差距。而解决经济结构失衡问题的关键就在于完善“三次分配”的协调发展体系，形成合理分配格局。要将公平正义的原则充分落地，结合财政转移支付，同时也要辅助其他各种形式的福利安排，才能够真正有效弥补初次分配的不足。第三个分配环节是人们自觉、自愿地参与慈善公共事业、参与捐款，通过这种分配调节方式也能够对社会财富进行调节。

党的二十大报告明确强调，要“加大税收、社会保障、转移支付等的调节力度”[①]，将再分配作为对初次分配结果的调节、弥补初次分配的不足的补充手段，加大转移支付力度，有效促进基本公共服务均等化。要充分发挥政府综合调节手段的作用，在兼顾社会平衡、充分发展的基础上，建立健全再分配调节机制。城乡、区域、不同行业群体，甚至不同个人因为先天地理环境、历史因素、政策导向、家庭因素、个体差异等，在初次分配时投入等量劳动、资本、技术、管理、信息却获得不等量收入或不等量要素投入形成了较大收入差距，均需发挥政府这支“看得见的手”的宏观调控职能，健全以税收、社会保障、转移支付等为主要手段的再分配调节机制，促进乡村等广大欠发达地区充分发展，以缩小城乡地区间的贫富差距，实现再分配后的相对公平。

在三次分配领域，充分调动社会力量，发挥社会组织的共济作用。

---

① 习近平：《习近平著作选读》第一卷，人民出版社 2023 年版，第 39 页。

建立健全鼓励和引导社会捐赠的相关政策，鼓励和支持人们积极投身于社会福利和慈善事业，吸收社会资金，为贫困群体提供援助。

（二）实施就业优先战略

共享必须依托共建，共建的主体是劳动者，这就需要高质量的充分就业。要实施就业优先政策，建立健全就业促进机制，完善重点群体就业支持体系，对困难群体就业进行兜底帮扶。统筹区域、城乡就业政策体系，破除妨碍劳动力、人才流动的体制和政策弊端，消除影响平等就业的不合理限制和就业歧视，使人人都有通过勤奋劳动实现自身发展的机会。

推动沿海向内地、大都市向周边进行产业转移，鼓励使用更多当地劳动力。完善促进创业带动就业的保障制度，支持和规范发展新就业形态。加强劳务市场和人才市场建设，健全劳动法律法规，完善劳动关系协商协调机制，完善劳动者权益保障制度，加强灵活就业和新就业形态劳动者权益保障。

支持大学生创业就业，健全终身职业技能培训制度，推动解决结构性就业矛盾。鼓励发达地区为欠发达地区培训人才，支持欠发达地区进行人才柔性引进。

（三）加快推动公共服务均等化

基本公共服务均等化，既能改善人民群众的生活质量，也有助于缩小区域、城乡居民收入差距，短期、长期效应兼具，是落实发展共享的必由之路。要努力扩大基本公共服务的覆盖面，将城市优质公共服务资源延伸到农村和偏远地区，加大财政转移支付力度，根据不同公共服务特点，建立长期有效的政府间基本公共服务成本分担机制。要切实关注民生问题才能保障发展共享，重点解决普通民众最关心的教育、医疗、住房等问题。

首先，办好人民满意的教育。当前城乡新增劳动力的数量持续增加，应针对这一群体推广高中阶段教育，甚至更多地接受高等教育。坚持以人民为中心发展教育，加快建设高质量教育体系，发展素质教育，促进教育公平。加快义务教育优质均衡发展和城乡一体化，优化区域教育资源配置，强化学前教育、特殊教育普惠发展，坚持高中阶段学校多样化发展，完善覆盖全学段学生资助体系。要确保教育的公平性，最大程度地缩小由于教育差异而导致的贫富差距及代际传承。党的二十大报告加大了对劳动力教育问题的关注，要求“统筹职业教育、高等教育、继续教育协同创新，推进职普融通、产教融合、科教融汇，优化职业教育类型定位”①。要以义务教育制度为突破口，逐步加大对教育的资金投入，保障区域之间的均衡发展，特别是针对农村落后地区，必须要完善教育基础设施的创建，保障充足的教育经费。还要积极在农村创建高素质教师团队，保障教育水平的显著提升，尽可能地缩小和城市之间的教育差距，确保实现教育共享。

其次，有针对性地增加公共医疗供给。把保障人民健康放在优先发展的战略位置，加快完善人民健康促进政策。要彻底消除以药养医，坚决根除医药领域的腐败，健全药品的供应保障机制。在我国的卫生总费用中，居民个人卫生支出在其中的占比已经下降至30%以下。要着重加强对公共医疗卫生的建设，使其惠及全民；要有针对性地增加医疗财政开支，逐步完善公共医疗服务体系，拓展其覆盖范围，这样才能够在真正为民众提供安全廉价的医疗卫生服务的同时显著提升服务的便捷性、高效性，以逐步缓解当前看病难这一现状。党的二十大报告就指出：“促进优质医疗资源扩容和区域均衡布局，坚持预防为主，

① 习近平：《习近平著作选读》第一卷，人民出版社2023年版，第28页。

加强重大慢性病健康管理，提高基层防病治病和健康管理能力。……创新医防协同、医防融合机制，健全公共卫生体系，提高重大疫情早发现能力，加强重大疫情防控救治体系和应急能力建设，有效遏制重大传染性疾病传播。”①

再次，加快建立多主体供给、多渠道保障、租购并举的住房制度。继续坚守防风险的原则，同时稳妥处理房地产领域的各类问题，促进市场平稳健康发展。加快推进保障性住房建设、“平急两用”公共基础设施建设以及城中村改造等重要项目，还要加强相关基础性制度建设，进一步完善房地产市场体系。

（四）坚持普惠型社会保障制度

社会保障制度往往被认为是一种不产生经济增量的被动型分配制度，但实际上，普惠型社会保障制度对于让全体人民共享发展成果具有重要意义。习近平总书记认为社会保障是“促进经济社会发展、实现广大人民群众共享改革发展成果的重要制度安排”，并且深刻阐明了社会保障所具有的“民生保障安全网、收入分配调节器、经济运行减震器”的重要作用。②

建立巩固脱贫攻坚成果长效机制。一方面，保证脱贫成效的可持续性。不仅要重视部分易返贫地区巩固拓展脱贫攻坚成果面临的特殊短板，还要重视部分易返贫群体巩固拓展脱贫攻坚成果面临的特殊陷阱，在发展中进一步增强脱贫地区和脱贫人群的内生动力。另一方面，充分利用脱贫攻坚成果。在全面推进乡村振兴中延续好脱贫攻坚的成功经验，促进发展成果渐进共享，从而为共享发展构筑坚实基础。③

① 习近平：《习近平著作选读》第一卷，人民出版社 2023 年版，第 40 页。
② 习近平：《习近平著作选读》第二卷，人民出版社 2023 年版，第 447 页。
③ 王淑兰、刘璐：《共享发展理念的理论渊源、价值意蕴与现实驱动》，《中共南昌市委党校学报》，2023 年第 3 期。

第二节

长江经济带发展共享进程与成效

长江经济带到底“共享”什么？就是共享科技、教育、医疗、文化旅游、生态、经济等方面的资源及其成果。由于生态、经济已分别在第三章“生态共治”和第四章“全域共建”部分有较多涉及，这里不再赘述。

一、科技资源共享

根据世界知识产权组织（WIPO）发布的《2023 年全球创新指数》，全球百强科技集群里中国有 24 个，比上年增加 3 个，其中 10 个城市属于长江经济带。排在前 15 位的中国城市集群有 6 个：深圳—香港—广州（第 2 位），北京（第 4 位），以及长江经济带的上海—苏州（第 5 位）、南京（第 11 位）、武汉（第 13 位）、杭州（第 14 位）。另外进入百强的长江经济带城市还有：成都（第 24 位）、长沙（第 37 位）、合肥（第 40 位）、重庆（第 44 位）、镇江（第 89 位）、无锡（第 93 位）。此外，全国五大国家级科创中心有 3 个落子长江经济带（上海、武汉、成渝）。长江经济带还拥有 9 个国家自主创新示范区，88 个国家级高新区，普通高等院校数量占全国 40% 以上，拥有全国近一半两院院士和科技人员，规模以上工业企业研发人员全时当量、经费投入、新产品开发项目数占全国比重均超过 50%。长江经济带各省市利用科技资源优势，通过区域合作，开展科技创新，迈出了坚实的步伐。

（一）打造科创走廊

国家“十四五”规划明确提出，要“瞄准国际先进科创能力和产业体系，加快建设长三角 G60 科创走廊和沿沪宁产业创新带，提高长三角地区配置全球资源能力和辐射带动全国发展能力”①。而长三角 G60 科创走廊是逐步成型的：2016 年 5 月 24 日，1.0 版“G60 上海松江科创走廊”扬帆起航；一年后的 7 月，面向长三角，松江“眼睛向西”，主动对接嘉兴、杭州，2.0 版“沪嘉杭 G60 科创走廊”乘风破浪；2018 年 6 月，松江、嘉兴、杭州、金华、苏州、湖州、宣城、芜湖、合肥九城携手，3.0 版长三角 G60 科创走廊贯穿沪苏浙皖，区域创新协同高质量一体化发展迈出坚实步伐，从要素流通一体化、人才交流无缝化，进一步迈向机制创新接轨化。三省一市共同建立的“长三角区域大型科学仪器协作共用网”已整合 4.5 万多台、总价值逾 519 亿元的大型科学仪器，实现科技资源开放共享。长三角 G60 科创走廊在全国率先探索建立了都市圈“一网通办”试点机制，实现九城 89 个综合服务通办专窗全覆盖，跨区域可办理事项数量已经超过 178 项，跨区域办件累计突破 100 万件，大幅提高科创要素流动和配置效率；集聚省级以上产业创新中心 31 家，16 个长三角城市在上海松江设立“产业协同创新中心”。历经七年，长三角 G60 科创走廊建设取得明显成效。根据商务部发布的 2023 年国家级经济技术开发区综合发展水平考核评价综

① 国家发展和改革委员会发展战略和规划司：《国家及各地区国民经济和社会发展第十四个五年规划和 2035 年远景目标纲要》（上），人民出版社 2022 年版，第 40 页。

合排名及部分单项排名情况，长三角G60科创走廊九城市共有11个国家级经济技术开发区跻身综合排名前30强，占比超1/3。

在长三角G60科创走廊的示范引领下，长江中游也积极发力科创走廊建设。2022年，武汉、长沙、南昌三市按照国务院批复的《长江中游城市群发展“十四五”实施方案》，依托光谷科技创新大走廊、湘江西岸科创走廊、赣江两岸科创大走廊深化对接合作，共同推动长江中游科创大走廊建设。湖南、湖北两个全球杂交水稻研究水平最高的院士团队共同组建了杂交水稻国家重点实验室，湖南、江西两省以两个农业大学为依托共同组建了南方粮油作物协同创新中心。

（二）开展科技创新券通用通兑试点

为鼓励长三角科技型中小企业共享使用长三角科技创新资源开展创新创业，2021年上海市科委、江苏省科技厅、浙江省科技厅、安徽省科技厅和长三角一体化示范区执委会开始在试点区域开展长三角科技创新券通用通兑试点工作。长三角科技创新券，是指利用长三角试点区域财政科技资金，支持试点区域内科技型中小企业向长三角区域内服务机构购买专业服务的一种政策工具。创新券采用电子券形式。试点区域为上海市青浦区、江苏省苏州市吴江区、浙江省嘉善县、安徽省马鞍山市。长三角科技创新券通用通兑有两种模式可供试点区域选择。一种是通用模式：企业申领、企业兑付。企业先期全额支付服务费用，待服务履行完成后按核定金额兑付给企业。另一种是通兑模式：企业申领、机构兑付。企业支付部分服务费用，剩余部分以创新券方式兑付给服务机构。符合条件的企业，登录长三角科技创新券通用通兑平台在线申领创新券，在线选择计划购买相关专业服务的服务机构。部分试点区域科技主管部门可对还未获得资格的申领企业进行资格审核，符合申领条件的予以确认。2021年苏州某企业与华东理工大学专门研究贵金属和燃烧制备纳米粉体的科研组通过创新券获得 36 万元科研资金，迅速将技术落地为产品——商业化的光催化板。2022 年再一次与华东理工大学启用“创新券”，双方申请 50 万元资金，研发一款针对二氯甲烷的光催化剂，市场前景非常看好。

（三）建设科技创新联盟

作为中国对外开放的重要载体，国家级经开区一直以来发挥着先行先试的引领作用，这与长三角 G60 科创走廊“三先走廊”的战略定位不谋而合。极具活力和成长动力的国家级开发区已成为 G60 不可或缺的重要组成部分。长三角 G60 科创走廊九城市以头部企业为引领，构建“联盟 + 基地 + 园区 + 基金 + 平台”跨域合作体系，坚持瞄准国际先进科创能力和产业体系，聚焦集成电路、人工智能、生物医药等战略性新兴产业，建立并持续深化“1+7+N”产业联盟体系建设，到 2023 年已成立 16 个产业（园区）联盟、13 个产业合作示范园区。九城市以全国 1/24 的人口和 1/120 的区域面积，贡献了全国 1/15 的 GDP、1/8 的高新技术企业、超过 1/5 科创板上市企业，战略性新兴产业增加值占 GDP 比重从 11.5% 上升到 15%。三省一市还成立长三角人才一体化发展联盟，出台互认互通人才 18 条政策，实施“长三角 G60 科创走廊百万科创人才工程”，已集聚各类高层次人才、专业技能人才超 1190 万人，院士工作站 652 个，博士后流动站 913 个。[①]

2020 年 5 月，成立“长江上游新材料产业技术协同创新联盟”。探索研究长江经济带创新区域协调发展体制机制、推动成渝双城经济圈增强区域协同创新能力，中国科协、长寿经开区、中国材料研究学会、重庆国际复合材料、武汉工程大学、重庆市科协以建设创新创业共同

① 李于伯：《九城市集聚高层次人才、专技人才超 1190 万人，长三角 G60 科创走廊人才集聚态势日趋明显》，上观新闻网，2022 年 9 月 1 日。

体为着力点，构建长江上游地区新材料服务链，完善创新链和产业链，促进长江上游新材料产业集群发展。联盟成立后，通过共建研发机构、重点实验室，辅助和推动新材料生产企业通过购买专利、委托开发、合作开发等多种途径，以集体的力量获取有效的技术支持，积极作好新技术引进、吸收、消化工作，建立一批产业专业化产学研联合开发机构。

2021 年 7 月，长江中游城市群科技服务联盟成立大会在长沙召开。联盟立足三省科技资源、产业基础和发展需求，实现科技资源共享、优势互补、协同创新、合作共赢。会上，湘鄂赣三省政府部门代表共同签署了《长江中游城市群科技服务联盟合作框架协议》，并对 30 余家联盟会员单位举行了授牌仪式。此外，长江中游城市群综合科技服务平台也正式启动上线，全面助力实现跨区域仪器资源共享。2023 年 7 月，中国科学院水生生物研究所、华中农业大学等 16 家单位在武汉发起成立长江中游湿地保护修复国家创新联盟，开展联合科研攻关。

二、教育资源共享

2020 年 9 月 22 日，习近平总书记主持召开教育文化卫生体育领域专家代表座谈会并发表重要讲话，指出：“要立足服务国家区域发展战略，优化区域教育资源配置，加快形成点线面结合、东中西呼应的教育发展空间格局，提升教育服务区域发展战略水平。”[①] 教育作为培养人的活动，在服务国家重大发展战略中举足轻重。优化区域教育资源配置，探索区域教育协同发展的运行机制，加快形成教育发展空间格局，对于推进国家区域发展战略具有重要意义。

---

① 习近平：《习近平谈治国理政》第四卷，外文出版社 2022 年版，第 340 页。

（一）高等普通教育资源共享合作

长江经济带高等教育资源丰富，拥有普通高校 100 所以上的就有江苏、四川、湖北、湖南、安徽、浙江、江西 7 个省，在校研究生数量超过 20 万人的就有上海、江苏、湖北三省市，均居全国前列（见表 5–1、5–2）。但是，各省市高等教育资源分布不均衡，推动高等教育资源共享、优化配置，上中下游开展多元参与和跨界合作，对于推进长江经济带高质量发展具有重要意义。

表 5–1　2013—2022 年长江经济带各省市普通高校数量（单位：所）[①]

	2013	2014	2015	2016	2017	2018	2019	2020	2021	2022
上海	68	68	67	64	64	64	64	63	64	64
江苏	156	159	162	166	167	167	167	167	167	168
浙江	102	104	105	107	107	108	108	109	109	109
安徽	117	118	119	119	119	119	120	120	121	121
江西	92	95	97	98	100	102	103	105	106	106
湖北	123	123	126	128	129	128	128	129	130	130
湖南	122	124	124	123	124	124	125	128	128	130
重庆	63	63	64	65	65	65	65	68	69	70
四川	103	107	109	109	109	119	126	132	134	134
贵州	52	55	59	64	70	72	72	75	75	75
云南	67	67	69	72	77	79	81	82	82	82
总计	1065	1083	1101	1115	1131	1147	1159	1178	1185	1189

① 数据来源：历年《中国统计年鉴》。

表 5-2 2013—2022 年长江经济带各省市研究生在校生数（单位：人）[①]

	2013	2014	2015	2016	2017	2018	2019	2020	2021	2022
上海	134799	133554	138287	144987	196953	203961	213515	226180	233268	244924
江苏	145947	150690	155560	161530	220209	228801	241599	266489	271469	299597
浙江	57801	60511	63528	67232	89087	93896	100719	116610	129860	151207
安徽	46506	46590	50410	51738	65873	69303	74295	87156	98600	111060
江西	26330	27660	28868	30344	40430	42406	45860	52416	59005	66333
湖北	112707	115113	117934	120504	185362	187983	191618	204459	198569	217095
湖南	65276	66293	68870	70759	99122	103539	106840	112501	110493	117663
重庆	48210	48979	50534	52156	73485	79391	84008	89768	97402	105474
四川	88237	87867	89858	92420	124446	128271	134753	144737	146476	159262
贵州	14057	14667	15484	16448	22141	23999	25398	28750	31675	36844
云南	30595	30980	32005	33041	44983	45634	49982	57604	63559	71563
总计	770465	782904	811338	841159	1162091	1207184	1268587	1386670	1440376	1581022

行动最早的是长三角地区。2003 年沪苏浙两省一市在上海签订《关于加强沪苏浙教育合作的意见》，标志着两省一市政府间关于教育的联动合作正式拉开帷幕。2005 年成立长三角高校合作联盟，2020 年又在杭州成立了长三角高水平行业特色大学联盟。联盟成立以来，入盟高校共商合作大计，共建合作平台，共享合作成果，在办学战略研究、共建共享学科平台资源、人才培养、社会服务等领域开展以项目为主的合作，齐心助力长三角高水平行业特色大学提升办学实力和社会影响力，更好服务与支撑行业发展与区域发展，增强区域建设创新能力和竞争能力，为长三角高等教育现代化与经济社会发展贡献力量。

长江中游三省教育行政主管部门也签订教育合作协议，推进高校

① 数据来源：历年《中国统计年鉴》。

之间开展联合办学、课程互选、学分互认、教师互聘、学生访学、学科共建等多种形式的校际交流与合作。2023 年 11 月 29 日，长江中游城市群“双一流”高校联盟在武汉大学成立。联盟将团结湘鄂赣三省的“双一流”大学，围绕国家“中部崛起”战略布局以及三省的科技、产业和人才的有效融合，设置合作主题，结合“双一流”建设任务，整合联盟各校优质资源，创新合作方式，共同研究三省的产业链如何协同，科技领域如何加强互补，培养人才如何与当地产业配合，强化三省创新链、产业链和人才链有效融合，为服务国家重大战略需求、推动区域经济社会高质量发展、提高人才自主培养质量、加快建设教育强国展现新作为、作出新贡献。

长江上游地区也开展了高校合作行动。2020 年 4 月 27 日，重庆市教委与四川省教育厅签署了《推动成渝地区双城经济圈建设教育协同发展的框架协议》，推动教育资源共建共享，加快构建教育协同发展合作机制。紧紧围绕国家有关成渝双城经济圈发展战略规划，参与共建西部科学城和长江教育创新带；同时优化成渝地区教育资源、功能布局，促进协同发展、融合发展，打造具有全国重要影响力的教育一体化发展试验区、改革创新试验区、协同发展示范区、产教融合先行区。成渝高校在学科联建、教师互派、课程互选、学分互认、科学研究等方面，推进深度合作。

当前，长江经济带优质高等教育资源多积聚于长三角地区，长江中游地区次之（主要集中于武汉），上游地区实力较弱。长江上游地区积极利用区域内外高校资源，在以项目为载体开展合作的探索中，领域和内容不断拓展。2020 年，重庆长寿经开区与中游地区的武汉工程大学联合成立了武汉工程大学重庆研究院，聚焦高校科技成果转化孵化，搭建科技服务平台和创新联盟，为地方经济社会发展培养高层次人才队伍。这个研究院的成立，实际上也是推进中西部科技资源共享的一个举措。2022 年 11 月 22 日和 23 日，上海交通大学分别在昆明、贵阳与云南省政府和贵州省政府签署深化战略合作协议，还与云南玉溪市、大理白族自治州、丽江市分别签署校地合作协议。根据协议，上海交大将在科技创新及成果转化、湖泊保护治理、乡村振兴、高等教育等领域，深化与两省及有关州（市）的合作。23 日，贵州省还与武汉大学签署了战略合作协议，商定建立完善协议落实机制，在人才培养、学科建设、科技创新和成果转化等领域深化合作。

（二）职业教育资源共建共享

早在 2009 年，长三角三省一市就建立了长三角教育协作机制。2018 年 9 月，上海与江苏、浙江、安徽三省共同签署了《长三角地区教育更高质量一体化发展战略协作框架协议》和《长三角地区教育一体化发展三年行动计划》。长三角教育联动发展协调领导小组协同三省一市，搭建了职业教育一体化协同发展平台，组建长三角智能智造职业教育集团（浙江）、软件职业教育集团（江苏）、电子信息职业教育集团（上海）、国际商务职业教育集团（安徽），试图在高教、职教、师资、校企合作等若干领域能深化协作，重点发力。2022 年 12 月成立的长三角职业教育产科教创新联盟，旨在积极回应职业教育提质培优发展需求，紧扣实际情况，谱写助力产科教融合发展、推动职业教育创新实践新篇章。

跨省域招生，在长三角生态绿色一体化发展示范区率先破局。2020 年 7 月 30 日，《长三角生态绿色一体化发展示范区职业教育一体化平台建设方案》出台，其中重要工作之一就是示范区内中职学校统一招生入学。嘉善县只有两所中职学校，之前专业的开设，更多考虑的是全面性。有了跨区域招生机制，各地中职可以加强沟通、集中力量、各展所长，避免重复建设。以嘉善信息技术工程学校为例，职业教育一体化以后，这所学校就把特色的旅游服务与管理、汽车运用与维修、会计、物联网技术应用等专业列为着力打造的优势特色专业，同时对青浦、吴江职校拥有优势的物流服务与管理、现代农艺技术、家政服务与管理等专业予以弱化调整。上海青浦、江苏吴江、浙江嘉善三地实现跨省域中职招生和跨省域中高职贯通培养的经验，获得在全国推广。为进一步推动资源共享，2023 年 12 月成立了长三角一体化示范区职业教育共同体。

长三角也利用师资优势，带动长江中上游地区职教发展。早在 2013 年，为整合区域职工教育资源，做大做强职业教育工作，南京市总牵头，联合合肥、芜湖等城市工会，在全国率先搭建城际现代职教与产业合作平台，形成区域职教培训整体优势，为沿岸城市经济转型升级培养更多高技能人才。通过开展成员单位之间的联合办学、订单式人才培养、菜单式人才培训，实现区域内职业教育、职工培训的合作与共赢。再如上海市教委与江西上饶市政府签订协议，推动包括职教在内的“上上合作”；上海科学技术职业学院与云南现代职业技术学院、楚雄技师学院签订协议，推进双向合作。

长江中上游地区也积极推动职教协同发展。重庆市教委与四川省教育厅签署协议，共同建设成渝地区双城经济圈职业教育改革发展试验区。围绕两地优势产业布局，积极引进一批国际优质职业教育资源，重点共建一批高水平职业院校和专业群、产教融合型区县和企业，共同建设一批职业教育集团和特色职业教育园区。统筹成渝两地职业院校建立跨省职教集团（产教联盟），共建优势专业、实习实训基地和技术创新中心，推进学分互认、实施更加灵活的交换生安排等方面交流合作，推动技术技能人才联合培养。深入推进产教融合发展，打造产教融合试点城市、行业、企业。两地依托“一院三中心”（即职业教育发展研究院、人才培养中心、产学研合作中心、职业培训中心），实现职业教育领域资源共享、合作共赢。现已推动毗邻地区政府和学校，联合成立成渝地区双城经济圈化工职业教育产教协同发展联盟、成渝双城经济圈现代护理职业教育联盟等职教联盟9个，协同建设职业教育川渝统筹发展示范区、渝西川南产教融合发展试验区，全力服务川渝作为国家中心城市的发展能级提升。

三、医疗和养老服务共享

全国顶级医院，长江经济带各省市占有比率较高。据有关机构发布的2023年全国顶级医院100强排行榜，在前十医院中，复旦大学附属中山医院、四川大学华西医院、上海交通大学附属瑞金医院、复旦大学附属华山医院、华中科技大学同济医学院附属同济医院、浙江大学医学院附属第一医院、华中科技大学同济医学院附属协和医院，分别列第2、3、4、5、6、8、10位，占据7席。医疗资源之丰富，可见一斑。以丰富的卫生健康资源为依托，长江经济带大力推进医疗共享和养老服务共享，取得长足进步。

（一）大力推进医疗资源共建共享

近五年来，三省一市持续分类推进各领域公共服务便利共享，尤其是在医疗一体化方面进行了积极探索。2018年，宁波作为首批长三角地区门诊直接结算试点城市，开通了和上海之间的门诊直接结算；后来又开通了全国的跨省异地门诊直接结算和特慢病直接结算，率先实现门诊费用直接异地结算，覆盖41城1.7万余家医疗机构。截至2023年6月，上海全部16个区802家定点医疗机构已实现跨省直接结算，并覆盖长三角41城，是全国异地门诊结算总量最大的区域之一。

五年累计结算约 1700 万人次，涉及医疗费用 50 余亿元。

除了医保报销，医疗资源的协同发展，也让长三角三省一市人民群众享受到同质化的医疗服务。2019 年，上海交通大学医学院附属瑞金医院无锡分院正式开业运营，这是一家由无锡市新吴区政府投资建设、委托瑞金医院管理的非营利性三级综合性医疗机构。医院采取“垂直化管理、一体化运行、同质化医疗”管理模式，各临床科室的学科带头人、执行主任全部由上海瑞金医院医疗专家及业务骨干挑梁担任，尽可能让上海无锡两地患者都能享受到最好医疗资源。对于在无锡分院不具备救治条件的疑难重症病人，医院还为其开辟绿色转诊通道。两家医院利用信息化手段，开通远程病理、远程读片、远程会诊、远程查房等远程互动平台，通过实时连线，瑞金医院专家在总院进行技术指导和质量把控，确保诊断结果可靠、准确。医疗服务一小步，民生健康一大步。医院将引进更多沪上优质专家团队，逐步建立较为完备的学科体系和人才梯队，实现从“输血”到“造血”的转变。同时，瑞金医院太仓分院也正在施工建设，计划于 2024 年 12 月竣工交付。2022 年，上海市第六人民医院（上海交通大学附属第六人民医院）与安徽省立医院合作，在合肥市长丰县建立了上海市第六人民医院安徽医院。下一步，上海六院还要继续加派专家到上海六院安徽医院，完善各学科建设，利用上海的优质医疗资源带动安徽医疗服务事业加快发展。

长江中上游地区也积极开展卫生健康领域合作。早在 2012 年，长江中游三省卫健部门就签订了《武汉共识》，就建立医疗卫生资源共享、血吸虫病联防联控等八个方面达成共识。近年来，跨区域优质医疗资源交流合作持续推进：建立了长江中游城市群院前医疗急救联盟，每半年召开一次工作会议，经常召开学术会议。三省多家医院建立急危重症病人转诊绿色通道。从2017年起，上游四省市推动医保跨省异地就医联网即时结算合作，扩大区域内联网结算医院覆盖范围，方便更多参保人员异地就医直接结算；支撑建立跨省际医疗联合体和双向转诊，按照自愿原则建立转诊绿色通道。

（二）加快培育异地养老新模式

健全区域协调合作机制，增加养老产品优质供给，加快培育异地养老新模式。人口老龄化是当前长江经济带民生领域面临的一个重要挑战，跨省域养老成为有效的应对方案。以长三角为例，截至2022年底，三省一市老年人口共4789万人，占总户籍人口的22.2%，高于全国平均水平。长三角各地整合资源，规划建设了形式多样的旅居康养中心。长三角三省一市加快推动生态绿色康养基地建设，在养老机构等级评定、养老护理职业技能等级认定、长期护理保险异地结算等方面开展一体化试点，支持养老服务企业连锁化、规模化发展，鼓励推行长三角区域异地养老、候鸟式养老、疗养式养老、田园式养老模式。近年来，长三角养老服务一体化不断按下快进键：上海、江苏、浙江、安徽民政部门先后签署《上海共识》和《合肥备忘录》；三省一市全面开展区域养老一体化试点合作工作；江苏宜兴市、浙江长兴县、安徽广德市三地签署协议，成立全国首个跨省县域幸福养老示范标杆区。2021年开始，上海市医保、民政等部门着手推进长期护理险延伸结算试点工作落地，截至2022年底，已启动三批延伸结算试点拓展工作，目前试点覆盖苏浙皖三省12个市，机构总数达32家，涉及6个连锁养老机构品牌，为失能老人异地养老提供了更多选择和支撑。截至2023年，已有来自江苏、浙江、安徽等省份近40个城市的108家养老机构、近5万张床位面向长三角地区的老人开放。在长三角生态绿色一体化发展示范区，更多壁垒已经和正在被打破。目前上海青浦、江苏吴江和浙江嘉善已经实现医保异地结算免备案，并试点养老公共服务清单、百岁老年人高龄补贴统一标准等。同时，三地还在积极探索“养老机构服务与管理”标准以及“老年照护评估”标准互认互通。

长江上游地区也在探索异地养老合作。2020 年 4 月，四川省民政厅和重庆市民政局在重庆市签署《合作框架协议》，协同推进川渝养老服务开放共享是合作的一大亮点。双方商定建立川渝两地区域内养老服务协作协商机制，推动打造区域养老服务行业联合平台。探索“养老扶持政策跟着户籍老人走”的机制，推进政策外哺和互惠共益，探索养老服务补贴异地结算制度，促进养老服务资源共享。鼓励和引导区域内联建共建养老服务设施，大力推动医养结合，实行养老服务信息互通互联。逐步建立川渝两地统一的养老服务设施建设和管理服务标准，实现互认互通，区域内养老机构、企业或社会组织享受同等扶持政策。制定区域内产业资本和品牌的市场指引，合作开展养老机构星级评定、服务质量监测评价，两地区养老机构资质互认。探索“互联网 + 养老”，统筹推进成渝两地养老智慧服务体系建设，实现两地养老多层面开放共享。

四、文化和旅游资源共享

长江在中华文明起源和发展中发挥了极为重要的作用，是中华文明多元一体格局的标志性象征，很大程度上丰富了中华文明的文化多样性。2023 年 10 月 10 日下午，习近平总书记在江西省考察了长江国家文化公园九江城区段，了解当地长江国家文化公园建设，充分体现了中央对长江文化的重视。在长江经济带的建设中，应当高度重视文化元素，努力挖掘文化资源，培育、扩大文化认同感。同时，文化是旅游的重要吸引力，旅游是文化传播和传承的重要途径。

（一）厚重的历史文化增强长江经济带凝聚力

历史文化底蕴以及由此产生的文化认同，是建设长江经济带的基础。在漫长的历史发展过程中，整个长江流域的文化经济交流一直频繁地进行着。从旧石器至战国时期，黔文化与长江中下游的濮、越文化多有关联，这从境内的旧石器观音洞文化、乌江以南新石器文化以及楚国战争历史中可以看出。自黄帝至夏商，江汉流域乃至长江上游、中游地区一直受中原文化的吸引和影响，生活在中游地区的三苗族、百濮人和巴人等，不断地向长江上游迁移，今日长江上游的许多少数民族就是这些古民族的后裔。先秦时期楚国有史 800 年，其强盛时期的大致疆域，北至黄河，东至今日上海一带，南至岭南，西至滇、黔。云南最早的历史记载则源自楚人庄硚进入夜郎、滇池，庄硚的后人也被称为滇王。上海简称“申”，其文化渊源即来自楚国春申君的封地申县。秦汉直至近现代，因为长江水道，长江上游与中下游更有着密切联系。“两岸猿声啼不住，轻舟已过万重山”，写出了古人自巴蜀至荆楚经过长江三峡时的场景；湖北、湖南的西部，深受巴文化的影响，湖北东部、江西北部，被称为“吴头楚尾”；历经明清两朝的“湖广填四川”，始发地多为湖北的麻城、孝感；晚清时期的“川盐济楚”，更是将长江上、中游经济生活联系在一起。至于长江中下游之间的文化经济联系，比中上游联系更为紧密，两地在先秦时期就有水运、水路联运，“吴师入郢”展示了吴、楚之间的水战，出土战国文物“鄂君启金节”则展示了湖北江陵（楚郢都）与安徽寿县之间的水路商业联运。自东晋以来，荆（州）、扬（州）常常连称，说明两地文化经济的相互影响及相互认同。晚清时期，中国在长江上第一条轮运线路就是沪汉线。总之，自先秦时代，长江各区域文化就相互影响、相互勾连。

今日长江的经济建设，更需要文化支撑。没有文化作为基础，经济建设将无法持续发展。就现代经济来说，除文化认同感、文化涵养之外，文化中的产业发展本就是经济的一部分，长江流域的上海、浙江、江苏、湖南、云南的文化产业较为发达，文化经济占据着国民经济的相当比例。为携手发展，建立了长江经济带会展投资联盟、长江经济带旅游媒体联盟、长江经济带地理信息联盟，这些既属于文化的范围，也属于经济的范围。一些企业不仅自身不断壮大，还带动区域经济发展，并且符合习近平总书记对长江经济带提出的“生态优先、绿色发展”的定位要求。……可以看出，文化长江对生态长江、经济长江都具有强大的支撑作用。①

（二）长三角地区发挥长江文化引领作用

长三角地区是我国经济总量最大、最具发展潜力的区域，也是世界第六大城市群。沪苏浙皖三省一市地缘相近，文脉相通，文化旅游资源丰富，长期以来互为客源地和旅游目的地。

2004 年起，江苏省张家港市开始举办长江文化节，让一脉长江文化在文明之城交汇出耀眼光芒。20 年来，长江文化节共开展各类跨区域大型公益文化活动 180 余项，线上线下共吸引超 5 亿人次参与其中，先后荣获第二届文化部（现为文化和旅游部）创新奖、中国优秀民族节庆“最具国际影响力节庆”、全国群众文化活动品牌计划“区域联动品牌活动”，被明确为江苏重点培育的三大地方特色文化品牌之一，获江苏省首批群众文化“百千万”工程优秀文化活动品牌等多项荣誉。

近年来，随着长三角一体化进程不断加速，三省一市文化和旅游交往也日益密切，文化旅游资源加速集聚、沟通、串联。随着长三角一体化发展上升为国家战略，长三角文化产业和旅游业也迎来新的发

① 秦尊文：《推进生态长江、文化长江、经济长江建设》，《湖北日报》，2016 年 2 月 26 日，第 2 版。

展“风口”。一是以“联盟”形式构建了一系列合作机制。2018 年 11 月，在首届长三角文博会举办期间，长三角红色文化旅游区域联盟、长三角文旅产业联盟、长三角影视制作基地联盟等纷纷成立，形成跨域合作、专业整合的新格局。以“长三角影视拍摄基地合作机制”为例，这项合作机制由上海市影视摄制服务机构牵头，包括上海影视乐园、上海胜强影视基地、江苏无锡国家数字电影产业园、浙江象山影视城、浙江东阳横店影视基地、安徽滁州长城梦世界影视城等长三角地区具有较强影响力的影视基地。二是加快推进“公共文化一体化”。2018 年 10 月，《长三角地区国家公共文化服务体系示范区（项目）合作机制虹桥宣言》正式发布，建立起覆盖 39 个城市（区）的区域合作机制。同月，在上海成立长三角省级美术馆联盟，为长三角地区的美术馆建设、美术文化产业发展开拓新平台。2019 年 7 月，由浦东新区文化艺术指导中心、马鞍山市文化馆等 18 个长三角地区文化馆共同发起的长三角城市文化馆联盟正式成立，形成了相互开放、有效衔接的城市文化馆服务网络。2023 年 4 月，江苏省演艺集团发起成立长江演艺联盟，进一步拓展长江区域演出市场、增进沟通交流、加强区域间合作。三是共同发展文化旅游业。三省一市文化和旅游部门联合推出“跟着考古去旅游”三条 3 日游精品线路，串联起上海广富林文化遗址，浙江的“新科”世界文化遗产良渚古城遗址、新石器时期文化遗址之一河姆渡遗址，江苏的大报恩寺遗址公园，以及安徽的凌家滩国家考古遗址公园等。

此外，在学术研究领域，三省一市社科规划办组建“长三角社科规划工作群”，推进联合课题招标及合作事宜；三省一市社科联还举办首届长三角江南文化论坛，共同签署《长三角三省一市江南文化研究学术共同体合作框架协议》，合作推进长三角“江南文化”研究学术共同体建设。

（三）长江中游三省抱团推进文化旅游共建共享

早在2013年，长江中游三省文化行政主管部门签订《文化发展战略合作框架协议》，举办群众文化艺术节等活动，三省党报集团还发起建立中部传媒合作联盟。2021年9月，长江中游三省旅游合作发展联盟成立暨旅游消费大联动启动仪式在武汉黄鹤楼公园举行，现场三省与会嘉宾共同上台齐按灯柱，点亮黄鹤楼、滕王阁、岳阳楼“江南三大名楼”。同时，作为首届中国（武汉）文化旅游博览会重要配套活动，三省文化和旅游部门共同宣布长江中游三省旅游合作发展联盟成立，将秉承“平等、融合、创新、发展”的原则，推进三省旅游区域一体化谋划、资源一体化共享、平台一体化建设、服务一体化推进、品牌一体化打造，实现三省旅游发展优势互补、互利共赢、共同发展。推动三省旅游市场区域协同发展，建立旅游市场交流合作新渠道、新平台，联合进行整体宣传、线路开发、产品促销等活动，实现产品共推、市场共促、客源互引的一体化建设目标。目前，已常态化开行武汉、长沙、南昌“周末游”专列，长江中游三省旅游一卡通也持续热销。

（四）长江上游地区群众文化和旅游非常红火

现代休闲娱乐文化对于推动长江经济带发展尤其是精神文明建设，具有非常重大的意义。球迷都知道足球有“英超”“中超”，篮球有“NBA”“CBA”，在贵州省农村则有“村超”和“村BA”，享誉全国。“村超”诞生于黔东南的榕江县，全县有30多支民间足球队，在县足协注册的球员超过1000人。球员来自各行各业，有农民、教师、饭店老板、银行职员、电力工人等。“村BA”诞生于台江县台盘村，可以追溯到1936年，但火起来还是最近两年的事。2023年，这个只有272户、1188人的小村子，涌进了2万多人看比赛。赛事的火爆也为传播当地文化提供了好时机。“村超”“村BA”每场比赛的开场表演和休息间隙，侗族大歌都会现场展演，掀起“万人合唱”的壮观浪潮。“饭养生，歌养心”，流传千年、被列为国家级非物质文化遗产项目的侗族大歌早已融入侗家人的文化基因。近年来，通过“百村歌唱大赛”“100个传承保护发展示范村”“百村传统经典民歌数字化”等一系列整体性保护工作的实施，黔东南苗族侗族自治州基本实现了“侗族大歌流布聚居村寨村村有歌队，80%以上的村民能唱10首以上传统侗族大歌和新编侗族大歌”的目标，合计培养了100多名优秀侗族大歌骨干辅导员、1000多名优秀传承人。如今，黔东南黎平县肇兴、地扪、堂安等地文旅业聚起侗族大歌歌队近百支，从业人员近2000人，每支歌队年均演出30场，人均每年从中收入2000元。[①]

2024年川渝春晚如期举办，这已是两地携手的第三届了。2024年川渝春晚主办方是重庆广播电视集团（总台）与四川广播电视台，演播室主场设在重庆，同时在重庆涪陵区、四川遂宁市设立两处分会场，还在重庆铜梁区和四川松潘县设立两处特别呈现，内外联动，充分展现城乡融合、民族融合的美好生活。与此同时，重庆市文化和旅游发展委员会联合四川省文化和旅游厅，以“巴山蜀水迎新春　欢欢喜喜过大年”为主题，围绕春节时间节点，向全国游客展示川渝两地文旅资源、特色民俗活动等。川渝两地文化和旅游部门还共同策划开展系列主题活动，包含巴蜀熊猫大拜年、巴蜀一家亲·邮轮过大年、巴蜀古镇过大年、川渝共唱一首歌、冰火两重天·巴蜀一线牵、巴蜀文创邀天下、巴蜀村晚大迎客等系列活动。

---

① 陈冠合、吕慎：《“村超”“村BA”“村歌”乡村热土释放“幸福能量”——从贵州实践看乡村振兴新气象》，《光明日报》，2023年6月28日，第7版。

五、社会保障和就业服务共享

2022年，长江经济带人口占全国总人口的43.1%，同时也是我国人口流动规模较大的区域。11个省市，除上海、江苏、浙江、湖北以外，其余7个省市全部为人口流出大省(市),并均居全国流出前10位。因此，长江经济带社会保障和就业服务共享的任务繁重，而且意义重大。

（一）上海、江苏、浙江、安徽以一卡通为突破口推进共享

2020年起，上海、江苏、浙江、安徽联合推动长三角社会保障卡居民服务一卡通。为推动长三角社保卡居民服务一卡通建设，沪、苏、浙、皖相关部门组成工作专班，支持长三角区域基本公共服务便利共享。2022年9月，长三角三省一市人大常委会同步审议通过《推进长三角区域社会保障卡居民服务一卡通规定》，10月1日起长三角三省一市同步实施，以社保卡为载体，实现一卡多用、跨省通用。目前，长三角区域群众凭社会保障卡即可办理公安、民政、人社、医保等领域的政务事项。三省一市第三代社保卡均加载“交通联合”功能，群众凭卡可以通乘全国300余个城市（含长三角所有城市）的地铁、公交。长三角地区2000余个文旅场馆支持全国社保卡通游，群众凭卡可在公共图书馆借阅图书，参观博物馆、文化馆，游玩各大景区。到2023年，长三角41个城市，超2.1万家医疗机构和3.6万家药店支持凭卡即时结算医保费用。群众还能通过社保卡银行账户领取人社、财政、教育等领域的待遇和补贴。

2023年11月16日至17日，长三角区域社会保险经办服务交流研讨会在黄山市召开。会议就《长三角区域社会保险经办服务合作备忘录》及长三角区域社会保险待遇资格协同认证合作协议、长三角区域社会保险关系转移合作协议、长三角区域工伤保险经办合作协议等

3个子协议讨论稿进行了充分讨论，并初步达成共识。三省一市参会代表就大数据时代如何推进高质量参保精准扩面，如何在部级数据共享平台基础上构建更便捷、更高效的长三角区域社保经办数据共享通道，如何建立工伤保险跨区域、跨层级联动合作经办模式等相关合作问题进行深入研讨。

（二）武汉、长沙、南昌、合肥推进人力资源和社会保障一体化

长江中游武汉、长沙、南昌与长江下游的合肥四个省会城市建立人才网站联盟，搭建“一网注册、多网发布”的云平台，充分发挥人才网站机制作用，实现信息资源的共享；通过建立人才市场联席会议制度，完善工作协调机制。

四城市还建立一体化人才评价互认机制。实行专业技术职务任职资格、职业技能职务任职资格四市互认；实行公务员、事业单位职员身份、行政职务、专业技术职务四市互认，且四市之间调动流动无障碍通行。通过每年定期共同举办一次大型联合人才招聘会，建立“网上人才招聘周”制度等，实现“活动共办”。通过协作开展流动人员人事档案管理、人才派遣业务等做到相互服务、共同管理，最终实现“互动共赢”。

四省会城市还在社会保障、就业创业等领域开展合作，其中四市居民社保将实现互通，参保人员可无障碍跨地区转移接续。四市商定打破城乡分割，推动社会保险一体化建设，为农村人口进入城市和实现城镇化提供支持。加强社会保险各项制度的衔接，推进区域内社会保险规范化、标准化、一体化建设，实现区域内无障碍转移接续。《专业技术职务任职资格四市互认合作协议》强调，共同构建一体化人才市场，通过打造统一的人才交流服务品牌，开展市场交流的联动。

着力构建武汉、长沙、南昌、合肥四市一体化的就业创业服务体

系。四市通过构建一体化综合信息服务平台，为求职和创业人员提供人力资源市场用工情况分析、企业用工需求、各类高校人才供给、优惠政策发布、地方产业布局、培训等综合信息。围绕四市工程机械、汽车制造、电子信息、生物医药、新材料等优势产业集群，致力于服务劳动者创业。同时四城市创业者还在创业服务、创业培训、税费减免、小额担保贷款、项目审批等方面享受同等政策。

（三）川渝两地开展“十大专项行动”

2023 年 2 月，川渝两地共同签署《川渝人社合作 2023 年“十大行动”合作协议》，发布了“十大专项行动”标志性成果，包含共建高质量充分就业先行区、川渝两地就业政策服务互通共享、川渝两地养老保险政策协同相融、川渝两地养老保险关系“便捷快转”、共建“6+N”人力资源服务产业园体系、共建巴蜀技能人才高地、川渝两地事业单位公开遴选“同城化”、构建区域和谐劳动关系高质量发展新样板、开创川渝人社普法宣传新路径、社保卡“一卡通”提档升级。

在就业政策“同城同待”方面，两地在创业担保贷款、社会保险补贴等方面率先打破川渝户籍限制。2022 年，重庆为 2.1 万名川籍劳动者落实培训补贴、创业担保贷款等就业创业资金 1.2 亿元。

在社保政策“共谋共推”方面，两地持续深化养老、失业保险政策协同机制，签订川渝养老保险政策协同协议，重庆、成都全域均纳入个人养老金先行地区。2022 年，川渝失业保险关系转移接续涉及资金近 1400 万元，超前两年总和。

在人才政策“互联互通”方面，两地打破地域限制，川渝职称结果互认和专家互派、博士后学术交流工作持续深化，实现川渝两地事业单位信息“一体化”、公开遴选“同城化”。2022 年，川渝两地 209 家事业单位发布面向川渝地区机关事业单位工作人员的遴选岗位 673 个。

川渝两地率先推动养老保险关系“便捷快转”，在全国率先实现养老保险关系转移资金定期结算，实现养老保险“三险种”全部纳入定期结算范围，实现转移业务当天即可办结。2022年，川渝互转企业职工养老保险关系2.7万人次，应转资金6.8亿元，结算后仅划拨一笔差额资金51.1万元，占应转资金总额的万分之七点五。

两地人社部门还持续深化社保卡一卡通服务管理模式，实现社保卡“一卡通游、一卡通购、一卡通行”，遂·潼社保卡试点在交通出行等4个领域23项功能率先实现互认互通、协同共享；5857个通办网点实现社保卡申领等全业务通办，累计办件量达47.1万人次。

第三节
加强长江经济带发展共享的建议

长江经济带要实现区域协同融通的目标，必须以习近平新时代中国特色社会主义思想为指导，坚持社会主义基本经济制度，紧扣“一体化”和“高质量”两个关键词，强化主动担当、增强协同意识，进一步深化发展共享。

一、实现资本社会共享

社会主义制度与资本之间的关系，始终是绕不过的讨论话题。虽然马克思对资本的态度总体来说是批评的，但资本在推动生产力发展、创造财富、提高人类获得感等方面发挥了积极作用，至今无法被完全替代。因此，社会主义国家也需要借用资本的增殖功能来发展自己。社会主义制度下的资本与资本主义制度下的资本增殖功能一致，但服务的对象、功能有所不同。在社会主义条件下，可以借助资本的生产方式促进生产力发展和财富积累，但要限制资本剥削的无限性，使资本创造的财富不仅服务于资本所有者，也服务于广大人民群众。中国实现共享发展的目标，离不开资本的作用，需要资本创造的财富服务于人民。

（一）落实公有资本共享

党的十五大首次提出“公有资本”概念，并对“公有制为主体”进行了政策性阐释：“公有制经济不仅包括国有经济和集体经济，还包括混合所有制经济中的国有成分和集体成分。”[①]从资本的角度来说，公有资本由国有资本和集体资本共同构成，是实行社会主义市场经济的前提条件。习近平总书记提出：“各级党委和政府要牢记搞好国有企业、发展壮大国有经济的重大责任。”[②]只有发挥公有资本的主体作用和引导功能，“公有制为主体”才能真正落实到位。

共享发展是习近平经济思想的核心理念之一。落实共享发展既要汇聚民力壮大新时代中国特色社会主义事业，夯实共享基础，又要全面共享，使人民群众获得充分的物质精神财富，增强人民群众的获得感。公有资本作为中国特色社会主义公有制经济主体在社会主义市场经济中的存在形式，在整个公有制经济活动的生产、交换及其收益分配过程中实现资本集中、劳动修复以及消费力生产，体现出高度的生产性；公有资本范畴建构的制度性、公有资本参与市场竞争的目标以及公有资本所有、分配方式则体现出公有资本广泛的分享性。[③]为进一步发挥公有资本的高度生产性和广泛分享性，需要在客观上要求公有资本的资本属性确认，“共享公有资本”应运而生。“共享公有资本”理念和制度的确立，为发展共享提供基础制度保障，为共同富裕开辟宽广的道路。

---

① 《中国共产党第十五次全国代表大会文件汇编》，人民出版社 1997 年版，第 21 页。

② 习近平：《论坚持全面深化改革》，中央文献出版社 2018 年版，第 271 页。

③ 曹睿：《共享发展阶段公有资本生产性与可分享性再认知》，《改革与战略》，2017 年第 9 期。

（二）推动公有资本全面进入民生领域

推动公有资本承担更多的社会责任，更多地进入文化、体育、教育、医疗、住房、社保等公共民生领域。在教育领域，加大国有资本的投资力度，让广大人民群众平等享受公有制经济发展带来的教育福利。在卫生健康领域，扩大国有药品企业在行业领域的规模，发展健康产业、养老产业、智能家居产业，拓展主动健康服务新业态。在房地产领域，根据市场需要加大国有资本投资力度，发挥示范效应，引导非公有资本在实现经济绩效的同时积极发挥社会效应和承担社会责任。在社会保障领域，推动公有资本在就业、失业保障、安全防护、劳动者权益保护等方面发挥主体作用。划拨公有制经济部分利润充实社会保障基金，让全体人民都能享受社会主义公有制创造的福利，切实发挥公有制经济的共同富裕效应。

在国家统一大市场的建设与发展中，通过推动信息平台互通共享着力消除“数字鸿沟”，推进民生领域助力共同富裕。建立健全统一的劳动力、土地、资本、技术、数据、能源和生态环境市场，加快构建要素资源市场化配置体制机制；提高劳动报酬在初次分配中的占比，推动农村居民财产性收入增长，健全有助于共同富裕实现的社会主义基本分配制度；全面推动党风廉政建设，推进市场监管公平统一、反对垄断和不正当竞争行为、破除地方保护主义和区域行业进入壁垒，着力推动营商环境改善；充分发挥超大规模市场的发展潜力，促进形成优胜劣汰的正向激励机制，从而保障国计民生。

建立共享产权的房地产市场。住房支出是压在我国城市居民头上的一座大山，也极大地抑制了居民其他消费需求。将公有资本作为全要素一体化配置的纽带和动力，推动对共享产权的地产新模式的探索与发展。在要素配置市场中，存在一些利润低甚至没有利润的环节，私有资本没有进入动力。充分利用公有资本盘活土地资源，并探索建立具有共享产权的房地产市场。随着共有产权房的大量入市，完善准入和退出机制的重要性和急切性日益突出。在各地有序开展共有产权保障探索的基础上，完善产权分配和上市交易调节机制，切实消除牟利和寻租空间。不断加强申购审核、售后和后期退出等工作，压缩利益空间，确保保障房资源的循环利用，并通过公积金、房贷等方面的政策创新和倾斜，使更多住房困难家庭“圆住房梦”。

（三）引导社会资本共享

根据《国务院关于创新重点领域投融资机制鼓励社会投资的指导意见》第二十九条规定“推广政府和社会资本合作 PPP 模式”所表达的含义，社会资本就是国有资本以外的资本。认真总结经验，加强政策引导，在公共服务、资源环境、生态保护、基础设施等领域，积极推广 PPP 模式，规范选择项目合作伙伴，引入社会资本、增强公共产品供给能力。

在当前，要构建以国内大循环为主体、国内国际双循环相互促进的新发展格局，应该增强社会资本市场活力和财富创造能力，最重要的是落实好习近平总书记支持民营企业改革发展的“六条要求”。对待民营企业和社会资本，不能因为形势变化而朝令夕改，政策制定下来就应该一以贯之。我们更不能对民营企业和社会资本持意识形态偏见，应认识到在社会主义环境下资本创造的财富可以被民众共享。当然，在促进社会资本发展的同时，也要防范资本风险。习近平总书记指出：“我们强化反垄断，防止资本无序扩张，有效防范风险，维护市场公平竞争。”[①] 防范和促进同样重要，但是，在当前经济发展过程中，资本发

① 习近平：《习近平谈治国理政》第四卷，外文出版社 2022 年版，第 218 页。

挥的促进作用更大。

构建发展新格局，最重要的是持续不断地通过国内经济创造财富和分配财富，其中，创造是第一位的。通过政策支持、资金支持、环境支持等一系列真正的、长远的、一贯的支持，促使社会资本在社会发展中吸收劳动力，缓解就业压力；与国有资本合作，盘活国有资本，实现共赢；吸收闲散社会资本，投入社会生产。社会资本的所有运作，目的就是增值，增值就是创造社会财富。社会资本在创造财富的同时，加速打通国内生产、消费、分配、流通各个环节，促进国内经济循环发展。

创造财富就是做大“蛋糕”，在这个前提下，还要分好“蛋糕”。要加大收入分配调节力度，进一步优化第一次分配和第二次分配。发挥慈善等第三次分配的作用是必要的，但根本是依靠第一次分配和第二次分配，要优化制度设计。近些年，劳动与资本的收入比一直在下降。必须从制度设计上提高劳动报酬在初次分配中的比重，要在初次分配中使最基础的劳动收入水平有较快提高和阶段性持续增长。第二次分配要强化税收手段的功能，特别是强化对过高收入和财产性所得的税收调节。要着力提高低收入人群收入，包括通过转移支付等手段强化对困难地区和低收入人群的支持力度。推动低收入人群共同富裕重点是要解决收入分配问题，但提高收入水平并非推动共同富裕的全部内容。还要大力推进基本公共服务均等化，致力缩小区域、城乡差距。这些措施不仅关乎共同富裕的质量，也直接与收入分配挂钩。[①]

总体来说，在共享视阈下，在新发展格局中，应遵循以下三项原则：第一，市场需求着眼于各阶层。要稳定就业并不断提高各阶层群体的收入水平和消费潜能，拓展消费领域，保证市场需求平稳上升。第二，

① 范恒山：《分好财富蛋糕，如何“提低”？》，新华社客户端，2021年11月4日。

市场供给靠自主创新。提高自主创新能力，提升市场要素价值，从“开放＋依赖”转向“开放＋自主”，减少外贸依赖，保证市场供给满足各阶层需求。第三，保证中低收入群体共享发展成果。注重新发展格局的阶层共享性，始终具有底层情怀，不断提高中低收入阶层的共享水平，推动大量农民向市民转化。总之，既要立足当前外部环境危机、国内经济顽疾等困境，也要立足当前社会主要矛盾，始终践行发展成果由人民共享的发展理念和价值判断，科学制定、保证落地新发展格局的各项举措。正如习近平总书记所指出的：“以共建共治共享拓展社会发展新局面。”[①]

（四）扩大公有资本的支配范围和影响力

股份制是现代企业的一种资本组织形式，有利于所有权和经营权的分离，有利于提高企业和资本的运作效率，资本主义可以用，社会主义也可以用。不能笼统地说股份制是公有还是私有，关键看控股权掌握在谁手中。国家和集体控股，具有明显的公有性，有利于扩大公有资本的支配范围，增强公有制的主体作用。目前城乡大量出现的多种多样的股份合作制经济模式，是改革中的新事物，要进行支持和引导并不断总结经验，使之逐步完善。尤其要提倡和鼓励以劳动者的劳动联合和劳动者的资本联合为主的集体经济。大力发展股份制和股份合作制经济，既能增强公有制经济的影响力，也能引导非公有制经济参与做大分好共同富裕“蛋糕”的工作。

坚持国有经济布局优化和结构调整，进退有序。国企重组整合更加强调“促进国企聚焦主责主业、提升产业链供应链支撑和带动能力”[②]，

① 习近平：《习近平著作选读》第二卷，人民出版社 2023 年版，第 331 页。

② 全国人民代表大会常务委员会办公厅：《中华人民共和国第十三届全国人民大会第五次会议文件汇编》，人民出版社 2022 年版，第 22 页。

这是应对国内外供给形势变化以及实现国企高质量发展的必要之举。稳步推进钢铁等领域的重组整合，在相关领域适时研究组建新的中央企业集团。积极推动粮食储备加工、港口码头等领域的专业化整合，切实提升资源配置效率和企业的核心竞争力。加强航空航天、生物医药、海洋工程、新能源新材料、工业互联网、物流大数据等协同发展平台建设。除了重组整合外，"两非"（非主业、非优势）剥离和"两资"（低效资产、无效资产）清退也是重点内容。要将压减工作与重组并购同步谋划，鼓励"先压减再并购重组"。对已并购重组的企业要进行全面梳理，高标准推动压减，做到"并购一个压减一批"。

推动央企、国企与民企深度协同发展，通过双向混改等多种方式"强链""补链"，开创公有私有资本合作新局面。一是加大上下游帮扶力度。搭建产业链金融平台，通过商业保理、贴现等方式为上下游中小企业融资。二是加强大中小企业协同创新。中央企业牵头组织相关中小企业建立产业技术创新战略联盟、搭建工业互联网平台，承建国家双创示范基地，带动大中小企业融通发展、产学研协同和全社会创新创业。三是深化产权领域合作发展。中央企业积极引入非公资本，通过产业基金、投资入股等方式参股民营企业，促进国企民企协同发展。四是发挥国有资本支持引导作用。通过基金投资、创新平台等多种方式，引导在产业链供应链上下游的民营企业包括中小企业中培育领军企业和专精特新"隐形冠军"企业。五是深化中央企业与地方各类所有制企业合作。围绕长江经济带发展等国家区域重大战略的实施，在电子信息、装备制造、新能源、新材料等领域，与地方民营企业、中小企业共同实施一批有较强影响力、带动力的项目。

二、深入推动区域一体化

以基本养老保险目标替代率作为区域一体化发展目标，实现区域基本养老保险发展的目标集成。借鉴国外经验，把养老金的目标替代率作为养老金制度改革的重要工具，如日本和韩国都制定了养老金替代率的长期改革目标；瑞典还由此建立了养老金自动平衡机制。应制定长江经济带基本养老保险目标替代率区域发展目标：一是长江经济带基本养老保险一体化要从各省市经济和社会发展的实际出发，特别是针对目前基本养老保障水平差距较大，在今后较长时期内并不是要实现领取待遇标准上的一致性，而是选择基本养老保险目标替代率作为养老保险一体化改革政策工具，实现长江经济带基本养老保险发展目标的集成。二是基本养老保险目标替代率分阶段、分步骤设定，综合考虑我国经济社会发展实际与国外基本养老保险目标替代率情况。考虑到上下游差距较大，可分为长三角、长江中游、长江上游三大区域进行设定。以长三角企业职工基本养老保险替代率为例，进行阶段性设定：第一目标设定在 5 年内，长三角职工基本养老保险替代率设定为 50%—55% 之间；第二目标设定在 10 年内，三省一市积极扩大第二支柱职业养老金覆盖面，并加快第三支柱个人养老金制度建设。未来第一支柱中的基本养老保险替代率为 45%—50% 之间，第二支柱的替代率保持在 15%—20% 之间，最终使长三角企业职工养老保险整体替代率水平设定在 60%—70% 之间。

区域基本养老保险缴费基数和缴费率、城乡居民基本养老保险缴费档次和缴费金额的统一，实现区域基本养老保险的政策集成。一是区域养老保险缴费基数和缴费率的统一。根据《国务院办公厅关于印发降低社会保险费率综合方案的通知》，自 2019 年起，各省已统一使用本省城镇非私营单位就业人员平均工资和城镇私营单位就业人员平均工资加权计算的全口径城镇单位就业人员平均工资核定缴费基数。因而区域养老保险缴费基数的统一，即长江经济带企业职工养老保险的缴费基数的统计范围由目前的各省市在岗职工平均工资拓展至各省市的社会平均工资，以长江经济带社会平均工资作为缴费基数，并统一缴费率，由此引导解决各省市的缴费水平差距以及未来养老保险待遇的差距问题。二是城乡居民基本养老保险的缴费档次和缴费金额的统一。城乡居民基本养老保险的缴费档次和缴费金额的统一，能在一定程度上缩小长江经济带地区城乡养老保险待遇差距较大的问题；统一的缴费档次和金额也有利于异地养老保险的转移接续，减轻养老保险经办机构的管理负担，满足长江经济带居民异地养老的需要。

区域基本养老保险经办信息管理、经办政务服务标准、养老保险静默认证渠道的统一，提升区域社保卡一卡通的载体功能，实现区域基本养老保险的管理集成。一是区域基本养老保险经办信息管理的统一。在参保登记方面，各省市可在基本养老保险办结时限、与相关职能部门的信息共享联查方面实现统一和衔接。在保险费收缴方面，可在代缴核查机制、第三方资助、年内二次缴费以及金融部门代扣代缴方面，实现相互统一和衔接。依托国家政务服务平台，加强养老保险经办信息标准化建设与数据共享，实现长江经济带养老保险经办业务平台层面的互联互通、数据共享、业务协同，充分利用先进的信息技术和大数据的支撑，规范经办信息的管理与数据共享。二是区域基本养老保险经办政务服务标准的统一。在事项名称、事项编码、办理材料、办理时限、办理环节、服务标准（六统一）的基础上，建立区域内统一的基本养老保险经办政务服务事项清单制度，明确与规范长江经济带基本养老保险经办政务服务的主要通用事项及经办规程。三是养老保险静默认证渠道和规范的统一。将退休人员自证转变成社保经办机构静默式主动“无感”认证模式，实现认证方式“零打扰”、认证数据“零延时”、认证服务“零遗漏”。四是提升区域社保卡的一卡通载体功能。现在，长江下游、中游和成渝地区正在推行社保卡一卡通。可围绕社保卡一卡通发挥社会保险的服务平台作用，继续集成相关服务功能。推动相关业务规程、用卡流程的调整优化，将社保卡作为人社业务的有效身份凭证和待遇发放结算载体。大力发展电子社保卡，把各类“一网通办”及其他网办事项都加载到电子社保卡中，大力发展社保卡在政务服务、惠民惠农补贴发放、就医购药、金融服务、居民服务、社会化服务、智慧城市、信用服务等领域的一卡通应用。①

三、打造世界级长江科创大走廊

提升共享质量，必然要提升发展质量，而提升发展质量主要通过提高科技创新能力来完成。这也是构建以国内大循环为主体、国内国际双循环相互促进的新发展格局的必经途径。提升国内经济竞争力，提高生产要素生产率，实现高质量发展和成果共享，关键在于技术创新、发展新质生产力。中国改革开放以来的科技发展成就，是在“开放＋依赖”的基础上发展起来的，很多关键领域还缺乏自主创新。当前，美国对中国高科技尚未突破的领域如芯片、航空轮胎、轴承钢、光刻机等进行科技制裁，凸显了我国经济发展的科技短板。习近平总书记指出：“我们更要大力提升自主创新能力，尽快突破关键核心技术。这是关系我国发展全局的重大问题，也是形成以国内大循环为主体的关

① 林闽钢：《“系统集成、协同高效”的社会保障制度改革——以长三角社会保障一体化为例》，《社会保障评论》，2022 年第 3 期。

键。”[①]科技创新要从原来的“开放 + 依赖”转变为“开放 + 自立”，这个“自立”不是靠一个企业或一个科研机构，也不是靠一个省、一个市、一个区县，而是依托国内的创新力量。中央要求长江经济带打造引领全国转型发展的创新驱动带。长江经济带有这个条件和实力。因而，要以长三角 G60 科创走廊、光谷科创大走廊、成渝中部地区科创大走廊等为基础，打造世界级的长江科创大走廊。

第一，完善协同创新制度框架，提升区域协同创新能力。要跨区域、跨部门整合科技创新力量和优势资源，实现强强联合，打造科技创新和新质生产力策源地。按照优势互补、合作共赢和共同发展的原则，积极推动长三角、长江中游、成渝地区的协同创新，鼓励各省市在科技创新平台建设、关键核心技术攻关、科技成果高质量转化、科技人才共育共享等方面开展深度合作，推动长江经济带上中下游地区的优势创新资源高效组合叠加；抓住数字经济、生物医药、人工智能等新兴产业的发展机遇，形成更多新质生产力，加快构建长江经济带高质量协同发展产业体系。通过重大专项和重大工程的部署实施，瞄准目标产品和工程，集成各类科技资源，坚持产学研用结合，加强各类承担主体的联合，进一步提升区域协同创新能力和水平。

第二，应对资源聚合“磁场效应”，均衡区域科技创新发展。人才、资金、技术和信息等创新要素在流动的过程中往往存在一定的磁场效应，科技创新水平较低的地区可能会面临优质资源流向科技创新水平较高地区的现实问题，磁场效应的存在加剧了区域间的不均衡。对此，为留住优质创新资源，政府部门须在知识、资本、技术和管理等方面进一步挖掘制度红利。此外，还须强化区域科技创新的环境支撑，加

① 习近平：《习近平著作选读》第二卷，人民出版社 2023 年版，第 330 页。

大创新基础设施建设力度，加强中上游“磁场”建设，国家重大项目安排要优先向中上游协同创新平台倾斜，增强科技创新滞后地区的“抗吸”能力，推动创新要素反向流动，提高区域科技创新水平。

第三，坚持发挥“强核”带动作用，促进周边地区创新发展。一般来说，科技创新资源往往向大中城市集中，从空间布局和科技创新水平来看，长三角城市群是整个长江经济带科技创新活动的“强核”，其余省市的科技创新资源相对欠缺，亟待借助外力提升自身的科技创新水平。因此，需要进一步破除行政区划限制，借助产业对接、项目合作、资源共享、平台共建等多种途径，在长三角、长江中游、成渝地区及其他地区之间建立广泛的创新联系，通过相邻溢出效应带动“强核”周边地区的科技创新共同发展。[①]

四、共建共享长江国际黄金旅游带

保护、弘扬和传承长江文化，深入整合11省市旅游资源，增进长江国际黄金旅游带合作共识，共同建设长江旅游品牌体系和知名旅游目的地集群，提升长江旅游品牌在国际市场上的竞争力、影响力，推动长江旅游走向世界。

（一）实现从区域旅游向流域旅游的转变

长江旅游要强调从各省市“块状”旅游合作向长江经济带这一“条状”区域全面扩展，其中不仅包括传统区域旅游发展中的旅游区、旅游线路、旅游城市，也包括与主体功能区和新型城镇化相对应的城市群旅游、生态功能区旅游，更是可串起长三角、长江中游城市群和成

① 黄庆华、潘婷：《长江经济带科技创新水平测度及其协同力提升政策建议》，《创新科技》，2022年第3期。

渝经济区三大板块，联动上、中、下游广大地区的流域性旅游。为此，要求在更为广阔的区域范围内实现地区间旅游产业发展要素的流动和互补、旅游产业的转移衔接和优化升级以及旅游市场的整合统一。同时也标志着长江旅游超越现有的行政区界线，按照旅游产业发展的特殊规律，尊重自然山水格局和文化生态格局完整性，全面推进区域旅游目的地规划建设，这种空间格局也将撑起未来中国区域旅游发展空间的主干骨架。

首先，要在强化流域旅游业发展顶层设计的基础上，根据流域不同区域旅游功能区发展阶段的差异和在流域旅游业发展中所扮演的角色和作用不同，明确开发建设重点和发展任务，并按照“分类指导、分区管理、重点实施”的思路对各主要旅游功能区进行总体推进，如跨区域旅游合作区分为创新引领型旅游合作区、优化提升型旅游合作区、重点建设型旅游合作区三种类型进行顶层设计。

其次，要以流域规划单元为基础，促进建立跨区域旅游合作区，实现推动跨省（市）旅游资源、旅游产品和旅游基础设施的公共开发建设，实现旅游市场共建共享，将旅游系统要素在地区之间进行重新配置、整合与优化，形成规模更大、结构更佳、品牌更优的旅游目的地。

再次，要以国家主管部门宏观协调为基础，强化国家在流域性旅游综合治理中的责任，建立起国家旅游主导和有沿线地方政府和旅游部门以及旅游企业和旅游社会组织等参与的流域性综合协调机制，并探索建立结合不同区域旅游业发展阶段差异，有针对性地采取综合性和差异化的调控措施，建立与其相配套的区域旅游业发展的旅游投融资机制、特殊地区旅游发展扶持机制、区域对口帮扶机制、区域公共服务共建共享机制、旅游生态补偿机制、区域“人才柔性流动”机制等。①

（二）共建共享精品旅游线路

统筹长江国际黄金旅游带沿线地区文化和旅游资源，选取具有突出意义、重要影响、重大主题的节点，以“文化场景化、场景主题化、主题线路化”为思路，串点成线，连线成廊，重点推进长江文明溯源之旅、长江世界遗产之旅、长江安澜见证之旅、长江红色基因传承之旅、长江自然生态之旅、长江风景揽胜之旅、长江乡村振兴之旅、长江非遗体验之旅、长江瑰丽地貌之旅、长江都市休闲之旅等10条长江主题旅游线路建设，全面展示真实、立体、发展的长江，塑造长江国际黄金旅游带整体形象，提升国际知名度和全球竞争力。

除了上述全流域大尺度的长江主题旅游线路以外，长江上中下游可分别推出中尺度的跨省精品线路。如长江中游三省合力推出八条跨省旅游线路：一是赏三大名楼文化之旅。通过此线路，游客可以访滕王阁、登黄鹤楼、游岳阳楼。二是忆峥嵘岁月红色之旅。这条线路涵盖了大别山、井冈山、韶山和瑞金。三是记武陵山脉畅享之旅。这条线路跨越恩施、张家界武陵源景区。四是寻世界遗产跨域之旅。串连明显陵、武当山、神农架、唐崖土司城、武陵源景区、庐山景区。五是探千里长江游轮之旅。主要穿越宜昌、荆州、岳阳、武汉、九江等市。六是游三城人文研学之旅。这条线路涵盖武汉、南昌、长沙三个省会城市。七是享舌尖美食味道之旅。八是携亲友自驾随心之旅。再如重庆、湖北共建“三峡国际黄金旅游带”。长江三峡作为世界上唯一可以乘船游览的大峡谷和我国最早面向国际推介的两条黄金旅游线之一，曾为中国十大旅游品牌之首，要联手将其打造成为面向世界展示中国形象

① 席建超、葛全胜：《长江国际黄金旅游带对区域旅游创新发展的启示》，《地理科学进展》，2015年第11期。

的亮丽名片。总之，要通过精心设计的各种尺度的精品线路，吸引旅游爱好者探索长江文化，并在其中发现自然之美，满足游客实际出游需要，打造独具魅力的中华文化旅游体验。

（三）共建长江国家文化公园

2023 年 12 月 10 日，在上海举行的“沿着长江读懂中国——万里长江行”主题宣传推广活动收官发布会上，文化和旅游部资源开发司携长江国家文化公园沿线省市文旅部门共同宣读《共建长江国家文化公园（上海）倡议》。长江经济带各省市要认真践行习近平文化思想、贯彻落实习近平总书记“大力传承弘扬长江文化”的指示精神，加强省际共商，加快长江国家文化公园建设，共同推动长江流域文化和旅游高质量发展，共同推进长江文化国际交流传播。

一是摸清文化资源底数。长江两岸文物、文化遗产、自然遗产资源丰厚。开展长江沿线文物、文化遗产及自然遗产调查研究，摸清家底，建立数据库，为长江国家文化公园建设、长江经济带高质量发展提供第一手资源。在摸清底数的基础上，按照《长江国家文化公园建设保护实施方案》要求，科学划分管控保护、主题展示、文旅融合、传统利用四大功能区。实施以长江文化阐释为核心的长江沿线地域文明探源工程，推进长江沿线、河湖（如嘉陵江、汉水、洞庭湖等）流域重要遗址的考古研究，推进考古遗址公园建设。持续推进长江沿线古镇，尤其是江南水乡古镇、中国明清城墙、海上丝绸之路等联合申遗工作。同时，“活化”文化资源。以长江沿线一系列具有突出意义、重要影响、重大主题的文物和文化资源为主干，全面推进保护传承、研究发掘、环境配套、文旅融合、数字再现五大基础工程。

二是发挥历史文化名城的灵魂作用。在长江经济带，荆州、杭州、绍兴、遵义、昆明、长沙、南京、景德镇、苏州、扬州、成都、宜宾、上海、武汉、亳州、徐州、镇江、重庆、南昌等先后被评为国家历史文化名城。其千古文脉是建设长江国家文化公园的基础，也为文化旅游创造了条件。要将长江国家文化公园建设与长江经济带文旅产业的高质量发展联系起来。规划建设沿江旅游城镇体系，促进长江上、中、下游沿线城镇进一步拓展各自滨江岸线的文化旅游休闲功能，衔接沿江旅游带与环湖旅游圈等，建设特色长江文化廊道。通过省际共商，加快推动各个历史文化名城深度融合产城景、农文旅、交文旅等资源，合力建设世界级长江国际黄金旅游带。

三是加强上中下游协调联动。长江经济带上游地区主要有巴蜀文化区、滇文化区、黔文化区等；长江经济带中游地区主要有荆楚文化区、赣文化区；长江经济带下游地区主要有吴越文化区、皖文化区。在漫长的历史发展过程中，在今长江经济带范围内分别形成了巴蜀文化、荆楚文化、吴越文化三大文化区域中心。三大区域文化以及三大区域文化中心各有所长，难分伯仲，共同构成了源远流长、波澜壮阔、博大精深的长江流域文化。三大区域文化之间又相互勾连，相互影响。三大区域文化之外的亚区域文化也是如此，如滇文化区、黔文化区虽属于巴蜀文化，但与荆楚文化也联系紧密，同样皖文化区与荆楚文化、赣文化区与吴越文化也都有十分密切的联系。[①]长江国家文化公园建设，各省既要彰显自身的文化特色，又要共同推进三大文化区域中心建设；推动国家有关部委建立全流域范围的长江国家文化公园建设协调联动机制;形成管理模式和管控方式上的省市县域全线一盘棋，做到长江上、中、下游区域协调，共建共享。

四是将长江国家文化公园建设与生态文明建设有机衔接、协调推

① 秦尊文、贾海燕等:《长江经济带文化发展研究》，武汉大学出版社 2020 年版，第 4–7 页。

进。非常值得骄傲的是，在长江流域古代文化中本身就有深厚的生态文化。生态文化就是从人统治自然的文化过渡到人与自然和谐共生的文化，而世界原始生态文明理念的发源地就在长江中游。[①]湖北荆门出土的郭店楚墓《老子》竹简改写了中国思想史，其中的"道法自然"闪耀着朴素的生态文明思想光辉。我们应充分吸收老子"道法自然"思想，摒弃对自然界进行不加约束索取的做法，通过吸收老子思想精华，真正把科学发展、绿色发展见诸行动，真正做到人与自然和谐共生；同时，做好传统产业的转型升级，真正地实现传统产业高层次、高质量发展；抓住长江国家文化公园建设契机，高标准地推进环境基础设施建设，提高污染治理效能，为经济发展释放更多的空间；建设一批文化生态保护区，展现长江多样文化，促进长江沿线地区的生态文明整体发展，推动长江流域物质文明、精神文明、社会文明、生态文明协调发展。

五、以绿色低碳引导发展共享

通常意义上说，发展共享依赖于人类的经济生产活动，而人类的经济活动大部分都是通过消耗资源来支撑的，当人类生产力发展超越自然发展时，就会对生态环境构成压力甚至造成破坏，反过来影响经济发展。因而，要以习近平生态文明思想为指导，以绿色低碳为方向引导发展共享的质量和水平提升。毫无疑问，生态文明建设是关系人民福祉、关乎民族未来的长远大计，生态环境问题是发展共享、满足人民美好生活需要过程中最需要关注的社会问题。因此，针对发展中出现的生态环境问题必须提出相应的解决策略。

① 秦尊文:《推动长江经济带绿色发展的思考》,《人民长江报》,2016年3月19日,第2版。

首先，要坚持绿色发展。我国全面建成社会主义现代化强国的奋斗目标由“富强民主文明和谐”转变成“富强民主文明和谐美丽”，这反映了对更高质量发展共享的追求，其中的“美丽”就明确了绿色的发展方式和共享方式。将生态文明建设融入经济建设的全方面和全过程，改变了曾经过于依赖消耗资源和污染环境的发展模式。要发挥上海崇明岛、湖北武汉、江西九江、湖南岳阳、重庆广阳岛等长江经济带绿色发展示范区的作用，加大对资源的保护力度，大力支持绿色科技产业发展，大力发展资源节约型和环境友好型经济。

其次，要完善生态文明保护制度，用制度规范共享过程中涉及的生态问题。建立健全与生态环境保护相关的法律法规，严格执法，大力打击对生态环境的破坏行为，同时，也要注重保护和巩固生态文明建设成果。

再次，不仅要在生产领域重视生态环境问题，也要在人民的日常生活领域重视生态环境问题。基于此，要加强培育人民群众环保意识，督促其形成绿色生活的思维方式；有序组织人民群众参加环境保护实践活动，督促人们养成文明的生活习惯；依托网络的力量宣传环境保护知识；积极组织相关的环境保护公益活动。

新时代发展共享理念是关于满足人民美好生活需要，实现中华民族伟大复兴的社会发展理论，推进共享发展的实现必将经历一个长期、复杂的过程。共享发展理念的时代内涵随着社会发展不断丰富，所以，实现共享发展的路径不是一成不变的，而是随现实发展不断拓展革新。一方面，要始终把人民放在中心位置，依靠人民群众的力量推动发展成果共享；另一方面，坚定社会主义发展方向是实现共享发展必须遵循的立场，只有坚定这个立场才能保障我国实现共同富裕、实现共产主义——达到发展共享的最高境界。

结束语
以长江经济带高质量发展推动打造三个共同体

加快长江经济带区域协同融通，归根结底是为了实现中国式现代化。中国式现代化是人口规模巨大的现代化，是全体人民共同富裕的现代化，是物质文明和精神文明相协调的现代化，是人与自然和谐共生的现代化，是走和平发展道路的现代化。长江流域生态环境保护和高质量发展正处于由量变到质变的关键时期，要以“四共”进一步推动长江经济带高质量发展，更好地支撑和服务中国式现代化。

一、以生态文明建设推动打造人与自然生命共同体

长江经济带因长江而生、因长江而兴，是一个系统的生态共同体。党的二十大报告在阐释“中国式现代化是人与自然和谐共生的现代化”时提出：“人与自然是生命共同体，无止境地向自然索取甚至破坏自然必然会遭到大自然的报复。”[①] 南昌座谈会作出“推动长江经济带高质量发展，根本上依赖于长江流域高质量的生态环境”的判断，提出

① 习近平：《习近平著作选读》第一卷，人民出版社 2023 年版，第 19 页。

“在高水平保护上下更大功夫”[①]的要求，丰富了习近平生态文明思想。要坚决纠正将生态环保与经济增长割裂开来，甚至对立起来的错误观念，树牢“绿水青山就是金山银山”的理念。南昌座谈会要求“协同推进降碳、减污、扩绿、增长，把产业绿色转型升级作为重中之重，加快培育壮大绿色低碳产业，积极发展绿色技术、绿色产品，提高经济绿色化程度”[②],每一句话都有一个“绿”字。长江大保护要常抓不懈，经济绿色化要坚定不移，着力构建人与自然生命共同体，实现人与自然和谐共生的现代化。

坚持省际共商、生态共治，全域推进生态文明建设。统筹推进长江上中下游、江河湖库、左右岸、干支流协同治理，持续推进山水林田湖草沙一体化保护和系统治理，统筹考虑环境要素的复杂性、生态系统的完整性、自然地理单元的连续性、经济社会发展的可持续性，开展全域共建。引导各类企业、社会组织积极参与长江经济带发展，继续开展生态环境综合治理，统筹推进水、大气和土壤污染防治；更加注重从源头上降低污染物排放总量，构建从山顶到海洋的保护治理大格局；要顺应自然，保护生态，巩固“十年禁渔”行动成果，强化长江水资源保护和合理利用，实现“人民保护长江、长江造福人民”的良性循环；加大重点生态功能区保护力度，实施环境污染联防联治，显著改善长江生态环境，推动长江经济带绿色发展，形成人与自然和谐发展格局。

深入推动生态文明体制机制改革。要加快建立生态产品价值实现

---

① 《进一步推动长江经济带高质量发展　更好支撑和服务中国式现代化》,《人民日报》,2023 年 10 月 13 日，第 1 版。

② 《进一步推动长江经济带高质量发展　更好支撑和服务中国式现代化》,《人民日报》,2023 年 10 月 13 日，第 1 版。

机制，让保护修复生态环境获得合理回报，让破坏生态环境付出相应代价。在扩大纵向补偿的同时，积极倡导和支持横向补偿。要健全长江水灾害监测预警、灾害防治、应急救援体系，推进河道综合治理和堤岸加固，建设安澜长江；同时，共同健全生态文明建设的政府责任机制；各级政府要将环保投入作为公共财政支出的重点，优先保证重大环境综合整治和生态建设项目资金，逐步增加节能环保能力建设经费；完善环境责任考核机制，强化对地方政府和领导干部环保指标考核，实行环境保护“一票否决”制。

二、以共兴长江文化推动打造中华民族共同体

中华民族是一个命运共同体。在近现代救亡图存的共同斗争中，我国各民族产生了同属中华民族的强烈认同感。在当代中国，“大一统”的政治观念以及“一方有难，八方支援”的中华民族共同体意识得到了进一步强化，维护国家统一和民族团结成为中华民族的文化基因。“中华民族”一词深入人心，成为指代全体中国人的固定使用词语。“铸牢中华民族共同体意识”被中央高层在多个场合反复强调，并被写入《中国共产党章程》和《中华人民共和国宪法》中。坚持“四共”，从小处说是推动长江经济带发展，从高目标讲是为打造中华民族共同体作出积极贡献。

要“铸牢中华民族共同体意识”，就必须加强文化认同，这也是区域协同融通的灵魂。在南京座谈会上，习近平总书记首次讲到了“长江文化”：“要把长江文化保护好、传承好、弘扬好，延续历史文脉，坚定文化自信。”[①]2023 年 10 月，习近平总书记在江西考察了长江国家

① 中共中央党史和文献研究院：《习近平关于社会主义精神文明建设论述摘编》，中央文献出版社 2022 年版，第 234 页。

文化公园九江城区段，这是全国宣传思想文化工作会议正式提出和系统阐述习近平文化思想之后，习近平总书记首次赴地方考察文化传承发展项目和重大文化工程。长江经济带坚持创新引领来实现优势产业延链、新兴产业建链、发展先进生产力，通过深入发掘长江文化的时代价值来发展社会主义先进文化，促进物的全面丰富和人的全面发展，推动物质文明和精神文明相协调，加快实现中国式现代化。

深化长江流域上中下游地区在文化和旅游领域的协同合作，构建长江文物和文化遗产保护协同格局，为长江经济带高质量发展提供强大的价值引导力、文化凝聚力、精神推动力和现实创造力。统筹兼顾长江流域上中下游特点和文化多样性，推动长江国家文化公园与长江经济带融合共建，推出更多体现新时代长江文化的文艺精品，讲好新时代的长江故事。坚持以文塑旅、以旅彰文，积极推进文化和旅游深度融合发展，携手共同打造长江国际黄金旅游带，建设一批具有自然山水特色和历史人文内涵的滨江城市、小城镇和美丽乡村，大力打造体现长江文化的优质旅游产品和精品线路，让长江文化可见、可感、可亲，绘就山水人城和谐相融新画卷。[①] 要以丰富的长江文化增强民众的文化认同，为“四共”提供强大的民心基础，从而凝聚长江经济带高质量发展和中华民族共同体建设的磅礴力量！

三、以对接“一带一路”推动打造人类命运共同体

中国式现代化，是走和平发展道路的现代化。而不是走一些国家通过战争、殖民、掠夺等方式实现现代化的老路，那种损人利己、充

① 秦尊文、路洪卫：《强化长江经济带区域协同融通》，《光明日报》，2024 年 1 月 25 日，第 6 版。

满血腥罪恶的老路给广大发展中国家人民带来深重苦难。我国提出的“一带一路”倡议，得到世界各国的积极响应，尤其是得到发展中国家的热烈拥护。长江经济带要发挥大江、大通道、大市场的优势，优化提升沿江、跨江、陆海的大通道体系，积极推进高水平对外开放，大力拓展国际经济合作新领域、新渠道，统筹国内国际两个市场、两种资源，加快融入全国构建以国内大循环为主体、国内国际双循环相互促进的新发展格局。

习近平总书记在全面推动长江经济带发展座谈会上指出：“要推动长江经济带发展和共建‘一带一路’的融合，加快长江经济带上的‘一带一路’战略支点建设，扩大投资和贸易，促进人文交流和民心相通。”[①]长江经济带不仅要内部协同融通，还要与共建“一带一路”融合。发端于长江经济带的中欧班列，在道路联通、贸易畅通等“五通”方面发挥了重要作用，其中重庆、武汉、成都、长沙、合肥、南昌、义乌等城市开通的班列成为连接长江经济带和“一带一路”的重要纽带。重庆铁路港—广西北部湾港—新加坡港西部陆海大通道开通以后，湘鄂赣三省积极与其对接，在湖南怀化建设东盟货物集结中心，为长江中上游乃至中西部地区开辟出新的南向国际通道。支持连云港中哈物流合作基地建设，实现对中亚各国主要站点全覆盖，走出一条跨境陆海联运的“新丝路”。

推动长江经济带各省市实施“走出去”战略，协同出海，与广大发展中国家开展高质量的产能合作。在依托“一带一路”建设和深化国际产能合作时，要在高铁、核电、发电机等大型设备建造和5G、北斗等信息化智能化重点领域，利用一揽子方案延伸产业链，提升价值链，

① 习近平：《论把握新发展阶段、贯彻新发展理念、构建新发展格局》，中央文献出版社2021年版，第442页。

并以“一带一路”建设为战略支点促成国内国际双循环良性互动。长江经济带上的湖北、上海、江苏等在全球具有强大的基建优势，为“一带一路”相关国家和地区的铁路、公路、桥梁、水电站建设和城镇建设提供高效优质服务，在全世界打响了“中国建造”品牌，受到广泛好评。以此为契机，带动“中国制造”“中国标准”走出国门。

积极开展与“一带一路”相关国家的文化、旅游、金融、教育、卫生、体育等方面的交流。支持以中国武汉为龙头，联合中俄相关城市，积极申报“万里茶道”世界文化遗产；支持云南每年举办昆明马拉松；支持贵州每年举办生态文明贵阳国际论坛；支持重庆搭建上合组织国家多功能经贸平台，积极构建数字经济与传统经济深度融合新生态，以行业工作委员会这种国际通行的NGO形式，重点做好决策咨询、商贸物流、投资金融、文化旅游等方面的服务，并向其他领域拓展。

当今世界百年未有之大变局加速演进，长江经济带区域协同融通与共建“一带一路”高质量发展的融合，为守护这颗并不安定的蓝色星球、构建人类命运共同体注入了稳定的能量，也带来了和平发展的阳光！

主要参考文献

[1] 习近平 :《习近平著作选读》第一卷，人民出版社 2023 年版。

[2] 习近平 :《习近平著作选读》第二卷，人民出版社 2023 年版。

[3] 习近平:《习近平谈治国理政》第一卷, 外文出版社 2018 年版。

[4] 习近平:《习近平谈治国理政》第二卷, 外文出版社 2017 年版。

[5] 习近平:《习近平谈治国理政》第三卷, 外文出版社 2020 年版。

[6] 习近平:《习近平谈治国理政》第四卷, 外文出版社 2022 年版。

[7] 习近平 :《论坚持人与自然和谐共生》，中央文献出版社 2022 年版。

[8] 习近平 :《论坚持全面深化改革》，中央文献出版社 2018 年版。

[9] 习近平 :《在深入推动长江经济带发展座谈会上的讲话》，人民出版社 2018 年版。

[10] 习近平 :《论把握新发展阶段、贯彻新发展理念、构建新发展格局》，中央文献出版社 2021 年版。

[11] 习近平:《 推进生态文明建设需要处理好几个重大关系》,《求是》, 2023 年第 12 期。

[12] 习近平 :《国家中长期经济社会发展战略若干重大问题》,《求是》，2020 年第 21 期。

[13] 习近平 :《在黄河流域生态保护和高质量发展座谈会上的讲话》,《求是》，2019 年第 20 期。

[14] 中共中央党史和文献研究院：《习近平关于社会主义精神文明建设论述摘编》，中央文献出版社 2022 年版。

[15] 中共中央党史和文献研究院：《习近平关于城市工作论述摘编》，中央文献出版社 2023 年版。

[16] 中共中央文献研究室：《习近平关于社会主义经济建设论述摘编》，中央文献出版社 2017 年版。

[17] 中共中央文献研究室：《习近平关于社会主义生态文明建设论述摘编》，中央文献出版社 2017 年版。

[18] 中共中央文献研究室：《习近平关于全面建成小康社会论述摘编》，中央文献出版社 2016 年版。

[19] 中共中央宣传部、国家发展和改革委员会：《习近平经济思想学习纲要》，人民出版社 2022 年版。

[20] 中共中央马克思恩格斯列宁斯大林著作编译局：《马克思恩格斯全集》第一卷，人民出版社 1956 年版。

[21] 中共中央马克思恩格斯列宁斯大林著作编译局：《马克思恩格斯文集》第一卷，人民出版社 2009 年版。

[22] 中共中央马克思恩格斯列宁斯大林著作编译局：《马克思恩格斯选集》第一卷，人民出版社 2012 年第 3 版。

[23] 中共中央马克思恩格斯列宁斯大林著作编译局：《列宁全集》第四十一卷，人民出版社 2017 年第 2 版增订版。

[24] 中共中央马克思恩格斯列宁斯大林著作编译局：《列宁专题文集·论社会主义》，人民出版社 2009 年版。

[25] 中共中央党史和文献研究院：《十九大以来重要文献选编》（上），中央文献出版社 2019 年版。

[26] 中共中央党史和文献研究院：《十九大以来重要文献选编》

（中），中央文献出版社 2021 年版。

［27］中华人民共和国国务院新闻办公室：《中国的和平发展》，人民出版社 2011 年版。

［28］《中国共产党第十五次全国代表大会文件汇编》，人民出版社 1997 年版。

［29］全国人民代表大会常务委员会办公厅：《中华人民共和国第十三届全国人民大会第五次会议文件汇编》，人民出版社 2022 年版。

［30］范恒山：《国家重大区域发展战略研析》，中国财政经济出版社 2021 年版。

［31］范恒山：《中国促进区域协调发展的理论与实践》，辽宁人民出版社 2023 年版。

［32］范恒山：《中国区域合作的理论、政策与操作》，中国财政经济出版社 2022 年版。

［33］国家发展和改革委员会发展战略和规划司：《国家及各地区国民经济和社会发展第十四个五年规划和 2035 年远景目标纲要》（上），人民出版社 2022 年版。

［34］毛华兵、孟桢：《马克思主义自然观与美好生活》，人民出版社 2022 年版。

［35］秦尊文：《长江经济带研究与规划》，湖北人民出版社 2015 年版。

［36］秦尊文等：《长江经济带区域协调发展研究》，武汉大学出版社 2019 年版。

［37］秦尊文、贾海燕等：《长江经济带文化发展研究》，武汉大学出版社 2020 年版。

［38］秦尊文、张楠：《长江经济带政府间合作机制研究》，武汉大

学出版社 2019 年版。

[39] 孙久文：《区域经济规划》，商务印书馆 2005 年版。

[40] 张可云：《区域大战与区域经济关系》，民主与建设出版社 2001 年版。

[41] [美] 冯 · 贝塔朗菲：《一般系统论》，林康义等译，清华大学出版社 1987 年版。

[42] [英] 亚当 · 斯密：《国民财富的性质和原因的研究》(上)，郭大力、王亚南译，商务印书馆 2009 年版。

[43] 范冬萍：《系统观念的方法论价值和实践意义》，《人民论坛》，2023 年第 16 期。

[44] 李天锐、邓涵予：《已基本实现“办事不出新区”，川渝高竹新区今年有这些谋划》，《川观新闻》，2024 年 1 月 13 日。

[45] 林闽钢：《“系统集成、协同高效”的社会保障制度改革——以长三角社会保障一体化为例》，《社会保障评论》，2022 年第 3 期。

[46] 刘志彪、陈长江、叶茂升：《以区域协同融通推进长江经济带高质量发展》，《当代财经》，2024 年第 2 期。

[47] 秦尊文、田野：《以党的二十大精神指引长江航运新航程》，《长江航运》，2023 年第 1 期。

[48] 郝秋江：《地方政府间合作机制研究——以成渝地区为例》，《北方经贸》，2016 年第 6 期。

[49] 黄庆华、潘婷：《长江经济带科技创新水平测度及其协同力提升政策建议》，《创新科技》，2022 年第 3 期。

[50] 邱秋：《多重流域统筹协调：〈长江保护法〉的流域管理体制创新》，《环境保护》，2021 年第 3–4 期。

[51] 苏斯彬、周世锋、张旭亮：《长江经济带产业合作机制研究》，

《宏观经济管理》，2015 年第 11 期。

[52] 王淑兰、刘璐 :《共享发展理念的理论渊源、价值意蕴与现实驱动》，《中共南昌市委党校学报》，2023 年第 3 期。

[53] 席建超、葛全胜 :《长江国际黄金旅游带对区域旅游创新发展的启示》，《地理科学进展》，2015 年第 11 期。

[54] 杨丞娟 :《府际合作的“长三角样本”：历史与启示——基于制度性集体行动理论视角的分析》，《长江论坛》，2022 年第 3 期。

[55] 郑路 :《不平衡增长理论的文献综述》，《知识经济》，2012 年第 11 期。

[56]曹睿:《共享发展阶段公有资本生产性与可分享性再认知》,《改革与战略》，2017 年第 9 期。

[57]吴頔:《长三角将推更多政务服务跨省通办事项》,《解放日报》，2023 年 12 月 12 日，第 2 版。

[58] 秦尊文、路洪卫 :《强化长江经济带区域协同融通》，《光明日报》，2024 年 1 月 25 日，第 6 版。

[59]《推动长三角一体化发展取得新的重大突破 在中国式现代化中更好发挥引领示范作用》,《人民日报》, 2023 年 12 月 1 日 , 第 1 版。

[60] 肖丽琼、胡铮、夏颖 :《道路互联 产业互融 服务互通 鄂赣湘“跨域无感”再添新体验》，《湖北日报》，2023 年 11 月 30 日，第 3 版。

[61] 李纲 :《深挖长江经济带数智融合潜力》，《经济日报》，2023 年 11 月 9 日，第 12 版。

[62] 陈长江 :《坚持创新引领发展，塑造新动能新优势》，光明网，2023 年 10 月 27 日。

[63] 李安江、刘贤 :《探访首个川渝共建新区 :“成本洼地 + 服务

高地”为发展加速》，中国新闻网，2023 年 10 月 26 日。

[64]《进一步推动长江经济带高质量发展　更好支撑和服务中国式现代化》，《人民日报》，2023 年 10 月 13 日，第 1 版。

[65] 王成栋：《川渝毗邻地区合作不断深化　十张“规划图”探索发展新路径》，《四川日报》，2023 年 2 月 28 日，第 7 版。

[66] 中新苏滁高新区：《从苏滁高新区看长三角省际产业园区合作模式》，上海人民广播电台“长三角之声”，2022 年 6 月 9 日。

[67] 范恒山：《分好财富蛋糕，如何“提低”？》，新华社客户端，2021 年 11 月 4 日。

[68] 金飞、陈晓峰：《探索长江经济带产业协同发展之路》，江苏智库网，2021 年 10 月 28 日。

[69]《适应形势任务变化　弘扬脱贫攻坚精神　加快推进农业农村现代化 全面推进乡村振兴》，《人民日报》，2021 年 4 月 9 日，第 1 版。

[70]《贯彻落实党的十九届五中全会精神　推动长江经济带高质量发展》，《人民日报》，2020 年 11 月 16 日，第 1 版。

[71] 重庆市发展和改革委员会：《推动成渝地区双城经济圈建设的 N 个第一次》，人民网，2020 年 7 月 10 日。

[72] 秦尊文：《推动长江经济带绿色发展的思考》，《人民长江报》，2016 年 3 月 19 日，第 2 版。

[73] 秦尊文：《推进生态长江、文化长江、经济长江建设》，《湖北日报》，2016 年 2 月 26 日，第 2 版。

[74]《国务院关于依托黄金水道推动长江经济带发展的指导意见》，中华人民共和国中央人民政府网，2014 年 9 月 25 日。

[75]《主动接轨，真诚合作，共同推进长江三角洲地区经济社会发展》，《浙江日报》，2003 年 2 月 18 日。

后 记

湖北是长江经济带发展战略的探路者、先行军。早在1988年，湖北省委就提出实施“长江经济带开放开发战略”。2010年8月，湖北省政府发布的《湖北长江经济带开放开发总体规划》就是我受湖北省发展和改革委员会委托主持编制的。规划发布前，省发展改革委领导和我到国家发展和改革委员会地区经济司汇报时，表达了湖北方面想将“湖北长江经济带”上升到国家层面的意图。时任地区经济司司长、国家促进中部地区崛起办公室副主任范恒山同志（后任国家发展和改革委员会副秘书长）告诉我们：国家已经批准湖北设立武汉城市圈全国“两型”社会建设综合配套改革试验区，而全国还有很多省区市连一个纳入国家区域战略的都没有，很难再给湖北第二个了；湖北只有与周边省份联合，推出跨区域战略，才有可能上升到国家规划层面。

我们回湖北后向领导作了汇报。2011年上半年，湖北省党政代表团到湖南、江西学习考察，提出共建“长江中游城市群”的倡议，得到湘赣两省积极响应。2012 年 2 月 10 日，三省在武汉召开长江中游城市群会商会，受国家发展改革委领导委派，范恒山同志出席了会议并讲话。随后，三省政府联合向国务院提出建设长江中游城市群的请示。同年 8 月，国务院下发《关于大力实施促进中部地区崛起战略的若干意见》文件，“鼓励和支持武汉城市圈、长株潭城市群和环鄱阳湖城市群开展战略合作，促进长江中游城市群一体化发展”。2013 年 9 月 26 日，范恒山同志在武汉主持召开长江中游城市群发展规划编制工作启动会议，会议决定由湖北省牵头起草规划代拟稿，具体工作放到了我手上。这一规划后由国家发展改革委上报国务院，得到批复。由于此前国务院已于 2010 年批复《长江三角洲地区区域规划》、2011 年批复《成渝经济区区域规划》，这一批复使得整个长江流域都进入国家战略层面。

2013 年 9 月，国家发展改革委、交通运输部承担为国务院起草推动长江经济带发展文件的任务。历时一年，《国务院关于依托黄金水道推动长江经济带发展的指导意见》正式发布，明确长江经济带范围为上海、江苏、浙江、安徽、江西、湖北、湖南、重庆、四川、云南、贵州等 11 省市。2016 年 1 月 5 日，习近平总书记在重庆召开推动长江经济带发展座谈会，提出“共抓大保护，不搞大开发”；2018 年 4 月 26 日，他在武汉主持召开深入推动长江经济带发展座谈会，强调正确把握整体推进和重点突破、生态环境保护和经济发展、总体谋划和久久为功、破除旧动能和培育新动能、自身发展和协同发展等五个关系；2020 年 11 月 14 日，他在江苏省南京市主持召开全面推动长江经济带发展座谈会，提出要加强生态环境系统保护修复、要推进畅通国内大循环、要构筑高水平对外开放新高地、要加快产业基础高级化产业链现代化、要保护传承弘扬长江文化的新要求；2023 年 10 月 12 日，他在江西省南昌市主持召开进一步推动长江经济带高质量发展座谈会，要求“更好支撑和服务中国式现代化”。四次座谈会的名称，从“推动”“深入推动”“全面推动”变成了“进一步推动”，从“长江经济带发展”变成了“长江经济带高质量发展”。

怎么进一步推动长江经济带高质量发展？习近平总书记提出要坚持把强化区域协同融通作为着力点，沿江省市要坚持“省际共商、生态共治、全域共建、发展共享”。江西人民出版社的同志反应迅速，与我牵头的长江经济带高质量发展智库联盟商定推出一部学习贯彻习近平总书记重要讲话精神的专著——《区域协同融通：长江经济带的“四共”密码解读》，这也算江西、湖北“省际共商”的一个成果吧！参加本书撰写的都是长江经济带高质量发展智库联盟的专家，他们均具有博士学位、高级技术职称。秦岭、李浩、田野分别撰写了第二、三、四章，其余各章由我撰写，全书由我统稿。长江经济带高质量发展智库联盟由长江流域各省市相关智库机构及其专家组成，秘书处设在武汉。联盟专家主要来自高校、科研院所，也有的来自国家管理长江事务机构（如长江水利委员会、长江航务管理局等），还有来自从事长江开发和生态环境保护的央企。联盟2019年成立以来，我们一起努力，共同奋斗，取得了一些成果，得到了政界、学界、商界、媒体及公众的认可，我十分欣慰。

范恒山同志是著名经济学家，又是国家发展和改革委员会老领导，从事国家区域发展战略与政策研究，主持制订了一系列重大区域规划和政策文件，十分关注全国区域协调发展，对长江经济带高质量发展发表了很多真知灼见。他不仅长期给我教诲，还对长江经济带高质量发展智库联盟的发展给予指导，这次又在百忙之中为本书作序，在此表示衷心的感谢！

本书得以顺利出版，江西人民出版社的编辑团队在很短的时间内完成了选题报批、编辑、出版等大量工作，付出了辛勤劳动，给我们提出了很多很好的意见和建议，在此一并深表谢意！

秦尊文

2024 年 2 月于武昌